Waleri Ripperger

Weidmanns Heil, Max Schmeling!

Boxlegende, Heger und Jäger

WAGE-Verlag

1. Auflage 2004

Autor: Waleri Ripperger
Umschlaggestaltung und Gesamtbearbeitung: WAGE-Verlag
Lektorat: Dr. Horst Simon

Vertrieb: WAGE-Verlag
Am Tannenkopp 15, D-18195 Tessin, Germany
Tel./Fax: (038205) 12902/12901
Internet: http://www.wage-verlag.de
Email: info@wage-verlag.de

ISBN: 3-937216-00-6

Ich gehöre zu den Glücklichen, denen die Natur ein langes und ereignisreiches Leben beschert hat. Als Junge vom Lande, aber in einer Großstadt wohnend, verspürte ich immer den Drang, im Grünen zu weilen, hatte eine besondere Bindung zu Wald und Flur. In mir schlummerte ein heimlicher Wunsch. Ich wollte Förster werden, doch das war damals für uns Mittellose ein unreales Traum. Meine sportlichen Erfolge ermöglichten es mir, eines Tages einen lang ersehnten Wunsch zu erfüllen. Als junger, 23jähriger Mann erwarb ich den ersten Jagdschein. Zwischen meinen Wettkampfpausen und im Ausgleich zum intensiven Training suchte ich in der Stille des Waldes den seelischen Ausgleich. Es machte mir großen Spaß, die Natur jetzt intensiver zu erleben, den Vogelstimmen zu lauschen und dem Wilde nachzustellen. Ein Urinstinkt des Menschen, das Jagen, zog mich in seinen Bann.

In meinen Jungjägerjahren nahm ich häufig Einladungen zur Jagd wahr, an denen es dank meiner sportlichen Popularität nicht mangelte. Ich zog fast durch ganz Deutschland.

Die Praxis erwies sich als gute Lehre, wobei nicht verhohlen sei, daß ich mich gelegentlich auch blamierte. Natürlich fällt auch im Weidwerk ein Meister nicht vom Himmel.

Schon frühzeitig legte ich mir einen Jagdhund zu, einen grauschwarzen Jagdspaniel, dem ich den Namen “Aditta” gab. Von nun an waren wir oft gemeinsam unterwegs, erlebten zahlreiche Niederwildjagden, suchten den Bock nach oder stöberten auf Sauen. Im Laufe der Zeit lernte ich so ziemlich alle heimischen Wildarten kennen.

1931 gelang es mir, auf Vermittlung ein großräumiges Jagdgebiet anzupachten, den Müncheberger Stadtwald. Das schien für einige Kritiker des Boxsports der willkommene Anlaß zu sein, mich wegen meiner Jagdleidenschaft zu verhöhnen und mir aristokratische Allüren vorzuwerfen. Ich war nicht der Typ, der sich die Wasserhähne vergolden ließ, doch legte ich Wert auf Unabhängigkeit und leistete mir den seelischen Ausgleich zum oft hektischen Sportlerleben. Auch habe ich nie einen Hehl daraus gemacht, daß ich ein leidenschaftlicher Jäger war und bin.

Ich hatte großes Glück, eine Frau kennen zu lernen, die meine Jagdleidenschaft und Naturverbundenheit teilte, mich später auf meinen Streifzügen ohne Waffe begleitete und mir ein Leben lang, selbst in schwierigen Zeiten, ein verständnisvoller und lieber Partner blieb.

Durch den Krieg verloren Anny und ich unser pommersches Gut Ponickel, welch eine Tragödie. In meinen Gedanken sehe ich noch heute die Bilder des im Kiefernwald graziös dahinziehenden Rotwildes, den Hirsch, welcher mit dem Geweih das Beerenkraut empor schleudert, oder die Sauen, die durch den verschneiten Winterwald ziehen.

Erinnerungen, die der Nebel der Zeit nicht verwischen konnte. Das Rotwild zu erleben, war neben der Saujagd im Winter das Schönste für mich. In meinem jägerischen Leben traf ich viele Menschen und Persönlichkeiten, manche gingen im positiven oder im negativen Sinne in die Geschichte ein.

Ich habe immer versucht, nach meinen Idealen zu leben. Es gibt keine Zeit, um das Richtige zu tun, war dabei meine Devise.

In der Nordheide fand ich nach dem Kriege ein neues jagdliches Zuhause. Im angepachteten Heiderevier kam seinerzeit noch Birkwild vor, das ich mehrfach während der Balz erleben durfte. Außer reichlich Rehwild stellten sich im Laufe der Jahre in Stemmen auch die Sauen ein.

Ich wurde seelisch entschädigt für das, was ich verloren hatte. Auf Grund meiner geschäftlichen Tätigkeit lernte ich neue Jagdgründe kennen, bei alten und neuen Freunden in Deutschland und natürlich im Ausland.

In dem nachfolgenden Buch sind einige "Stationen" meines jägerischen Lebens dargestellt.

Man möge es mir verzeihen, wenn mir an meinem Lebensabend einige Details entfallen sind, die der Autor so gut wie möglich nachrecherchiert hat.

Max Schmeling

Im geeinten Deutschland

Im August 1992 erhielt ich im Forstamt einen Anruf aus Dummerstorf bei Rostock, damals eine Hochburg des Pferdesports. Dort befand sich zu DDR-Zeiten ein bedeutendes Forschungsinstitut/Zentrum für landwirtschaftliche Tierzucht. Inzwischen war die Einrichtung beim Abspecken. Eine Unmenge des akademischen Potentials, Doktoren und Professoren, wurde freigesetzt oder durch Arbeitsbeschaffungsmaßnahmen über Wasser gehalten.

Aus der Not heraus gründeten einige entlassene Kader einen Verein, mit dem Ziel, einen Wildpark in unmittelbarer Nähe der Hansestadt Rostock ins Leben zu rufen. Nun fragte man mich, als zuständigen Forstamtsleiter, um Rat, bat mich, das ausgewählte Gelände im Revier Kavelstorf an der B 103 zu begutachten, und um Mitarbeit bei der Sicherung und Gestaltung der auserwählten Liegenschaft. Gleichzeitig sollte ich bei der Erarbeitung einer Konzeption als Grundlage der Finanzierung behilflich sein. Wie man mir berichtete, hätte man über den Pferdesport nach Hamburg Kontakte geknüpft und wüßte auch dort einen Forstmann, der bei dem Vorhaben mit Rat und Tat zur Verfügung stehen wolle. Daher wurde eine Exkursion nach Hamburg geplant, um dort ein städtisches Wildgehege zu besichtigen.

Ich hielt die Sache für interessant und erklärte mich bereit, mitzureisen. Gesagt, getan.

An einem klaren Septembertag begrüßte uns in Schenefeld ein Förster, der sich als Landesforstdirektor a. D. Dr. H. Funke vorstellte. Der grünen Zunft angehörend, stimmte zwischen uns Forstleuten die Chemie, was sich in einem angeregten und angenehmen Gespräch über Gott und die Welt, später über die Forstwirtschaft und die Jagd, äußerte. Bei der Gelegenheit erfuhr ich im reetgedeckten

Hause des Gastgebers, daß er seit geraumer Zeit im Ministerium für Landwirtschaft und Forsten des Landes Mecklenburg bei der Umgestaltung der Forstwirtschaft behilflich sei und zu diesem Zweck sein Pensionsdasein noch einmal unterbrochen hätte. Während der Besichtigung des Wildgatters und der dazugehörigen geschmackvollen baulichen Einrichtungen lernten wir uns etwas näher kennen. Der Hamburger hinterfragte, ob ich mich in der Lage sehen würde, im Herbst eine Wildjagd in mecklenburgischen Gefilden zu organisieren. “Selbstverständlich”, begrüßte ich den Vorschlag und erklärte ihm, ohne zu wissen, wer sich zur Jagd anmelden würde, daß ich bereits aus DDR-Zeiten über eine gewisse Routine bei der Durchführung von Gesellschaftsjagden verfüge und in seiner Anfrage kein Problem sähe. Auch zögen in dem Jagdgebiet des Forstamtes Tessin Rot-, Dam-, Muffel-, Schwarz- und Rehwild ihre Fährten und die Strecken fielen in der Regel recht gut aus.

Vorbereitungen der Wildjagd in Mecklenburg

Eine Woche nach meiner Zusage meldete sich eine gewisse Frau Schmidt aus Hamburg und stellte sich als Leiterin der Presse- und Informationsabteilung der Holsten-Brauerei AG vor. Sie nahm Bezug auf das Gespräch mit Funke und bat um einen Termin mit dem damaligen Vorsitzenden des Vorstandes der AG, Dr. K. Asche.

Wenige Tage später, am 24. August, fuhren eine silbergraue Mercedes-Limousine und ein VW Golf am Forstamt vor. Ihnen entstiegen ein ein wenig untersetzter Herr mit hellem Haar, ein sympathischer Mensch, der eine angenehme Ruhe ausstrahlte, und eine Dame mittleren Alters, Frau H. Schmidt. Ich hieß den Besuch herzlich willkommen und führte ihn in mein Dienstzimmer. Schon bald kam das Gespräch auf den Kern der Dinge, die

Viele Gäste

geplante erste Jagd in Ostdeutschland. Wünsche wurden geäußert und die Möglichkeiten des Forstamtes ausgewogen.

Anschließend erhielt ich die Liste der teilnehmenden Gäste, 29 an der Zahl, davon 22 Jäger. Herren mit Rang und Namen, viele davon aus der Getränkeindustrie, unter ihnen auch der aus New York anreisende Aufsichtsratsvorsitzende der Holsten AG Herr C. R. Eisenbeiss, aber auch aus dem Militärausschuß der NATO oder den Wirtschaftsbehörden gehörten Persönlichkeiten dazu.

Ich lud meine beiden Gäste zu einer kleinen Exkursion ins Forstamt ein, um einen Eindruck von den Verhältnissen zu vermitteln. So fuhren wir zu einer kleinen Jagdhütte mitten im Walde, nicht weit von der Ortschaft Klein Freienholz, ins Revier Groß Freienholz. Das idyllische Plätzchen unter ausladenden Buchenkronen mit rustikalen Waldmöbeln und aus Feldsteinen gemauerter solider Kochgelegenheit gefiel. Hier sollten mehrere Zelte aufgebaut werden, um die Jägerschaft mit Genüßlichem zu versorgen, auch zum späteren Streckelegen schien der Platz ideal. Vorbei am alten mecklenburgischen Forstamt Billenhagen fuhren wir quer durch das ehemalige Gästejagdgebiet der Bezirkleitung der Sozialistischen Einheitspartei Deutschland - Rostock nach Brodersdorf, um im "Landhaus" die letzten anstehenden Fragen zu klären.

Die Zeit verrann, in einer Dienstberatung besprach ich mit meinen acht Revierförstern den Ablauf der Jagd. Die Wahl fiel auf ein zusammenhängendes Waldgebiet von ca. 3.000 Hektar Größe. In Abhängigkeit von den Windverhältnissen am 6. November sollte das erste Treiben entweder im Revier Billenhagen oder Groß-Freienholz beginnen. Jagdhelfer und Hunde zum Stöbern und für die Nachsuche standen in ausreichender Zahl zur Verfügung, die jagdlichen Einrichtungen wurden ergänzt, instand- oder umgesetzt. Alles war generalstabsmäßig organisiert, alles geregelt, das Brauchtum durchexerziert: von der Begrüßung bis zum Verblasen des gestreckten Wildes, über die Schützen- bis zur medizinischen Betreuung. Für die letztere Aufgabe konnte ich den ärztlichen Direktor des Tessiner Krankenhauses, Dr. K. Bär, begeistern, der ohnehin gerne mal der Jagd frönte und einen guten Ruf als Mediziner genoß. Auch bezüglich des Umgangs mit den Gästen hatte ich die Jagdleiter instruiert. Soweit verlief alles planmäßig bis auf einen unverhofften Vorfall.

Erst einmal Ärger

In der Annahme, daß der Initiator der Wildjagd, Landesforstdirektor a. D. Dr. Funke, den obersten Chef der Forstbehörde Dr. Schrötter in Schwerin von der bevorstehenden Jagd im Forstamt Tessin informiert hätte, beabsichtigte ich erst eine Woche im voraus, dem Ministerium den Vollzug der vorbereitenden Maßnahmen zur Kenntnis zu geben. Inzwischen hatte jedoch die emsige und höfliche Frau Schmidt von der Pressestelle der Holsten AG Herrn Dr. Schötter in gutem Glauben eine Einladung zur Wildjagd, sozusagen in seinem eigenen Verwaltungsbereich, zukommen lassen. Als sie mich davon informierte, ahnte ich Böses. Es dauerte auch nicht lange, als das Telefon klingelte und ich ohne nähere Begründung, aber mit der Bemerkung „was fällt Ihnen ein", umgehend ins Ministerium nach Schwerin beordert wurde.

Meine Gedanken kreisten um alles, nur nicht um die Jagd, sah ich doch schon das Damokles-Schwert über meinem Haupte schweben und meine forstliche Karriere gefährdet. Seit geraumer Zeit nämlich lichteten sich die Reihen der ostdeutschen Forstleute, die dem DDR-Staat allzu dienlich verbunden und zum Behördendasein aus derzeitiger Sicht nicht mehr zu gebrauchen waren.

Als ich das Büro meines obersten Vorgesetzten betrat, sah ich ihm sofort an, daß er, wohl auch zurecht, sehr echauffiert sein mußte. Ein strenger Blick traf mich. Ich hatte aus dem Kollegenkreis ja schon erfahren, daß der Ministerialdirigent auf bestimmte Dinge sehr empfindlich reagieren konnte. Im Beisein weiterer Personen erging als erstes ein Hagel von Vorwürfen über mich, angefangen von Dienstversäumnissen bis hin zur Überschreitung der Kompetenzen, ja sogar die Infragestellung, eine solche Jagd überhaupt professionell organisieren zu können. Die Ruhe bewahrend, ließ ich den Redeschwall über mich ergehen, entschuldigte mich höflich und verwies darauf, daß doch Herr Dr. H. Funke als Mitarbeiter des Ministeriums über alle Klar- und Unklarheiten bezüglich der Holsten-Jagd informiert gewesen wäre und ich eine internen Abstimmung voraussetzen durfte. Diese Argumentation schien handfest, hielt jedoch die Herren nicht davon ab, mir zur Disziplinierung verpflichtende Aufgaben aufzuerlegen.

Im Eiltempo hatte ich in Schönschrift eine allumfassende Konzeption zum Ablauf der Wildjagd zu erstellen, außerdem den Vertrag vorzulegen, der dem Jagdgast entsprechende finanzielle Verpflichtungen auferlegte - zwecks Prüfung auf Sachlichkeit. „Das ist ja eine schöne Jagd", laut fluchend machte ich mich an das Dokument bürokratischer Rache und schuf, was man von mir erwartete, den Vorgesetzten zur vollsten Zufriedenheit.

Als ich den damaligen Schweriner Forstchef nachfolgend noch einmal fragte, ob er an der Jagd teilnehmen wolle, antwortete er mir: „Herr Ripperger, Sie sind doch ein erfahrener Mann und werden das schon packen." Sofort fiel mir das Wort Bismarcks aus dem Geschichtsunterricht ein: "Mit Zuckerbrot und Peitsche".

Der 6. November 1992 zeigte sich kühl. Die ersten Gäste fuhren auf das Gelände des Forstamtes Billenhagen, ich begrüßte die Herrschaften zur anberaumten Ansitz-Drückjagd.

Am Jagdtag

Raureif lag über Wald und Feld, und der Atem kondensierte in der Luft. Tags zuvor hatte es Temperaturen unter Null Grad gegeben, so daß Sträucher und Bäume den Großteil ihrer Blätter verloren hatten und gute Sichtbedingungen herrschten.

Regiefehler

Inzwischen traf auch Revierförster Laschkowski mit dem Medikus Dr. Bär auf dem Forstamtsgelände ein. Ich traute meinen Augen nicht. Statt einer grünen Jägerkluft kleidete den Arzt eine stramme Kampfgruppenuniform der DDR, einschließlich schwarzer Lederstiefel - verdammt, ein Regiefehler. „Ist denn der total verrückt geworden?" schoß es mir ärgerlich durch den Kopf. Wer weiß, wie dieser "originelle Einfall" bei den Gästen ankommen würde. Während ich mir so meine Gedanken machte, tröstete ich mich schließlich damit, daß die Gäste ja irgendwie spüren müßten, im Osten zu sein.

Bei dem frostigen Wetter würde das Wild recht schnell auf die Läufe kommen. Es galt daher, behutsam, ruhig und durchdacht die Schützen und Treiber zu den vorbestimmten Örtlichkeiten zu bringen. Ebenso wie das Wild jede kleinste Bewegung des Jägers vernehmen konnte, hörte dieser anwechselndes Getier gleichermaßen gut.

"Maxe" trifft ein

Nach und nach fuhren immer mehr Fahrzeuge vor. Einer schwarzen Limousine entstiegen zwei Herren im gesetzten Alter, die sich als Herr Agte und Herr Schmeling vorstellten, zwei Jagdfreunde, was ich zur damaligen Zeit natürlich noch nicht wissen konnte. Der Teilnehmerliste entnahm ich, daß es sich um ein Mitglied des Aufsichtsrates der Jauch und Hübner-Versicherung Hamburg und den Chef eines Unternehmens der Getränkeindustrie handelte. Da mich der Boxsport seinerzeit nur wenig interessierte, kam ich auch nicht auf den Gedanken, soeben dem prominentesten Boxsportler Deutschlands ein erfolgreiches Weidmannsheil gewünscht zu haben. Erst als einer meiner langjährigen Förster, Bruno Laschkowsky, der aus dem Uckermärkischen stammte, zu mir sagte: „Mensch, das ist doch Max Schmeling, das Boxidol des Dritten Reiches", ging mir ein Licht auf. Oft sind es die kleinen Zufälle, die Begegnungen schaffen.

Begrüßung in Billenhagen

Nachdem das Signal "Begrüßung" und "Aufbruch zur Jagd" geblasen, alle Jäger belehrt und eingewiesen, der Zeitplan und Ablauf verkündet waren, wurden die Stände zunächst im Revier Billenhagen besetzt, wo besonders Muffel- und Damwild gerne wechselten.

Das erste Treiben

Mehrere Grüppchen von Treibern beunruhigten die vorwiegend dichten Partien des Waldgebietes, um das Wild nur sachte in Bewegung zu halten. Es dauerte nicht lange, und ein Rudel von 16 Stücken Muffelwild, unter ihnen ein Einwachser, nahm meinen Stand an und wechselte im lichten Buchenbaumholz auf knappe fünf Meter Entfernung vorbei. Als sie Wind bekamen, drehten sie im rechten Winkel ab und verschwanden in einem unterwuchsreichen Eichenbestand. "Hahn in Ruh" hieß die Selbstverpflichtung, wollte ich doch im ersten Treiben Zurückhaltung üben und den Gästen lieber das Weidmannsheil gönnen. Kurz darauf dröhnten in satter Reihenfolge die Schüsse. Unter einem gewissen Erfolgsdruck stehend, zählte ich mit. Inzwischen entdeckte ich im Jungwuchs der Stech- und Blaufichten einige Damtiere, die unruhig mit den Lauschern die Umgebung musterten. Im Wind wechselten sie auf einen Gästestand zu. Wieder schallte es viermal grell hintereinander - ein schneller, hoffentlich auch ein guter Schütze, kam zum Zuge. Aus einem Birkenanflug preschten sechs Stücken Rotwild, zwei Alttiere mit drei Kälbern und ein Schmaltier. Ab ging die Flucht, mitten ins Treiben hinein. Aus der Folge der Schüsse und dem Spurlaut meines Terriers Dixi glaubte ich herauszuhören, daß sich das Rudel gegen den Wind in Richtung "Zentralgebiet" entfernte. Die Zeit verrann, das erste Treiben neigte sich dem Ende zu. Offensichtlich hatte es problemlos funktioniert. Der Anzahl der Schüsse nach mußte reichlich Strecke gemacht worden sein.

Pünktlich gegen 13 Uhr traf die Jägerschaft an der Jagdhütte in Groß Freienholz ein, um sich im gediegenen Ambiente zu stärken. Währenddessen ließ ich mir unauffällig von dem Jagdleiter über den Verlauf des Treibens berichten, bat diesen oder jenen um persönliche Zurückhaltung.

Dann versuchte ich, die Stimmung unter den Gästen auszuloten, man schien halbwegs zufrieden, jedoch wußte ich aus Erfahrung, daß der Bumerang für gewöhnlich erst im Nachhinein zurückkehrte. Auch hegte ich Vorbehalte. Bisher kannte ich ja nur östliche, relativ herzliche Mentalität, nicht die etwas verschlossenere, Abstand haltende, vielleicht mehr auf Prestige und Äußerlichkeiten geprägte westliche.

Bei der Fahrt zu den Ständen im ersten Treiben hatte ich interessiert ein Gespräch zweier Gastjäger verfolgt, darunter eines Generalleutnants der NATO, über den Abzug der sowjetischen Truppen aus Deutschland. Vorbei an der russischen Mentalität, schienen mir einige Aussagen sehr vage und naiv formuliert. Unverhofft gab ich einen kurzen Kommentar ab, der wohl wenig gefällig angekommen war. Man sprach mir offenkundig in dieser Beziehung jede Art von Kompetenz ab. Die Herren konnten ja nicht wissen, daß es sich hier um eine Thematik handelte, die mich als Jagdleiter in einem fast 9.000 Hektar großen militärischen Jagdgebiet der sowjetischen Streitkräfte

Forstamt
Billenhagen

durchaus berührte. „Halt“, dachte ich, „kümmere dich nicht um anderer Leute Kram, verhalte dich zurückhaltender, dann fährst du in diesem Fall wohl besser.“

Im ersten Treiben hatte ich Walter Brandt, einen ehemaligen Berufsjäger des Gästejagdgebietes Billenhagen, beauftragt, Max Schmeling am sogenannten Völkshäger Weg anzustellen. Als ich diesen fragte, ob er denn zum Zuge gekommen sei, verneinte er. Zwar hätte er Anblick gehabt, Rotwild sei vorübergewechselt, er wäre aber nicht zu Schuß gekommen, d. h. fertig geworden, es läge also nicht an dem Wild. Erfreut über die ehrliche und höfliche Antwort, gab ich zur Kenntnis: „Im nächsten Treiben, Herr Schmeling, setze ich Sie in meinem Pirschbezirk an, da kommen garantiert die Sauen.“

Ich hatte damals keine Ahnung, daß der seinerzeit 88-jährige, recht agile Jagdveteran zum Osten eine besondere Beziehung hatte. Das betraf nicht nur seine Herkunft und Stationen seines Lebens - Sein Geburts- und Elternhaus steht im uckermärkischen Klein Luckow. Die Schmelings verbrachten 1933 ihre Flitterwochen in Heiligendamm. Max weilte 1936 beim Empfang des Großherzogs von Mecklenburg im Jagdschloß Gelbensande. Er nahm vor dem Kriege an zahlreichen Jagden im Mecklenburg/Vorpommerschen Areal teil (Mirow, Troja, Rothemühl, Lötz usw.). In Barth betreute er britische Kriegsgefangene. Schmelings Mutter und Frau Anny hielten sich im Zuge der Vertreibung aus Ostpommern bei Bekannten in Rostock auf - sondern das betrifft auch seine Auffassung zur Wiedervereinigung der beiden deutschen Staaten, die er eigentlich nicht mehr zu erleben glaubte und die an zu hohen Erwartungen des Ostens einerseits und dem mangelnden Gleichgerechtigkeitssinns des Westen andererseits kranke. Beiderseitige Vorurteile und

Mentalitätsunterschiede, dazu die einseitig ausgerichtete Vergangenheitsaufarbeitung wären dem Zusammenleben nicht gerade dienlich und ein Generationsproblem. Es wurden zu viele Fehler gemacht, meint die Boxlegende, ohne ein Blatt vor den Mund zu nehmen.

Dieses Urteil stammt von einem Mann, der den Auf- und Abwind der gesellschaftlichen Entwicklung mehrfach erlebt bzw. gefühlt hat, geehrt und beschuldigt wurde, aus Erfahrung sprechen und seine Ideale über die Tücken der Zeit retten konnte. Von Reportern bezüglich seines erfolgreichen Daseins befragt, stellte Max Schmeling in aller Bescheidenheit fest, daß er es vor allen Dingen auch der Zeit zu verdanken habe, zum Idol geworden zu sein - in der Tat.

Das zweite Treiben

Nachdem sich alle Teilnehmer ausgiebig im Walde unter den Kronen der 150jährigen Buchen gestärkt hatten, ließ ich zum Aufbruch blasen. Das zweite Treiben sollte nunmehr im Revier Groß Freienholz stattfinden. Dieses Mal führte ich Max Schmeling in die Abteilung 15, mitten ins sogenannte Zentralgebiet. Dort stand übrigens zu jener Zeit einer der kapitalsten Zukunftshirsche, ein ungerader Zweiundzwanzigender, der 1995 als 24-Ender schließlich zur Strecke kam. Unmittelbar an einem wasserführenden Graben, wo sich mehrere Wechsel aus einem angrenzenden Dickungskomplex vereinigten, hatte ich einen zwei Meter hohen Sitz aufstellen lassen. Ich half Schmeling beim Erklimmen des Standes, erläuterte ihm, in welche Richtung das Wild wechseln würde und wünschte ihm ehrlichen Herzens: *„Weidmanns Heil, Herr Schmeling!"* Dann begab ich mich zu einem kleinen Leitersitz in der Nähe einer Blöße, so daß ich aus der Ferne Blickkontakt zum Gästestand hatte.

Die Sauen kommen

Das Treiben wurde angeblasen. Es dauerte nicht lange, und ich hörte aus dem Geläut der stöbernden Hunde das Bellen meines Terriers Dick von den Recknitzwiesen heraus. Nach wenigen Metern mußte die Treiberkette bereits auf Wild gestoßen sein. Dann erschien ein reifer Muffelwidder, ein Einzelgänger, der hochflüchtig in Richtung Billenhäger Damm abging. Zwischen den Sitkafichten rauschte es verdächtig, „Rotwild", ging es mir durch den Kopf. Doch dann tauchte im hohen Sandrohr eine "Perlenkette" Sauen auf, zwölf Stücken an der Zahl, und wechselten mich direkt an. Auf 15 Meter ließ ich aus dem Suhler Drilling die 8x57 fliegen, dann je ein Schönebecker Flintenlaufgeschoß vom Kaliber 16 auf acht und fünf Schritt. Drei Überläufer blieben auf der Strecke, während der Rest der "Schweinerei" Kurs auf die "Harry-Tisch-Kanzel" nahm und dort von einem Gast mehrmals beschossen wurde. Eine halbe Stunde verging - plötzlich wechselten von hinten acht Sauen auf die Blöße hinaus. Die Leitbache nahm Wind, und ab ging die Post in Richtung Max Schmeling. Nach einer Weile sah ich die Rotte im Rücken des Gastes in ca. 20 Meter Entfernung in einem angehenden Fichtenbaumholz verhoffen. Sie war in den Wind des ansitzenden Jägers geraten. Der schaute jedoch in entgegengesetzte Richtung, hatte die Sauen im Rücken offensichtlich nicht bemerkt. Als sich Schmeling wie instinktiv nach hinten umdrehte, verschwand gerade der Pürzel des letzten Schwarzkittels in einer angrenzenden Fichtendickung. Die Sauen wechselten parallel zum Graben, an dem Schmeling lauerte, allerdings im schützenden Bestand in Richtung Osten davon. Dort lichtete mein Berufkollege die anwechselnde Rotte.

Etwas verlegen, daß sich meine Prophezeiungen nicht erfüllt hatten, holte ich den Boxveteran von seinem Stand ab. Ich erzählte ihm von den Sauen, die in seinem Rücken

Wind bekommen hätten und abgedreht seien. Er bestätigte, zwar etwas gehört, aber nicht gesehen zu haben. Im übrigen hätte es ja mächtig geknallt, und daß er nicht zu Schuß gekommen sei, wäre ja nicht so schlimm. Als ich ihm vom Hochstand half, erblickte er meine schweißbefleckten Hände, erkundigte sich nach der Strecke und wünschte mir „Weidmanns Heil".

Strecke legen

Feierlich wurde am späten Nachmittag Strecke gelegt. Knappe dreißig Stück Schalenwild, Rot-, Dam-, Muffel- und Schwarzwild, die genaue Zahl ist mir leider entfallen, lagen bei Fackelschein auf grünes Fichtenreisig gebettet. Der Klang der Jagdhörner schallte durch den Tann, die bunte Strecke wurde verblasen. Es herrschte allgemeine Zufriedenheit über den Verlauf der Jagd.

Bei der Auswertung der Streckenliste fiel mir jedoch auf, daß relativ viel Wild, einschließlich meiner drei Sauen, durch das Forstpersonal gestreckt worden war. Das ging mir irgendwie gegen den Strich. Später vermutete ich fälschlich - bis ich eines Besseren belehrt wurde - der Grund dafür sei gewesen, daß die nächstfolgende Wildjagd in einem anderen Forstamt, bei meinem Kollegen Pieper in Sandhof, stattfand.

Zum Abschluß des Jagdtages lud die Holsten AG alle Gäste und das Forstpersonal zum Diner in das am Rande der Rostocker Heide gelegene Grand-Hotel Graal-Müritz (ehemaliges Gästehaus des Bundesvorstandes des Gewerkschaftsbundes der DDR - FDGB) ein. Bei dieser Gelegenheit wurde dem Ehrengast unter Beifall der anwesenden Jägerschaft vom Weidgenossen und Schirmherrn der Wildjagd, Dr. K. Asche, mit den Worten: „... Max, damit du frühmorgens auch immer aus den Federn kommst ...", ein Wecker in Jägerdesign überreicht. Der Jagdveteran probierte das Stück gleich aus, ein schrilles Jagdsignal ertönte lautstark, das selbst einen Bären aus dem Winterschlaf hätte rütteln können, und alle quittierten dieses Ereignis mit begeisterter Miene und Applaus.

Eine fröhliche Plauderei

Kurze Zeit später sah ich einen der Revierförster, Bruno Laschkowsky, einen Mann, der die "alte" Zeit im Uckermärkischen und den Prominentenrummel um das Boxidol in den dreißiger Jahren miterlebt hatte, im regen Gespräch mit Max Schmeling. Letzterem sah man seine Freude im Gesicht an. Beide Jäger verstanden sich prächtig, unterhielten sich über vergangene Zeiten, über die Jagd und den Sport und schienen dabei regelrecht aufzuleben. Als ich Bruno später fragte, worüber er denn so herzhaft mit Schmeling geschwatzt habe, erzählte er mir „über die Strasburger Gegend und einige Läuschen, die seinerzeit unter den Leuten in der Uckermark kursierten."

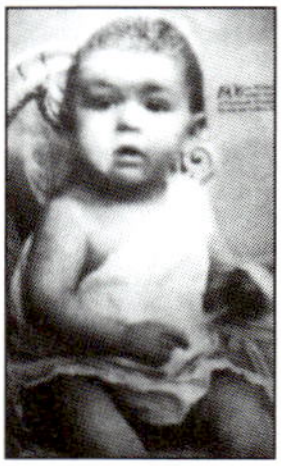

Der kleine Schmeling

So wurde u. a. geredet, daß Max, der Sohn eines Schweizers (Melkers) aus Klein Luckow sei und schon im Alter von 14 Jahren einen Jungbullen stemmen konnte. Seine Freude am Boxsport sei schließlich geboren worden, als er mit seiner Mutter nach Pasewalk zum Einkaufen gefahren war und im Schaufenster eines Geschäftes ein paar Boxhandschuhe entdeckt und bewundert hätte.

Wo einst die Wiege stand

Erst einmal Fußball

Diese freundlichen Halbwahrheiten mußten Schmeling sichtlich amüsiert haben, er stellte die Sachverhalte einigermaßen richtig.

Von Klein-Luckow nach Hamburg

Er wurde genaugenommen im Hause seines Großvaters in Klein Luckow geboren. Sein Vater fuhr als Seemann bei der HAPAG, war keinesfalls Schweizer. Die Familie verließ Klein Luckow bereits, als Max noch Kleinstkind war, er wuchs in Hamburg in der Lindeley- und Hasselbrookstraße, einem Arbeiterviertel, auf. Im Sport gehörte er schon zu den Besseren, widmete sich aber vorerst nur der Leichtathletik und dem Fußballspiel. Zwar war er schon damals für sein Alter recht kräftig, aber nie ein übermäßig starker Athlet. Zum "Bullenstemmen" hat es bei weitem nicht ausgereicht. Nun gut, einmal schob er in Lanke bei Berlin ein paar Fotografen mit der Mistkarre über den aufgeweichten Hof, aber das mehr zum Gaudi.

Vater Max (1874-1926) und Mutter Amanda (1885-1956) Schmeling

Der Boxsport spielte Anfang der zwanziger Jahre in Deutschland eine unwesentliche Rolle - wer darin etwas werden wollte, mußte irgendwann nach Amerika gehen. Schmelings Vater, ein ständiger "Amerikareisender", war

Der aufstrebende Faustkämpfer schiebt mit sichtlicher Freude im Trainigsstützpunkt "Lanke" einige Pressefotografen über den Hof

Für ein Späßchen immer zu haben

1992 besuchte der Boxveteran sein Heimatdorf

am Boxsport nicht uninteressiert. Immerhin gondelte er ja zwischen dem Land des Boxsports und Germanien hin und her.

1921 sind Max und sein Vater gemeinsam ins Kino gegangen, um sich einen Film über die Weltmeisterschaft 1919 anzusehen, in dem ein Kampf im Schwergewicht zwischen Jack Dempsey und Georges Carpentier - Boxgrößen jener Zeit - vorgeführt wurde. Dieser Streifen faszinierte beide gleichermaßen. Auf dem Nachhausweg bemerkte sein Vater plötzlich zu ihm: „Und du glaubst, mit solchen Leuten im Ring stehen zu können?" „Ja, Vater", gab Max zu Antwort.

Nun, ehrlich gesagt, nie hätte er damals daran denken können, Jack Dempsey, dem amerikanischen Boxidol, einmal persönlich zu begegnen, geschweige denn, gegen ihn zu boxen. Ob die Sympathie entflammte, weil der Amerikaner ihm äußerlich sehr ähnlich sah, wer weiß?

Jedenfalls half ihm diese Ähnlichkeit, in den USA an Popularität zu gewinnen.

Die ersten Boxhandschuhe

Mit Billigung seines Erziehers durfte er sich schließlich ein paar gebrauchte Boxhandschuhe kaufen. Statt vor einem Schaufenster im uckermärkischen Pasewalk stand er vor dem eines Trödelladens in der Hansestadt Hamburg und schloß sich schließlich einem Sportverein an - erste Schritte.

Für Späßchen hatte Max schon immer etwas übrig. Als er sich in jungen Jahren durchs Leben schlug, brachte ihm ein verkannter "Künstler" bei, wie man Hufeisen aufbiegt, Ketten zerreißt und Nägel mit der Faust ins Holz treibt. Es waren im Prinzip nur einfache physikalische Gesetze, die da beachtet werden mußten. Die Schlagkraft seines rechten Armes, die gefürchtete "harte Rechte", habe er wohl der letzteren Übung zu verdanken. Um einen Nagel in ein Brett zu treiben, müsse man kerzengerade zuschlagen, sich ins Zeug legen und dabei das gesamte Köpergewicht einsetzen.

Die gefüchtete harte Rechte

Mit Ehrgeiz geht der junge Nachwuchsboxer an die Verwirklichung seiner Träume

Sportkarriere Max Schmelings (Auszüge)

1924 *Düsseldorf gegen J. Czapp - technischer K.o. 120 RM Börse*

1926 *Berlin gegen M. Dieckmann; K.o.* ***Deut. Meister*** *im Halbschwergewicht*

1927 *Dortmund gegen F. Delarge (Belgien); t. K.o.* ***Europameister*** *im Halbschwergewicht*

1927 *Köln gegen H. Domkrögen (Deutschl.); K.o.* ***Deut. Meister*** *im Halbschwergewicht*

1928 *Berlin gegen F. Diener (Deutsch.); gew. nach Punkten* ***Deut. Meister*** *im Schwergewicht*

1930 *New York gegen Jack Sharkey (USA); gew. Disq.* ***Weltmeister*** *im Schwergewicht*

1936 *New York gegen J. Louis (USA); K.o.* ***Kampf des Jahrhunderts***

Faszination der Geschwindigkeit

Für Autos und den Motorsport konnte sich Max Schmeling trotz seiner Naturverbundenheit schon immer begeistern. Die gezähmten Pferdestärken faszinierten. Ohne Frage, im Zeitalter der rasanten technischen Neuerungen konnte man sich als junger, zunehmend wohlhabender und prominenter werdender Mensch dieser technischen Entwicklung nicht verschließen. Mit einträglicher Börse, aufbauend auf seine sportlichen Erfolge, investierte Max, motiviert durch seinen Freundeskreis, als erstes in ein schweres amerikanisches Motorrad, eine Harley Davidson.
Das schönste und beste Schwermotorrad seiner Zeit brachte ihm allerdings kein Glück. Seine geliebte, 1913 geborene Schwester Edith verunglückte bei einem Wochenendausflug bei Eberswalde im Beisein ihrer Mutter im Juli 1927 tödlich. An einer Umleitung geriet seine Harley Davidson leicht ins Schleudern. Das zierliche Mädchen verlor trotz relativ niedriger Geschwindigkeit das Gleichgewicht und fiel unglücklich vom Sozius. Mit ihrem Hinterkopf schlug sie gegen einen Stein, ein sehr schmerzlicher Verlust für Mutter und Sohn.

Geraume Zeit später legte sich der Deutsche Meister ein Automobil zu, einen Lancia, den er ebenso wie später den dunkelroten Maybach und den 8-Zylinder Horch für seine Ausflüge zu den Einladungsjagden oder ins Revier nutzte. Von seinem Agenten Joe Jacobs hatte Schmeling anläßlich des Sieges über Joe Louis einen Sportwagen des Typs "Cord" geschenkt bekommen, sozusagen den "letzten Schrei".

Sein anfangs rasanter Fahrstil und auch seine modernen Autos sorgten in den oftmals abgelegenen Orten, die er zur Jagd aufsuchte, für allgemeines Staunen, so z. B. in Sewekow bei Wittstock oder Woldeforst, Rustow bzw. Lötz bei Demmin. Besonders der Sportwagen, ein Flitzer

M. Schmelings Horch-Limousine

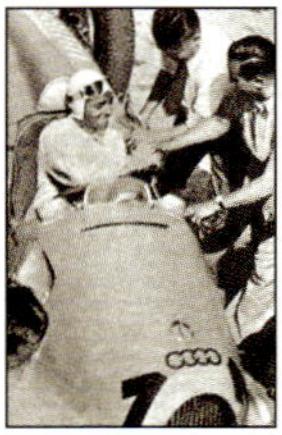

Bernd Rosemeyer in seinem Rennwagen

mit versenkbaren Scheinwerfern, war natürlich der aufregenste "Hingucker" und häufig von Neugierigen umlagert. Seine Ausflüge in die offene Landschaft hatten Nachwirkungen für das Äußere der Limousinen. Max brauste in seinen Sturm- und Drangjahren auf Feld- und Waldwegen entlang, wobei Schlaglöcher, Spurrinnen, Pfützen gnadenlos genommen wurden. Im Sommer erkannten die Freunde schon an der großen Staubwolke, die der Wagen auf unbefestigten Wegen aufwirbelte, wer sich da näherte. Die Autos unterschieden sich daher meist schon rein optisch von den hochglanzpolierten Nobelkarossen seiner Berliner Nachbarn.

Ganz wie Rennfahrer Bernd Rosemeyer

Gerne erforschte der junge Schmeling die Gegend, tauchte in entlegenen Orten auf. Als Mitglied im Motorclub von Deutschland ließ er sich selten ein Rennen auf der Avus entgehen. Zu seinen Freunden zählte der seinerzeit prominente Rennfahrer Bernd Rosemeyer (geb. 14.10.1909) - zweimaliger Sieger der Automobil-Europameisterschaft und der Großen Preise von Deutschland, der Schweiz und Italien - der am 28. Januar 1938 bei einem Duell um einen Geschwindigkeits-Weltrekord zwischen Frankfurt und Darmstadt tödlich verunglückte.

Anderthalb Jahre vor seinem Tode hatte Rosemeyer die

weltweit bekannte Sportfliegerin Elly Beinhorn geheiratet, die durch ihre spektakulären Flüge immer wieder für Furore sorgte. So durchflog sie während eines Sportwagenrennens in Sachsen eine Autobahnbrücke. Daraufhin von einem Reporter befragt: „Was war das für ein Gefühl, mit dem Flugzeuge die Brücke zu unterfliegen?" antwortete die Fliegerdiva: „Das Zweitschönste!" „Und was ist das Schönste?" bohrte der Zeitungsmann weiter. „Wenn Sie das nicht wissen, tun Sie mir wirklich leid!" erwiderte die schlagfertige Fliegerin.

Bekanntschaft mit Sportfliegern

Elly Beinhorn nach ihrem spektakulären Flug mit einem Messerschmidt-Sportflugzeug zwischen Europa, Asien und Afrika im August 1936

Rosemeyer hatte in der Berliner Roxibar, dem beliebten Treffpunkt der Sportpromis, im Scherz mit Schmeling gewettet, daß er bei einem Sieg gegen den amerikanischen Boxstar Joe Louis mit 200 Sachen in die Nordkurve der Avus fahren wollte. Wen wundert's daher, daß auch Schmeling in seinen Sturm- und Drangjahren hin und wieder das Gaspedal bis zum Anschlag durchtrat und vom Rausch der Geschwindigkeit gefangen genommen wurde. An Mut mangelte es ihm jedenfalls in keinem Belang.

Über Elly Beinhorn Rosemeyer lernte Max Schmeling den populären Kunstflieger, Filmdarsteller und 1933 zum Fliegerkommodore im Deutschen Luftsportverband ernannten Ernst Udet kennen, dem noch eine große militärische Karriere, allerdings mit tragischem Ausgang bevorstand. Udet liebte ebenfalls die Jagd, galt als großer Nimrod vor dem Herrn und verfügte über beste Kontakte zu einflußreichen Jagdherren - nach Mecklenburg, der Mark Brandenburg, Ostpreußen u. a., um nur einige zu nennen. Als Kampfgefährte - er hatte als Jagdflieger im ersten Weltkrieg im Richthofengeschwader immerhin 62 feindliche Flugzeuge zur Strecke gebracht, die zweithöchste Zahl von Flugzeugabschüssen überhaupt - und

Udets "Fieseler Storch" Fi 156

Jagdfreund des Reichsmarschalls H. Göring standen dem Chef der Udet-Flugzeugbau GmbH die herrlichsten Jagdgründe offen.

Mit dem Jäger Udet mußte man einfach zurecht kommen. Er gab sich auf Schüsseltreiben und jagdlichen Empfängen sehr gesprächig und lustig, konnte in angenehmer Weise feiern und malte mit Talent Karikaturen auf Bierdeckel bzw. Servietten.

Von Göring 1938 zum Generalluftzeugmeister des Reiches emporgeschossen, wurde er schon bald auf Grund der nicht mehr funktionierenden, auf Sturzkampfflugzeuge und leichte Bomber fixierten Strategie des Blitzkrieges gegen England zum Prellbock seines Beförderers, der sich, im Gegensatz zur Jagd, um die Belange der Luftwaffe nicht ausreichend genug kümmerte.

Mit dem Selbstmord Udets hatte Göring nicht gerechnet. Er zeigte sich betroffen, fühlte sich verpflichtet und organisierte ein Staatsbegräbnis. Dort hielt er persönlich die Totenrede. In der Öffentlichkeit wurde verbreitet, daß der Generaloberst bei einem Flugunfall zu Tode gekommen sei. Der Vorfall diente übrigens als Vorlage für Carl Zuckmayers Drama “Des Teufels General”.

Auf Jagd in Mooshütte,
Revierförsterei Eduardsprung,
1933

Unvergängliche Leidenschaft

Eigentlich zog es Max Schmeling schon seit frühster Jugend aufs Land und in den Wald, wahrscheinlich Vererbung, wie Schmeling meint - denn seine Großeltern mütterlicherseits besaßen einen Bauernhof. Zu gerne wäre er Förster geworden, doch dieser Wunsch war ihm als Junge aus einfachem Hause zur damaligen Zeit verwehrt - ja eine Illusion. Für die Jagd konnte er sich seit jeher begeistern. Eigentlich stand für ihn fest, daß er sich eines Tages, d. h. bei nächst bester Gelegenheit, dem Weidwerk widmen würde.

Erfüllung eines Traumes

Getragen von den Erfolgen im Boxsport erfüllte sich Max Schmeling 1928 einen Jugendtraum und legte als junger Mann die Jagdprüfung ab. Noch nicht pachtfähig, frönte er nun ausgiebig seiner zweiten großen Leidenschaft, dem Weidwerk, indem er Einladungen von Bekannten und Freunden wahrnahm. Als Jungjäger nutzte er diesbezüglich die sich bietenden Jagdgelegenheiten rege aus und sammelte erste Erfahrungen, bis er im eigenen Jagdrevier pirschen konnte.

Während der Deutschen Meisterschaft am 4. April 1928 in Berlin hatte sich Max Schmeling im Kampf gegen Franz Diener eine Verletzung des linken Daumenknochens zugezogen. Von den Ärzten erhielt er daraufhin bis Oktober Kampfverbot. Auf Grund der Zwangspause besaß der "Jungjäger" Zeit und Muße, etwas auszuspannen und seinem Hobby, der Jagd, nachzugehen.

Karriere in den USA

Es war jenes Jahr, in dem der Faustkämpfer im November kampflos die Meistertitel zurück gab, wie man so schön sagt, die Segel strich, seinem Heimatland den Rücken kehrte und eine verärgerte deutsche Boxbehörde zurück ließ. In den USA gewann er am 24. November in der achten Runde durch k. o. gegen Joe Monte. Eine beispielhafte Boxkarriere begann in Amerika, nachdem sich

Es hieß, erst einmal in Amerika populär zu werden - "Publicity". Max Schmeling reiste mit seinem neuen Manager Joe Jacobs durch die Lande, absolvierte Schaukämpfe, nahm an Empfängen teil, traf mit Persönlichkeiten aus Politik und Wirtschaft zusammen. Immer von Presse oder Rundfunk begleitet

Der Champion reicht dem 106 Jahre alten Häuptling der Sioux-Indianer White Horse Eagle auf dem Dampfer "Karlsruhe" im Juni 1928 die Hand

Vertragsabschluß in New York, 1929

New York - der Spanier Paolino Uzcudun und Max Schmeling beim Wiegen - am 27.6.1929 siegt der Deutsche nach 15 Runden nach Punkten

Weidmannsheil in Schönebeck

Max Schmeling einem neuen Agenten, Joe Jacobs, anvertraut hatte. Aus allen fünf bis 1930 geführten Boxkämpfen - gegen Joe Sykra (USA), Pietro Corri (USA), Johnny Risco (USA) und Paulino Uzcudun (Spanien) - ging der Deutsche als Sieger hervor.

In Zusammenhang mit einer Werbecampagne für "Kaiser-Biere" der Allendorff-Brauerei nahm der Deutsche Meister eine Jagdeinladung des Brauereidirektors Allendorff in Schönebeck an. Die Allendorffschen Brauereien waren bereits 1810 gegründet worden. Nach der Pioniertat des Firmengründers haben seine Nachfolger gewaltige Kelleranlagen in den Hummelberg treiben lassen. Dort befand sich u. a. der Eisvorrat, welcher an die Wirtshäuser ausgeliefert wurde. Deren Enkel, Paul und Otto, bei denen Max Schmeling häufiger zu Gast weilte, erweiterten den Betrieb und bauten am Hummelberg ein neues Brauereigebäude auf. Sie profitierten marketingmäßig von der positiven Entwicklung und wachsenden Popularität des Athleten, der schließlich als Weltmeister im Schwergewicht (gegen Jack Sharkey) 1930 und 1931 (gegen Young Stribling) bei seinen Jagdaufenthalten in der Schönebecker Gegend für Furore sorgte.

Im Sommer 1928 quartierte er sich im Logierhaus des traditionsreichen Familienunternehmens in der Leipziger Straße 51 ein. Eine gute Woche lang widmeten sich Gast und Gastgeber im Eigenjagdbezirk der Bockjagd. Max erlegte seinen ersten Rehbock, was ausdauernd zermoniert und gefeiert wurde. Auf jagdliches Brauchtum legte der Jagdherr großen Wert. Es zeigte sich, daß man auch privat sehr gut harmonierte. Der junge Mann trat bescheiden, ja fast zurückhaltend auf, zeigte Wißbegier und schien keine der üblichen Laster zu haben. Auffallend war, daß er über die jagdliche Kreatur im biologischen Sinne recht gut Bescheid wußte und dies im Gespräch auch anklingen ließ. Ihn interessierte nicht nur das bloße Erlegen sondern ebenso die Hege und das - wie man so schön sagt - Drumherum. Gerne berichtete und diskutierte Schmeling über den Boxsport, sprach von seinen Gegnern, Aussichten und Wünschen. Er sprühte vor sportlichem Ehrgeiz und erwies sich als ein dankbarer und aufmerksamer Jagdgast, der spürbar den Aufenthalt in der Natur genoß und den jagdlichen Umgang schätzte.

1929 vertraute sich Max Schmeling dem Manager Joe Jacobs an. Seit dem ging es aufwärts. Joe Jacobs starb 1948 mit knapp über vierzig Jahren an Herzversagen. Schmeling besuchte den jüdischen Friedhof in New York 1954

Das gepflegte Niederwildrevier rund um den Hummelberg wies einen beachtlichen Besatz an Rebhühnern und Hasen auf. So hatte bei einer Jagd ein jeder der 10 bis 15 Jäger am Vormittag fünf bis zehn der flinken Hühnervögel erlegt. Grund genug, den wildreichen Gefilden auch in den Folgejahren einen Besuch abzustatten.

Der Jungjäger erschien seinerzeit noch mit gelber Wildlederjacke und graubraunen Knickerbocker-Hosen zum fröhlichen Jagen. Später, als "angehender" und gestandener Weidmann, mit jagdgerechtem Lodenmantel, Joppe und grünem Hut.

Der Weltmeistertitel 1930

1930 fand in New York im ausverkauften Yankee-Stadion der Weltmeisterschaftfight im Schwergewicht zwischen Jack Sharkey, seinerzeit einer der besten Boxer der Welt, und Max Schmeling statt.

Sharkey zählte zu den intelligenten Kämpfern, überzeugte durch seine Schlagkraft und flexible Kampfweise. Er war von seinem Sieg felsenfest überzeugt, wog mit 178 Pfund acht mehr als sein Gegner und hielt den Deutschen für einen "Ritter des Glücks". Das schien sich in diesem Kampf allerdings zu bewahrheiten.

Jack Sharkey - richtiger Name Joseph Paul Chusauskas, Sohn ausgewanderter Litauer, geb. 1903

Nur wenigen Kämpfern gelang es, innerhalb von zwei Jahren in die Spitzenriege der amerikanischen Boxarena aufzusteigen, schon gar nicht als Europäer. Max Schmeling war 1928 in den Vereinigten Staaten aufgetaucht und hatte es geschafft. Obwohl nach Punkten führend, verlor der Amerikaner nach einem Tiefschlag vor achtzigtausend Zuschauern den Titel an Max Schmeling. Ein Europäer, ein Deutscher war erstmals Weltmeister geworden, wenn auch unter bisher einzigartigen Umständen. So etwas hatte es bisher in der Boxwelt nicht gegeben - für manche ein Skandal, für andere eine faire Entscheidung.

Die New Yorker Box-Kommission legte in Auswertung des Ereignisses fest, Fouls dieser Art bei Entscheidungen nicht mehr zu berücksichtigen und goß damit noch mehr Öl ins Feuer der Diskussion. Wie dem auch sei, das Ereignis wurde in der Presse der Welt mannigfaltig und widersprüchlich kommentiert.

Unglücklich über den Sieg

Ein gefundenes Fressen für Schmelings Kritiker, welche mit Halbwahrheiten, Gerüchten und zweifelhaften Auslegungen den öffentlichen Frust in Deutschland schürten und dem frischgebackenen Weltmeister Saures gaben. Der fühlte sich durch die Entscheidung der New Yorker Boxkommission ohnehin brüskiert und nicht gerade glücklich, den Sieg auf diese Art und Weise erlangt zu

Rückkehr des frisch gebackenen Weltmeisters mit einer Sondermaschine aus Bremen. Die Mutter empfängt ihren Sohn - 1930

haben, so daß es einiger Überredungskünste seines Trainers Machon und des Agenten Joe Jacobs bedurfte, damit er den Titel nicht wieder zurück gab.

Das Jahr 1930 hielt noch andere Höhepunkte für den "schwarzen Ulan vom Rhein", wie man Max Schmeling in den USA und dann in Deutschland nannte, bereit. Die Bezeichnung "Ulan" schien wohl der Tatsache geschuldet, daß der aufstrebende Boxer mitunter per Roß die Umgebung erkundete und im Galopp die amerikanische Weite erstürmte.

Der "Ulan vom Rhein"

Eine Freundin, die Schauspielerin Olga Tschechowa, eine gut aussehende "eingedeutschte" Russin aus Sankt-Petersburg, die in Berlin hängen geblieben war, lud Schmeling zu einer Filmpremiere in den Kinopalast "Universum" am Lehniner Platz ein. Beide kannten sich schon eine geraume Zeit und hatten kurz zuvor in einem Tonfilm von Reinhold Schünzel "Liebe im Ring" - übrigens Schmelings zweiter Filmauftritt - in erotischen Hauptrollen zusammen gespielt.

Neugierig auf den Film war Schmeling schon, denn er hatte auf seine hübsche Nachbarin vom Sachsenplatz, die Schauspielerin Anny Ondra, längst ein Auge geworfen. Der Irrtum, daß es sich bei der Blondine um eine herzlose Mutter handle, hatte sich inzwischen aufgeklärt. Das Baby im Kinderwagen auf dem Balkon, welches er aus seinem Schlafzimmerfenster gemeinsam mit seiner Mutter beobachtet hatte, gehörte zum Glück einer Freundin, nicht Anny selbst. Auch die Botschaft, daß der Filmstar unverheiratet war, stimmte den Faustkämpfer sehr optimistisch.

Schauspielerin Olga Tschechowa - viele Jahre ein Star im Filmgeschäft

Sicher hegte die Tschechowa damals Hintergedanken, als sie den charmanten Max zum Kinovergnügen einlud. Es lief der Spielfilm "Die vom Rummelplatz", in dem die

Verliebt bis über beide Ohren

Filmsternchen Anny Ondra

bereits erwähnte kesse Blondine eine Hauptrolle spielte. Trotz anfänglicher Bedenken hinterließ der Streifen in der Seele Schmelings tiefe Eindrücke - er verliebte sich nun endgültig, wie man so schön sagt, bis über beide Ohren. Alle Vorurteile schienen weggeblasen, helle innere Begeisterung beherrschte ihn.

Anny Ondra, die bildhübsche Nachbarin am Sachsenplatz, war zu dieser Zeit bereits ein in Deutschland gefeierter Filmstar, der hauptsächlich in Filmkomödien, Liebes- und Operettenfilmen agierte. Schmeling wollte das lustige "blonde Gift" unbedingt näher kennen lernen. Als er die Tschechowa um Vermittlung bat, lehnte die natürlich etwas pikiert mit den Worten: „Das mach mal alleine!" ab. Seine eigenen schüchterne Bemühungen, er legte jeden Tag einen Strauß Blumen auf Annys blauen Cadillac, fruchteten nicht.

Schließlich ging Max Schmeling einmal mit Paul Damski ins Kino und es lief, wie es der Zufall so wollte, ein Film mit Anny. Der Faustkämpfer sah ein Licht am Horizont seiner Sehnsüchte und bat Damski nun innigst, Kontakt mit der wohlhabenden Dame aufzunehmen, d. h. unbedingt ein Zusammentreffen zu arrangieren. Bei dieser Gelegenheit erfuhr er von seinem Förderer, dem Boxpromoter, daß die Ondra zu dessen entferntem Bekanntenkreis gehöre. Der gebrochen Deutsch sprechende Freund willigte ein, das "Püppchen" aufzusuchen, scheiterte jedoch im ersten Anlauf.

Die zierliche Tschechin zeigte sich nicht sonderlich begeistert, reagierte uninteressiert. Sie schien generell Vorurteile gegen Boxer zu haben. Was den "Preisboxer" Max Schmeling betraf, der besuchte des öfteren als gerngesehener Gast Prominentenpartys. In Annys Augen schloß das nicht aus, daß es sich um einen notorischen Schürzenjäger in der Szene handeln könnte. Um auf Nummersicher zu gehen, zog die Dame ihrerseits einige Erkundigungen ein. Die Vermutung erwies sich als haltlos, die Referenzen schienen makellos. Kaum zu glauben, weder Alkohol noch Zigaretten rührte dieser Mann an. Selbst über skandalöse Frauengeschichten wußte man hinter vorgehaltener Hand nichts zu berichten.

Doch kein Schürzenjäger

Auf Bitten Schmelings wagte Paul Damski einen zweiten Versuch, ließ über Joe Jacobs aus Hollywood ein Telegramm an Anny schicken, in dem geschrieben stand, daß sie, die Ondra und Schmeling, in einem Film mitwirken sollten. Der Filmstar zeigte zwar kein Interesse, doch der Vermittler hatte wenigstens einen Grund, sie erneut aufzusuchen. Der Zufall verhalf ihm zum Erfolg. Anny Ondra ließ den blonden Damski nur in ihre Wohnung, weil gerade ihre Mutter und eine Freundin anwesend waren. Ob sie Herrn Schmeling nicht wenigstens einen Geburtstagswunsch erfüllen könnte, beflehte sie der gebürtige Litauer.

„Ich ließ mich breitschlagen, den Herrn Schmeling für 15 Minuten im Café zu treffen", erzählte Anny einem Freund der Familie. Sie erwartete einen "ungehobelten Gewaltmenschen", doch es kam ein Gentleman. Anny merkte bald, daß die Absichten des Boxers von solider Natur waren - ein interessanter, noch dazu gut aussehender, großer und kräftiger Herr mit Benehmen.

Bekanntschaft mit einer Filmdiva

Der 25jährige Schmeling lud die zierliche 26jährige Ondra schließlich zu einer Autofahrt mit seinem "geländeerprobten" Lancia nach Lanke, seinem ersten Berliner Trainingslager, ein. Sie sagte nicht nein.

Außer sich vor Freude, im Liebestaumel, glücklichem Übermut, bestimmt auch um Eindruck zu schinden, jagte Max mit Rosemeyers draufgängerischer Fahrweise auf unbefestigten Wegen über Stock und Stein, durch Pfützen und Schlaglöcher. Dann mit 120 Sachen auf der Land-

Mit 120 Sachen über die Landstraße

Anny Ondra - Filmschauspielerin und Produzentin in einem ihrer Filme

straße durch das wohlbekannte wald- und seenreiche Umland von Berlin. Der jungen Lady wurde angst und bange, war diese Fahrt doch vollkommen anders, als sie es von ihrem disziplinierten Chauffeur gewohnt war. Als der euphorische Max sie kurz anschaute, sagte die Ondra wider Erwarten schnippisch zu ihm: „Wenn Sie meinen, mir mit Ihrer verrückten Fahrerei zu imponieren, dann irren Sie sich aber gewaltig." Die "Backpfeife" saß, Max drosselte den Motor und fuhr brav weiter.

Stoff für einen Film

Die Begegnung, Liebe und skandalfreie harmonische Ehe zwischen den beiden Stars gab 1979 den Stoff zu einem Film, in dem die lustige Schauspielerin und der große, kräftige Faustkämpfer Zuschauerherzen begeisterten. Den Streifen mit dem Titel "Ring of Passion" drehte Michael Lewis. Annys Rolle spielte Britt Eklund, bekannt als "James-Bond-Girl".

Die Liebesbeziehung zwischen der Boxlegende Max Schmeling und der Schauspielerin Anny Ondra ist außerdem in mehreren Büchern ausführlich erörtert worden.

Blamiert bis auf die Knochen

Anny hatte in ihrem Leben zwar schon in etlichen Filmen mitgewirkt, jedoch noch nie einem Boxkampf beigewohnt. Ihr neuer Verehrer bat sie daher, ihn in den Berliner Sportpalast zu begleiten, wo im Zusammenhang mit einem Finale dem Publikum bekannte Boxgrößen vorgestellt werden sollten.

Über alle Ohren verliebt, rechnete Max bei seinem Erscheinen fest mit dem Beifall der Zuschauer und glaubte, beim bildhübschen Ufa-Star weitere Sympathien gewinnen zu können. Der Schuß, wie man so sagt, ging jedoch nach hinten los. Als durch den Lautsprecher angekündigt wurde: „Max Schmeling, der neue Weltmeister aller Klassen", stürmte jener los, bahnte sich den Weg zum Ring und kroch durch die Seile. Doch statt des Jubels setzten mit seinem Erscheinen fürchterliche Bu-Rufe sowie ein verletzendes Pfeifkonzert ein. Auf die Knochen blamiert, kehrte der Ausgepfiffene zu Anny zurück. Wider Erwarten zeigte die junge Frau Mitgefühl und empfing ihn mit den Worten: „Ach, mach dir nichts daraus, Max. Das kommt überall mal vor. Das interessiert mich gar nicht. Die Menschen sind nun mal so!"

Streng geheim

Obwohl der Spießrutenlauf aus erwähntem Grunde fast ein ganzes Jahr anhielt, stand das prominente Liebespaar im Interesse der Klatschblätter und Magazine. Zuvor aber versuchten die beiden, ihre Liebesbeziehung, aus dem Glauben heraus, es könnte der Karriere schaden, als reine Freundschaft abzutun und eine gewisse Zeit geheim zuhalten. Max tarnte sich mit einer Sonnenbrille und einem Hut, den er wie Sherlock Homes tief ins Gesicht zog, wenn er mit Anny einen Ausflug in die Stadt unternahm oder "Gefahr" im Verzuge war. Um den Klatschmachern aus dem Wege zu gehen, zogen sich Max und Ondra überaus gerne in die stille Einsamkeit auf den Saarower "Dudel", 65 Kilometer von Berlin entfernt, zurück.

Gemeinsame Interessen

Unter den ausladenden Kronen der Kiefern, deren harziger Duft sich am Morgen mit dem der Wiesenkräuter vermischte, erkannten sie zunehmend Gemeinsamkeiten. Von dort aus ging es des öfteren auf die Pirsch, den Ansitz oder die Wildjagd in den Müncheberger Stadtforst. Dank eines Tips des örtlichen Försters, mit dem er sich recht gerne unterhielt, wurde Max auf das zu verpachtende Gebiet aufmerksam und "schlug" nach ein paar Probeansitzen zu.

Die Harmonie des Boxers und der Schauspielerin fand ihren Ausdruck in der gemeinsamen Neigung, die Natur zu genießen und die waldreiche Umgebung von Berlin zu erforschen. Man wollte der Öffentlichkeit und dem Trubel wenigstens zeitweise entfliehen und träumte bald von einem Leben zu zweit auf dem Lande.

Anny Ondra äußerte diesen Wunsch vom ländlichen Dasein bereits ein Jahr, bevor sie Max überhaupt kannte, während eines Aufenthalts bei Alfred und Alma Hitchcock (1929 entstanden die Filme “The Maxman”, ein Stummfilm, und anschließend “Blackmail”, Hitchcocks erster Tonfilm) in deren Landhaus im Tudorstil in Shamley. Spontan vertraute sie den Gastgebern an, daß sie eines Tages ebenfalls auf dem Lande wohnen und ein ähnliches Haus besitzen würde. Hitchcock erwiderte daraufhin scherzend, daß sie dazu aber ersteinmal einen passenden Mann bräuchte. Keiner der beiden konnte dabei ahnen, daß sich ein solcher schon ein Jahr später einfinden würde.

Leben auf dem Lande

Als Hitchcock von der Liaison erfuhr, konnte er das im ersten Moment weder verstehen, noch glauben. Für ihn war es nicht nachvollziehbar, daß diese zierliche, charmante und etwas verwöhnte Frau ausgerechnet einen Boxer in ihr Herz schloß.

War es Schicksal, Vorhersehung, eine Fügung oder ein Zufall? Wie man es auch immer betrachten möge, Film- und Boxidol fanden zu einander und führten 54 Jahre lang eine harmonische und skandalfreie Ehe.

Rebhuhnjagd auf dem Hummelberg

Im September 1931 ließ sich Max Schmeling mit seinem Jagdfreund Prof. Thorak im blauen Cadillac vom Chauffeur Anny Ondras wieder mal zu den Allendorffs nach Schönebeck “kutschieren”. Es sollte auf Rebhühner gejagt werden.

Nach Beginn des Treibens übernahm der eitle Fahrer, auffallend durch seine der Farbe des Pkw angepaßte blaue Kluft, die Funktion eines Personenschützers. Energisch wies er Leute zurück, die dem Sportidol selbst beim Jagen keine Ruhe gönnten und ihm allzusehr auf die “Pelle” rückten.

In der Beilage zum Magdeburger General-Anzeiger erschien am 4. September 1931 unter der Schlagzeile: “Mit Max Schmeling auf Rebhuhnjagd - Der Box-Weltmeister in Schönebeck - Plauderstündchen mit Max auf dem Hummelberg - Dempsey ist sein Vor- und Nachtgebetchen" ein Journalistenbericht von Richard Glaser, in dem es auszugsweise heißt:

1. Beilage zum Magdeburger General-Anzeiger — Freitag, den 4. September 1931

Mit Max Schmeling auf der Rebhuhnjagd

Der Box-Weltmeister in Schönebeck — Plauderstündchen mit Max auf dem Hummelberg — Dempsey ist sein Morgen- und sein Nachtgebetchen

Die Suche nach dem Sportidol

...In Schönebeck überholen wir drei Jungens, die auf ihren Rädern zielsicher durch die Gegend flitzen. „Wo wollt ihr denn hin?" „Zu Schmeling, da oben ist er. Da oben auf dem Hummelberg!"

Hurra, die Sache stimmt. Rauf auf den Hummelberg. Dritter Gang, zweiter Gang. Rinn in die Schlaglöcher, mit denen der Weg zum Hummelberg gleich guten Vorsätzen gepflastert ist. Oben vor dem Restaurant, auf dessen Naturterrassen die Schönebecker ihre Sonntag-Nachmittage verträumen, steht ein himmelblauer Wagen. Ein schnittiges Kabriolett, Nummer I A 12 414. Das muß er sein.

Und richtig, es ist Schmelings Wagen. Ein Dutzend Schönebecker Jungens und Mädchen umstehen ihn, drücken sich die Nasen platt an seinen blanken Scheiben und erklären stolz: „Ja mit dem ist er gekommen!" Schmeling selbst aber, der stärkste Mann der Welt, der Weltmeister aller Klassen ist nicht da. Ist trotz Bindfaden-Regens hinausgezogen auf die Schönebecker Flur, hat sich eine Flinte umgehängt und stellt Rebhühnern nach.

Also ganze Abteilung kehrt und wieder runter vom Hummel-Hummelberg. Es beginnt die Jagd nach dem Jäger. Die Jagd nach dem Reporterwild. Kreuz und quer fahren wir über Feldwege und Straßen, über Wiesen und kahle Äcker. Aus jedem Fenster äugt einer in die Gegend. Acht Augen suchen Max Schmeling. Er muß sich doch direkt abheben von seiner Umgebung, denkt man und erschauert. Aber er hebt sich leider nicht ab und erst, als wir weit hinter dem Hummelberg einen kleinen, schwarzen Klumpen bemerken, der sich auf einem Feldweg langsam fortbewegt, ist die Fährte gefunden. Wir haben unser Wild.

Der kleine schwarze Klumpen bestand aus lauter Schönebeckern, Salzstädtern. Die meisten auf dem Rad. Frauen und Kinder zu Fuß hinterher. Die Männer mit Pfeife und Zigarre bedächtig in der Mitte. Vor allem aber Jugend. In der Schönebecker Schule war sicher keiner an diesem bedeutungsvollen Vormittag. Alles war bei Max Schmeling. Wollte sehen, wie ein Weltmeister Rebhühner

Der prominente Nimrod kehrt mit reicher Beute von der Jagd zurück, umlagert von Kindern

schießt. Bald sind wir Mitten im schwarzen Klumpen und damit dicht beim jagenden Weltmeister. Hundert Meter entfernt geht eine langgestreckte Schützenlinie von acht Mann durch das Feld. In ihrer Mitte einer, der länger ist als alles Volk. Der die Jäger aus Schönebeck und Salzelmen um einen Kopf überragt. Dessen schwarzer Schopf dunkel zwischen dem Grün der Büsche glänzt. Der mit langen Schritten über die herbstlichen Felder steigt.

Max Schmeling, wir haben ihn. Und dann rein mit den hellbraunen Halbschuhen in den Sturzacker. Aber man kommt nicht näher voran. Ein Mann in einem himmelblauen Oberhemd erhebt seine Stimme und fordert alles Volk auf, sich zurückzuziehen, da man bei einem derartigen Besucher-Andrang keine Rebhühner schießen könne. „Unten in Schönebeck könnt ihr ihn noch lange sehen." Aber die Schönebecker weichen und wanken nicht, kleben förmlich an dem schwarzen Jäger mit der gelben Wildlederjacke und zählen jedes Rebhuhn, das der weltmeisterlichen Büchse zum Opfer fällt.

Wieder hat "Treff" ein Huhn aufgestöbert. In langem Fluge streift es nach Westen ab. Max hebt die Büchse, legt an, zielt, drückt ab, und am Ende des Feldes fällt das Rebhuhn flügellahm zu Boden. Lauter Beifall rund um. Effekt: drei Rebhühner machen sich unbemerkt davon. Der himmelblaue Mann hat recht, dabei kann man keine Rebhühner schießen, und so wechselt die Jagdgesellschaft nach dem Hummelberg hinüber. Aber Max kommt nicht eher weg, als bis er versprochen hat, in spätestens zwei Stunden auf dem Hummelberg zu erscheinen.

Warten auf ein Interview

Um ein Uhr sitzen wir auf dem Hummelberg. Sitzen und essen eine herrliche Suppe, rauchen unzählige Zigaretten und warten auf unseren Weltmeister, warten auf das versprochene Interview. Und wenn Journalisten auf ein Interview warten, sind sie wie Bluthunde. Sie warten und wenn sie dabei sterben sollten. Es wird zwei Uhr. Vor der Kneipe auf dem Berge hat sich inzwischen tout Schönebeck und umliegende Ortschaften wieder versammelt, drängen sich die Jungens und Mädchen um das hellblaue Auto, und nach allen Seiten halten die Vorposten in Regen und Wind Ausschau nach dem, auf den alle warten. Die Presse muß für die Schönebecker Arbeitslosen Zigaretten ausgeben, muß unzählige Fragen über sich ergehen las-

sen, ob Max schon was gesagt hat, was er gesagt hat und wie lange er dableibt. In der Ferne knallt ab und zu ein Schuß. Max und seine sieben Jäger aus Kur-Schönebeck sind noch am Werke. Haben immer noch nicht genug Rebhühner.

Langsam aber kommen die Schüsse näher. Bewegung gerät in die Zuschauer, und die ersten Radfahrer spritzen heran mit der Nachricht: „Er kommt!" Und da ist er auch schon da. Alles hat sich festlich aufgebaut. Die Jugend steht Spalier mit ihren Rädern, und inmitten seiner Jäger erscheint Max. Groß, stattlich, frisch, gesund, wie das blühende Leben. Nur naß bis auf die Haut. Der Regen läuft über sein Gesicht. An seiner Jagdtasche baumeln zahlreiche Rebhühner. Die Flinte trägt er wie einen Bleistift, und ganz wie ein echter Jäger durchschreitet er das Spalier seiner Bewunderer.

Im Saal des Hauses ist dann erst einmal großes Umziehen. Die nassen Jacken hängen zum Trocknen an den Fenstern, und Max hat sich seine Wildlederne ausgezogen und sitzt breit und wuchtig an einem kleinen Tisch. Jetzt ist unsere große Stunde gekommen. Plauderstündchen mit Max auf dem Hummelberg. Der Weltmeister taut nicht gleich auf. Der Regen hat ihm die Jagdfreude etwas verdorben. Aber als wir dann auf Amerika zu sprechen kommen und von Dempsey zu reden anfangen, da wird er lebendig. Und nicht lange dauert es, und der Weltmeister hält einen richtigen Vortrag über Amerika und seine Boxer. Spricht vom Trainingscamp, von der amerikanischen Presse und auch davon, daß er immer ein offenes Ohr gefunden hat, spricht von echten Freunden und falschen Freunden, plaudert einfach, ungekünstelt und offen über sich und seine Laufbahn.

„Ja, und wie ist das mit Dempsey?" „Oh", sagt sein Freund (Prof. Thorak), der neben ihm sitzt, „der Kampf

Immer dabei - Jagdfreund Professor Thorak

gegen Dempsey ist sein Morgen- und Nachtgebet. Das wird die große Sache." Und Max nickt. Dann kommen wir wieder auf die Rebhuhnjagd. Sie macht ihm sehr viel Spaß. Aber das Wetter, das Wetter. Und nach Magdeburg, das er nicht vergessen hat, will er auch bald mal kommen. Vorläufig geht er noch nicht wieder in die Staaten. Bleibt noch in Deutschland. Hat noch keine festen Pläne. Dies richtet sich alles nach der Stimmung des Publikums. Und man denkt so nebenbei ein bißchen an das große Ge*schäft, das von einem Weltmeister-Boxkampf nun eben mal nicht zu trennen ist.*

Rasch, zu rasch geht das Plauderstündchen auf dem Hummelberg zu Ende. Abschied von Max. Und damit das Ereignis für den Reporter. Ein Händedruck. Mein Gott, hat der Mann eine Hand. Eine Über-Hand. Und dann der Druck. Zum Glück hat er nicht richtig gedrückt, so z. B. wenn sich Boxer unter sich begrüßen. Nur so ein bißchen. Aber man spürte den Fingerknochen doch noch fünf Minuten, betrachtet sich die kleine Schreiberhand und sagt nur noch „Weidmanns Heil". - „Weidmanns Dank" und Max kann seine Würstchen weiter essen.

Im Nebenzimmer des Gasthofs aber sitzen drei würdige Damen bei ihrem Kaffeeklatsch. Stricken sich was, trinken Kaffe, essen Kuchen und haben keine Ahnung, welch weltgeschichtliche Persönlichkeit nur fünf Meter von ihnen entfernt, an der anderen Wand, sitzt und warme Würstchen und Kartoffelsalat ißt. Keine Ahnung ...

Begegnung mit dem Vorbild Jack Dempsey

Jack Dempsey, amerikanische Legende und lebenslanges Vorbild Schmelings, war seit 4. April 1919 der Weltmeister aller Klassen - weltberühmt.

Die erste Begegnung zwischen den beiden erfolgte im Jahre 1925. Max, gerade 20 Jahre alt, wohnte damals in der Kölner Heinsbergstraße 4. Jack hatte vor kurzem die

In der Mitte der Weltmeister aller Klassen von 1919 Jack Dempsey. Rechts neben ihm Max Schmeling, Köln 1925

Schauspielerin Estelle Taylor geheiratet und unternahm nun mit seiner zweiten Frau eine Hochzeitsreise nach Deutschland. Er verband Angenehmes mit Nützlichem und trat bei dieser Gelegenheit in einigen Städten bei Schaukämpfen auf. Max wollte unbedingt einmal mit dem populären Boxsportler kämpfen - sein Wunsch erfüllte sich im Kölner Lunapark.

Als sich Dempsey und Schmeling das erste Mal begegneten, stutzten sie einen Moment, weil sie sich trotz des Altersunterschiedes so unglaublich ähnlich sahen.

Nachfolgend trafen sich beide Sportler meist auf Sportveranstaltungen hauptsächlich in den USA, so auch im Juni 1933 im Trainingslager New Jersey. Max bereitete sich gerade auf den Kampf gegen den Schwergewichtler Max Baer vor, von dem es hieß, er sei ein brutaler Schläger. Jack Dempsey reiste von einem zum anderen Trainingscamp und boxte mit beiden Kontrahenten je eine Runde. Diese Schaukämpfe zogen eine Menge Zuschauer

Jack Dempsey

Foto auf der Vorseite: Max Schmeling mit seinem Vorbild Jack Dempsey

an. Schmeling versetzte in diesem Kurzkampf seinem Vorbild Dempsey einen kräftigen Schlag auf die Nase, die man ihm für einen Filmauftritt gerade kurz zuvor gerichtet hatte.

Zu einem ernsthaften Boxfinale ist es zwischen beiden Champions nie gekommen, stattdessen entwickelte sich eine langjährige Freundschaft. Jack Dempsey versuchte mehrfach, Schmeling zu überreden, Deutschland zu verlassen - ein vergebliches Unterfangen. Max hatte die Ausreise nie ernsthaft in Erwägung gezogen. Wie eine märkische Kiefer mit ihrer Pfahlwurzel im Erdreich, so war er seinem Heimatland verbunden. Es kam ihm trotz aller Beschwörungen nicht in den Sinn, seine Mutter und Anny ins Ausland zu holen, schon gar nicht nach 1938, wo das Regime sie als eine Art "Geisel" benutzte.

Unter Kritik

Kritisiert und gefragt von Reportern, weswegen er sich gerade die Jagd als Freizeitbeschäftigung ausgesucht hätte, meinte der Boxchampion, daß er in der Stille der Natur die Kraft schöpfe, die er im Ring benötige. Um zu Erfolg zu gelangen, müsse er die Verhaltensweise des Wildes kennenlernen und es richtig ansprechen. Erlegen könne er es nur mit der nötigen Ausdauer und einem gewissen Instinkt. Ähnlich ist es beim Boxkampf. Dort heißt es, den Gegner zu studieren, seine Stärken und Schwächen abzuwiegen, eine Strategie zu entwickeln und im richtigen Moment zuzuschlagen. Außerdem wäre der Wald der richtige Ort, um sich die manchmal unvermeidlichen "Wunden zu lecken", sich von Tiefschlägen zu erholen, Energie und neuen Mut zu schöpfen. Das ist neben einem harten Training und ausgewogener Ernährung das Geheimnis seines Erfolgs.

Die weidmännische Neigung des Boxers Schmeling machte Furore in der Presse. Kritiker des Boxsports warfen ihm im Zusammenhang mit der Anpachtung des weiträumigen Jagdgebietes aristokratische Allüren vor, doch sein Image im Volke blieb ungebrochen.

In jedem Boxer steckt ein Stück Jagd-instinkt

In dem im Verlag Ullstein erschienenen Buch "Max Schmeling - Erinnerungen" heißt es: „... Was die Jagdleidenschaft angeht, so habe ich immer als besonders absurd empfunden, wenn man einem Boxer daraus einen Vorwurf machte. Denn fast alle Eigenschaften, die er nötig hat, sind auch für den Jäger erforderlich; das gute Auge, die blitzschnelle Reaktion, die Treffsicherheit. In jedem richtigen Boxer steht auch ein Gutteil Jagdinstinkt. Wenn die Lage es erfordert, muß man viele Runden abwarten können, um den Augenblick zu erfassen und energisch zu nutzen, der alles entscheidet. Auch habe ich die Jagd nie als aristokratisches Vergnügen und Vorrecht empfunden; eher im Gegenteil. Wer immer durch den Wald geht, nimmt mit geschäftiger Aufmerksamkeit ein Knacken im Unterholz, eine flüchtige Bewegung zwischen den Stämmen, den Lärm eines auffliegenden Schwarms wahr. Unwillkürlich zeigt sich darin der Urjäger in uns allen ...

Nie habe ich mich einfacher, nie weniger prominent gefühlt als auf dem Hochsitz."

Jagdgast bei Forstmeister Otto Soturius in Simmern im Hundsrück; rechts neben Max Schmeling Jagdfreund Gerd Wiese

Blitzschnell sehen, blitzschnell treffen

Max Schmeling galt im Boxkampf als ein Mann des Augenblicks. Blitzschnell sehen und blitzschnell treffen, war seine Stärke. "Die tödliche Rechte", eine von Journalisten gekürte Redewendung, verwies auf die hohe Schlagkraft, mit der ein Meisterboxer seinen Gegnern das Fürchten lehrte. Tapferkeit und Ehrgefühl zählten zu den höchsten Tugenden dieses außergewöhnlichen Kampfsportlers. Schmeling erwies sich als ein ausgezeichneter Beobachter, ein Mann mit Köpfchen. Fehler beim Gegner zu erkennen und sie im Kampf clever ausnutzen, war seine Stärke. Selbst sein Lebenswandel schien untypisch für einen Boxer, nicht zu vergleichen mit Dempseys freiem Lebensstil oder Joe Louis ruinösem Lebensart.

Trotz der Kritik und dem "Beschuß" blieb Schmeling immer ein leidenschaftlicher Jäger, bis ins sehr hohe Alter. Im Rauschen des Waldes konnte er in Ruhe Pläne schmieden, Verträge gründlich überdenken, die Strategie seiner Boxkämpfe gedanklich vorbereiten, den Ärger und Frust von sich schütteln und die notwendige seelische Kraft schöpfen, sich entspannen, bevor er zum Finale schritt.

Was Verträge betraf, dauerte es seine Zeit, bevor Max Schmeling seine Unterschrift unter das Papier setzte. Er achtete auf Vollständigkeit und klare Festlegungen. Wenn er jedoch erst einmal zugestimmt und abgezeichnet hatte, hielt er sich streng an die Abmachungen und erwartete von seinen Partnern das Gleiche. Dieses Gebaren, die absolute Fairneß, brachte ihm selbst aus dem Lager seiner Kritiker, wie zum Beispiel des tüchtigen Ullstein-Journalisten und Chefredakteurs des Blattes "12-Uhr-Mittag", Rolf Nürnberg, letztendlich Hochachtung ein.

Bezugnehmend auf Nürnberg, der eine spitze und raffinierte Feder führte, was den Faustkämpfer besonders

Unter Kritik

kränkte, meinte Schmeling: „Es gab Zeiten, da wäre es ihm am liebsten gewesen, wenn kein Hund mehr ein Stück Brot von mir genommen hätte."

Nach der Flucht Nürnbergs vor dem Naziregime und seiner Emigration in die USA revidierte sich der "Erzfeind" schließlich im Jahre 1936 nach dem Sieg gegen Joe Louis. Max half seinem schärfsten Kritiker in den USA aus sozialen Nöten, verschaffte ihm dank seiner Beziehungen eine Stellung bei der deutschsprachigen Zeitschrift "Herold". Nürnberg zog sein Pamphlet "Die Geschichte einer Karriere", das Schmeling verunglimpfte, aus dem Handel zurück und entschuldigte sich für seine jahrelangen Fehleinschätzungen.

Auf dem "Dudel"

Ausgangspunkt der Jagdausflüge von Max Schmeling war, außer seiner Berliner Wohnung, eine reizvolle, riedgedeckte Villa, die er sich auf dem "Dudel", einer Landzunge zwischen feuchten Wiesen am Ortsrand von Saarow-Pieskow, mit Hilfe von Paul Damski und seiner Frau Sonja im Rohbau ersteigert hatte. Dieses Idyll, knapp 1.000 Meter vom Scharmützelsee entfernt, war ihm ab 1930 zwischen den Boxkämpfen sein liebster Aufenthalt.

Pofessor Krauskopfs Fantasieprodukt

Den Entwurf für das kühne, extravagant geformte Gebäude schuf der Maler Professor Krauskopf, welcher sich ebenfalls in der Kolonie niedergelassen hatte und zum damaligen Umgangskreis Schmelings gehörte. Bei der Übernahme des Bauprojekts ging es dem Profiboxer vor allem darum, seine Ersparnisse sinnvoll anzulegen und sie damit vor den chaotischen Kursstürzen, die in jener Zeit so manchen braven Mann ruiniert haben, zu schützen.

Doch der erfolgreiche Faustkämpfer dachte nicht nur an sich. Er spendierte seinem Bruder Rudolf anläßlich dessen Hochzeit das Touristenhotel "Deutsches Haus" im

Blick von der Wierichwiese auf die Villa Schmeling

Zittauer Gebirge. Die Ortschaft Niederlichtenwalde (Doli Svetla) liegt heute im Tschechischen, und das Gebäude "Pension Svetla" lädt wie in vergangenen Zeiten deutsche Urlauber zum Verweilen ein.

Abseits vom Trubel

Bevor sich Max Schmeling entschloß, in Saarow-Pieskow zu investieren, hatte er das abwechslungsreiche Baugeschehen auf dem "Dudel" eine Weile mit Interesse verfolgt. Ein wichtiger Gesichtspunkt dieser Entscheidung war sicherlich das interessante Umfeld, welches hauptsächlich aus Vertretern der Künste, d. h. Bildhauern, Malern und Filmleuten, gleichzeitig lieben Bekannten und Jagdfreunden bestand. Eine Bleibe im Grünen, eine wohltuende Rückzugszone, eingebettet zwischen Kiefernwälder und Seen, und das zwei Katzensprünge von Berlin entfernt, schien genau das Richtige zu sein.

Binnen eines Jahres war die auf sandigem Grund zwischen märkischen Kiefern stehende Villa mit riedgedecktem, segelartigem Dach fertiggestellt und eingerichtet. An der südlichen Giebelseite des Hauses entstand ein großer solider Swimmingpool, der einerseits für körperliche Ertüchtigung, andererseits für Erfrischung in heißen Sommermonaten oder nach dem obligatorischen Waldlauf sorgen

sollte, übrigens eine Sensation für damalige Verhältnisse. Im Inneren der Villa ließ sich der Champion einen Boxring anlegen, um jederzeit alleine oder mit einem Sparring-Partner trainieren zu können.

Von der breiten Hauptterrasse und einer aus Feldsteinen angelegten Nebenterrasse aus konnte der Blick über eine große, fast immer feuchte Wiese, auf der selbst in trockenen Sommern Gräser und Kräuter sprießen, sich am frühen Morgen oder am späten Abends der Nebel sammelt, manchmal Rehe äsen und die Phantasie der Betrachter beflügeln, hinweg schweifen - ein Naturgenuß.

In der Künstlerkolonie

Rechterseits von der Zufahrt am Ende der Anhöhe befand sich das mit mehreren Fledermausgauben versehene, schilfgedeckte, extravagante Bogendachhaus des Bildhauers Josef Thorak, linkerseits das riedgedeckte Domizil des Malers Wilhelm Kohlhoff.

Prof. Josef Thorak

Der 1886 in Salzburg geborene und 1952 in Hartmannsberg in der Gemeinde Bad Endorf, Kreis Rosenheim, verstorbene Thorak hatte am Giebel seines Hauses eine Art überdachten Balkon, von welchem er über die Wiesen- und Waldlandschaft sehen und das Wild beobachten konnte. Dieser Genuß dürfte dem 1928 für seine Büste Wilhelm v. Bodes mit dem Staatspreis der Preußischen Akademie der Künste Berlin ausgezeichneten Bildhauer u. a. die notwendige Inspiration bei der Schaffung seiner Werke gegeben haben. Der Künstler, der sich Anfangs im kirchlichen Milieu verwirklichte, fand zunehmende Entfaltung bei der Anfertigung von Monumentalplastiken, die ihm in den dreißiger Jahren mehrere Staats- und Auslandsaufträge einbrachten. So schuf er z. B. in Eskischehire - er verbrachte von 1933 bis 1935 die meiste Zeit in der Türkei - das nationale türkische Befreiungsdenkmal.

Foto links: Blick auf die Wierich -Wiese vom abgebrannten Ondra - Haus

Der Bildhauer Thorak war ein begeisterter Jäger und avancierte schnell zum engsten Jagdfreund Schmelings.

Foto auf der Vorseite: Villa des Bildhauers J. Thorak 1936 und 2003

Der Künstler auf dem See

Es gab kaum ein Jägertreffen, an dem Max Schmeling ohne seinen Nachbarn auftauchte - man lud sich gegenseitig ein. Daher sieht man auf Fotos, die mehr oder weniger zufällig irgendwo auf einer Jagd aufgenommen wurden, meist auch den fast zwei Köpfe kleineren, etwas hageren Professor. Die unermüdliche Seele hatte immer etwas in petto. Max schätzte besonders den Einfallsreichtum und die Neigung zum Außergewöhnlichen seines humorvollen, umgänglichen und gastfreundlichen Nachbarn.

In türkischen Jagdgefilden

Während seines Auslandsaufenthaltes frönte Thorak reichlich der Jagd und lud Max Schmeling 1934 zu einem Jagdbesuch in die Türkei ein. Ausgerüstet mit Karabiner des Systems 98 und in abenteuerlicher Kleidung, ähnelten die beiden mehr kurdischen Befreiungskämpfern als Weidmännern.

Ein Einheimischer führte sie in grellem Sonnenlicht auf steinigen Pfaden hinauf in die schroffen Berge der Region. Dort oben sollte es außer reichlich Gamswild und weniger häufig faszinierenden Bezoarziegen (Steinböcke) auch Braunbären geben, außerdem eine Menge von unendlich scheinenden Geröllfeldern, schroffe Felsen und gefährliche Schluchten. Thorak hatte sich in den Kopf gesetzt, seinen Gast auf einen Steinbock zu Schuß zu bringen und gedachte, als ehemaliger "Bergbewohner" bei der Besteigung von Felsen und Klippen mit gutem Beispiel voranzugehen. Max Schmeling zeigte sich gleich doppelt begeistert, da ihm der Aufstieg körperlich willkommene Strapazen abverlangte und obendrein die Aussicht auf ein jagdliches Erlebnis bot.

Doch ohne Fleiß kein Preis! Die vierläufigen Kletterspezialisten erwiesen sich als sehr scheu, kein Herankommen auf Schußentfernung. Wäre ja auch zu einfach! Den für

Jäger Schmeling auf Pirsch mit dem 98 K

ein paar Türkische Lira geliehenen Karabinern fehlte das Zielfernrohr - erschwerte Bedingungen. Ja, das mache ja gerade den Reiz der Dinge aus, normal könne ja jeder jagen, schwafelte der kleine Thorak mit Tiroler Dialekt. Gleichzeitig sah er sich nach farbigen Erden und interessanten Steingebilden um. Mit Kennerblick machte er Max auf Felsen und Gesteinsbrocken aufmerksam, die mit ein bißchen Phantasie und Kreativität die Anregung für eine Skulptur hergaben. Langweilig war es mit ihm nie!

Über Kimme und Korn, aber auf 300 bis 500 Meter mit fremdem Schießprügel umher zu knallen, dazu noch zu treffen, hatte mehr etwas mit Glück als Geschicklichkeit zu tun. Daran konnte auch Thoraks chronischer Optimismus und abenteuerliche Auslegung des Marsches nichts ändern.

Der Tiroler schien der Bergwelt schon entwöhnt zu sein. Ihm mangelte es bald am körperlichen Durchhaltevermögen, trotz seiner Leichtfüßigkeit und der Tatsache, daß er mit schwerem Hammer und Meißel recht geschickt umzugehen verstand. Es dauerte nicht lange, und der Künstler begann, über wunde Füße zu klagen, und streifte mit den Händen über seinen ergrauten, abstehenden Haarschopf, was so viel bedeutete wie: „Nun ist es aber genug."

So war es dann auch nicht verwunderlich, daß nach ein paar Fehlschüssen lediglich eine Gams zur Strecke kam, die dem völlig verausgabten Bildhauer zugesprochen wurde und zumindest dessen Geltungsbedürfnis befriedigte. Heimatgefühle, die Erinnerung an seinen Ursprung, trieben ihm fast Tränen in die Augen.

Schmeling zeigte Mitgefühl, wobei ihn die eigene Erfolglosigkeit keinesfalls grämte. Er genoß den Anblick, die Gebirgslandschaft, das Land sowie seine Leute und natürlich die Macken seines wieder auflebenden, euphorischen Jagdfreundes, eines widersprüchlichen, aber interessanten Menschen. Eines hatten der Bildhauer und der Boxer gemeinsam, nämlich einen unermüdlichen Ehrgeiz.

Thoraks künstlerische Ader

Thoraks künstlerische Ader begeisterte im Gegensatz zu Krauskopfs "entarteter" Kunst die nationalsozialistische Staatsführung, so daß er mit dem Erstarken des Regimes zu einem der meistgeförderten Künstler avancierte. Professor Krauskopf sah sich dagegen bereits 1933 zur Emigration nach Norwegen gezwungen.

In Saarow-Piekow schuf der Künstler eine Büste Max Schmelings

1936 schuf Thorak den "Boxer" für das Reichsportgelände in Berlin, was ihm prompt den Professortitel einbrachte.

Anläßlich der Weltausstellung 1937 in Paris schuf Prof. Thorak für den deutschen Pavillon zwei Figurengruppen, die von den Obersten des Dritten Reiches mit heller Begeisterung und öffentlichen Ovationen aufgenommen wurden. Adolf Hitler berief ihn auf Vorschlag seines Günstlings, des Architekten Albert Speer, daraufhin zum Leiter der Meisterklasse der Münchener Kunstakademie. Schon bald gestaltete der "Kunstheld" die Siegesgöttin für das Märzfeld auf dem Nürnberger Reichsparteitagsgelände und arbeitete am Denkmal der Arbeit, welches in "überdimensionaler" Größe an der Reichs-Autobahn aufgestellt werden sollte.

In guter Nachbarschaft

Zwischen den Familien der umgänglichen Thoraks und den Schmelings bestand über Jahre ein enges freundschaftliches Verhältnis und eine überaus harmonische Nachbarschaft. Der Frieden wurde jedoch erheblich beeinträchtigt, nachdem der verwitwete Professor, mittlerweile das zweite Mal verheiratet, seine überaus liebenswürdige und gebildete Frau, eine Jüdin, unter dem Druck rassenfeindlicher, nationalsozialistischer Politik, letztendlich aus Karrieregründen im Stich gelassen hatte.

Frau Thorak (Geb. Hilda Lubowska) hatte in tiefem Vertrauen eine Scheidung mit dem heimlichen Vorsatz des Zusammenbleibens für sinnvoll gehalten, weil sie glaubte, ihrem Josef damit bessere Entwicklungsmöglichkeiten einzuräumen - die Frau zeigte sich unheimlich weitsichtig, ahnte im voraus, wie sich die Dinge entwickeln würden. Diese Fähigkeit rettete ihr wohl später auch das Leben.

Nürnberger Rassengesetze

Wie beschlossen, lebten die geschiedenen Eheleute trotz strafrechtlicher Verbote der Nürnberger Rassengesetze von 1935 noch eine Weile zusammen, bis sie jemand denunziert hatte und das Anwesen eines Tages von der Geheimen Staatspolizei umstellt wurde. Dank der mutigen Fürsprache von Max Schmeling beim Propagandaminister Goebbels persönlich blieben ernste Konsequenzen aus.

Max hilft aus der Patsche

Goebbels empfing Max Schmeling in Gegenwart seiner Ehefrau in seiner Villa am Brandenburger Tor. Max berichtete von den Ereignissen in Saarow und nahm Frau Thorak in Schutz. Ja, sie wäre eine hervorragende Frau, die aus eigenem Entschluß ihrem Mann keine Steine in den Weg legen wolle. „Aber eben ein Jüdin ...", meinte Goebbels. Fassungslos reagierte er jedoch, nachdem ihn

Max Schmeling bat, sich selbst ein Bild zu machen und die liebe Frau zu empfangen. Es mag wohl die Anwesenheit von Goebbels Frau Magda gewesen sein, die das Gespräch doch glimpflich verlaufen ließ und den leidenschaftlichen Antisemit schließlich zum Großmut bewegte. Er versprach, die Sache zu regeln, die Gestapo zog sich noch am gleichen Tage zurück.

Der weniger mutige, aber ehrgeizige Professor zeigte trotz seiner vielen Beziehungen keinerlei Einsatz, die Situation zu meistern, zog es lieber vor, den Kontakt zu seiner Partnerin endgültig abzubrechen und überließ die junge, bemitleidenswerte Frau mit dem Sohn Peter ihrem Schicksal. Schmeling zeigte sich vom Verhalten seines Freundes sehr enttäuscht.

Thorak machte Karriere, stand in der Gunst des Generalbauinspekteurs von Berlin, des späteren Generalinspekteurs für Straßenwesen, Wasser und Energie, schließlich des Reichsministers für Rüstung und Kriegsproduktion sowie Todt-Nachfolgers Alfred Speer.

Thoraks Frau kehrte Ende der dreißiger Jahre Deutschland den Rücken und emigrierte nach Frankreich, dann nach England.

Die Charakterlosigkeit des Jagdfreundes

Nach dem Krieg nutzte der in Not geratene Thorak die Treue und Gutmütigkeit seiner geschiedenen, ihn anscheinend noch immer liebenden, einstigen Gefährtin ein weiteres Mal aus, indem er sie im Zuge der Entnazifizierung im Mai 1948 vor der Spruchkammer München zu seiner Entlastung aussagen ließ. Nach diesem Akt zeigte er ihr erneut die kalte Schulter, brach die Kontakte zu ihr ab und heiratete aus Karrieregründen eine Amerikanerin. Dieses menschliche und moralische Versagen, die Charakterlosigkeit eines ehemaligen guten Freundes, konnten Anny und Max nie verschmerzen.

Professor Thoraks Förderer Alfred Speer, ein überaus fähiger Mann, entging, angeklagt im Nürnberger Kriegsverbrecherprozeß, knapp der Todesstrafe und saß auf Drängen der Sowjets volle 20 Jahre, bis zum Jahre 1966, im Gefängnis Berlin-Spandau ein.

Anny Ondra wird Jäger

Seitdem Max ein eigenes Jagdgebiet in Müncheberg gepachtet hatte, saß er häufig auf Bock, Wildschwein, Rothirsch oder anderes Wild an. Mit Anny verbrachte er viele Stunden unbeobachtet in den märkischen Forsten. Anfang der dreißiger Jahre wurde die attraktive Schauspielerin sogar Jäger, ihrem Partner zuliebe, wie sie selbst einmal zugab.

Eine gewisse Vorbildwirkung übten auf Anny Ondra der seinerzeit populäre Schauspielkollege Karl Ludwig Diehl und seine Ehefrau aus, die gemeinsam bei Bärwalde (Kreis Königsberg, Neumark) dem Weidwerk frönten und zum engeren Freundeskreis von Max und Anny gehörten. Man hatte sich während der Dreharbeiten der Ondra-Lamac-GmbH im Jahre 1930/31 für den Film "Der Zinker" (nach Edgar Wallace) schätzen gelernt. In diesem Krimi trat der begabte Filmschauspieler in einer Hauptrolle auf. Die Romantik des gemeinsamen Erlebens der Natur, die weitgehende Interessenübereinstimmung und das harmonische Zusammenleben des Ehepaars Diehl schien für die verliebte Anny Ondra nachahmenswert zu sein.

Eine Zeitlang begleitete sie ihren Liebsten mit der Flinte oder Büchse in das märkische Hochwildrevier, sowohl zum Schnepfenstrich, zur Blattzeit des Rehwildes, der Brunft der Rothirsche, den Kesseljagden auf Hase und Kaninchen oder den geselligen Wildjagden im Spätherbst und Winter.

Max Schmeling bevorzugte bei seinen Reviergängen anfangs einen Drilling mit zwei Büchsläufen vom seinerzeit gebräuchlichen Kaliber 8x57 bzw. einem Schrotlauf des Kalibers 16. Diese Waffe erlaubte es ihm, flexibel auf die im Pachtgebiet auftretenden Wildarten zu jagen. Zum Drilling gesellte sich sehr bald eine Bockbüchse des Kalibers 7x65 der Firma Merkel, zu der sich der Nimrod auswechselbare Läufe anfertigen ließ und die er bei Einladungsjagden als Bockbüchse oder Bockflinte Kaliber 12 gerne mit sich führte. In seinem Besitz waren des weiteren zwei Repetierbüchsen, die beim Ansitz wahlweise auf Raub- bzw. Hochwild oder der Wildjagd Verwendung fanden. Mehrere Flinten, darunter eine maßgefertigte für Anny und solche für plötzliche Gäste standen ebenfalls im Waffenschrank, fanden Verwendung bei den Niederwildjagden und auf dem Tontaubenschießstand. Die Gewehre fielen im Vergleich zu Schmelings fahrbaren Untersätzen einfach und schlicht aus.

Anny Ondra, die populäre und lebenslustige Schauspielerin, erwies sich als guter Schütze und streckte während ihrer aktiven Zeit bis etwa Mitte der dreißiger Jahre dennoch nur wenige Stücke Wild, ein paar Enten, einen Rehbock und zwei, drei Wildschweine. Dabei ging sie sehr

Nach erfolgreicher Saujagd; Ehepaar Schmeling mit den Kindern des Oberförsters Friedrich und Dietrich sowie dem DD "Raudi" bei der Försterfamilie Hoffmann in Vorheide, Winter 1934

verantwortungsvoll zu Werke, ließ die Kreatur lieber ziehen und lächelte achselzuckend, wenn sie einer der Jäger deswegen “auf den Arm” nahm. Hin und wieder erreichte sie sogar bei Maxe, ohne den sie grundsätzlich nicht auf Jagd ging, die Kugel im Lauf zu lassen.

Schließlich äußerte die junge Frau auch gegenüber der betreuenden Försterfamilie Hoffmann, daß das Erlegen von Wild und der Umgang mit den schweren Waffen nicht das Richtige für sie sei. Sie erfreue sich lieber am Anblick der Tiere und genieße den Aufenthalt im duftenden Tann. Im Grunde genommen war sie viel zu tierlieb, um das Handwerk des Jagens auf Dauer zu betreiben. Allerdings hielt sie Hege und Jagd für notwendig, ebenso wie die Nutzung des Hausviehs für die menschliche Ernährung. Wie hätte sie sonst dem Leben auf dem Lande Freude abgewinnen und mit ihrem Mann einen Landwirtschaftsbetrieb - ein Mustergut - aufbauen bzw. führen können.

Obwohl zierlich im Körperbau, zeigte sie bei der Verrichtung von Gartenarbeit oder der Erledigung der täglichen Pflichten Ausdauer, Emsigkeit und Standhaftigkeit. „Klein, aber zäh, anfangs ein wenig verwöhnt und vornehm war sie”, meinte Förstertochter Ilse, als ich sie befragte.

Leute, die Anny in Hinterpommern kennen gelernt hatten, berichteten, daß sie sich hervorragend von ihrem glanzvollen Damen- an das herbere Landleben anpassen konnte, ausgesprochenes Fingerspitzengefühl besaß und sehr flink ans Werk ging. Ihr fiel es nicht schwer, am frühen Morgen aus den Federn zu steigen, d. h. mit den Hühnern aufzustehen.

An den wenigen Gesellschaftsjagden, an denen sie teilnahm, hielt sie sich im Hintergrund, versteckte sich hinter den breiten Schultern ihres Mannes. Sie kannte keine

Kessel - See in Hinterheide; Müncheberger Stadtforst

schlechte Laune und zeigte sich im privaten Kreise sehr lustig und gesprächig. Ärgern konnte sie dagegen ein Fleck auf der Kleidung bzw. ein ungepflegtes Äußeres.

Die kleinen Dinge am Wegesrand

Die Schauspielerin entzückten oft die kleinen Dinge, auch die am Wegesrand, vor allem Blumen, Sträucher, Bäume und alles, was da blüht und sprießt. Ihre Begeisterung darüber konnte sie sehr gut zeigen. Im eigenen Garten konnte sie sich so richtig entfalten, schuf ein lebensfrohes Umfeld. Auch das schätzte ihr Mann an ihr. Geschmackvoll und mit viel Phantasie gestaltete sie Beete und Blumenrabatten, egal ob in Saarow, Ponickel oder Hollenstedt. Max gefiel die Naturverbundenheit seiner Partnerin, ihr aufgewecktes Wesen - man ergänzte sich in harmonischer Weise, paßte sich einander an, lernte voneinander, interessierte sich für Schauspiel und Kunst.

Die Ondra-Lamac-Film GmbH

Anny hatte bereits in den zwanziger Jahren Karriere gemacht, in einer Zeit, wo noch Stummfilme die Leinwand beherrschten und von Max Schmeling kaum einer redete. Den Wandel von der Mimik zur Sprache, von der Komik zum Ernsteren meisterte die Tschechin fließend. Mitte der dreißiger Jahre schien sie auf dem Höhepunkt ihres schauspielerischen Schaffens angelangt zu sein, hatte in über siebzig Filmen mitgewirkt, meist in der Hauptrolle, und sich gleichzeitig als Filmproduzentin in der Ondra-Lamac-Film-GmbH engagiert. Die vorwiegend im deutschsprachigen Raum bekannte Schauspielerin besaß jedoch auch geschäftliche Begabung. Dank großer Popularität, hohen schauspielerischen Könnens, der Komik- und Gesangsbegabung sowie ihres Charmes genoß sie auch die Sympathien einflußreicher Leute des Dritten Reiches und wußte diese Kontakte bei der Vertragsgestaltung durchaus zu nutzen. Mit zunehmender Aggressivität des Regimes zog sie sich jedoch mehr und mehr aus der Filmbranche zurück.

ONDRA LAMAC-FILM GMBH

Auch Max Schmeling hatte sich im Filmgeschäft versucht. 1930 entstand der bereits erwähnte Spielfilm "Liebe im Ring", in dem Max Machon, wie könnte es anders sein, die Rolle des Trainers erhielt.

Hochzeit im Jahr 1933

Als sich Anny und Max am 20. Juli 1933 in Saarow-Pieskow in der Dorfkirche das Eheversprechen gaben, standen sie im Mittelpunkt der Öffentlichkeit, quasi umjubelt von einem ganzen Volk. Zur Hochzeit erschien außer den Medien Gott und die Welt, sogar die Reichskanzlei ließ grüßen - Adolf Hitler schenkte dem glücklichen Paar einen eindrucksvollen Bonsaibaum, eine japanische Kirsche. Noch standen beide bei ihm hoch im Kurs.

Bei herrlichstem Wetter gaben sich Braut und Bräutigam mit dem Segen des Pastors Kurt Lang, der das Paar Jahre später auch anläßlich der Silberhochzeit weihte, das Jawort. Die Gäste, zu denen auch Nachbarn und Kinder aus dem Ort gehörten, umwarben die frischgebackenen Eheleute. Max und Anny strahlten, luden ein zum festlichen Mahl. Viele Gäste brachten, wie aufgefordert, Badekleidung mit. Der sonnige Tag sollte u. a. im Pool vor der riedgedeckten, spitzgiebligen Villa des Prominentenpaares mit herrlichem Blick auf den Wald und die umliegenden Wiesen zwanglos gefeiert werden. Damit die Sache richtig anlief, warf der Bräutigam hin und wieder eine Handvoll Münzen in das erfrischende Naß. Max sorgte für Stimmung - es wurde fleißig getaucht.

Oberdudelbauer und Oberdudelbäuerin

Der Nachbar und Jagdfreund Josef Thorak - einfallsreich wie immer - hatte Annys Schimmel vor einen extravagant geschmückten Jagdwagen gespannt und lud den Oberdudelbauer und die Oberdudelbäuerin zu einer Fahrt ins Grüne ein. Ein von ihm übergebenes Bild stellte die beiden Jungvermählten als Karikatur dar und appellierte, für reichlich Nachwuchs zu sorgen. Dieses Hochzeitsgeschenk steht noch heute im Wohnzimmer des Boxidols und erinnert ihn an eine der schönsten Stunden im erlebnisreichen Leben.

"Sauerei"

Einige Gäste, darunter auch das Müncheberger Försterehepaar Hoffmann, wurden zu den hauseigenen Wildschweinen geführt. Der Bräutigam verabreichte ihnen unter Beifall der Zuschauer einige Leckerbissen, so daß die Sauen vergnüglich grunzten.

Anny hatte mal von einem der zahlreichen Jagdfreunde einen Frischling geschenkt bekommen. Für sie war klar, das heranwachsende Tier unter möglichst natürlichen Bedingungen aufzuziehen - der "Grunzer" benötigte indes mehr Auslauf. Max teilte die Ansicht, ein Gehege müsse eingerichtet werden. Kurz entschlossen, erwarben sie durch Zukauf linkerseits, in unmittelbarer Nähe ihres Landsitzes, den notwendigen Grund und Boden, wobei sich wiederum Paul Damski behilflich zeigte.

Max Schmeling füttert seine Lieblinge; ganz rechts der Überläufer, welcher schnell zum Keiler heranwuchs und eine Menge Ärger machte

Gut versorgt und unter bester Obhut, wuchs der "Quietscher" schnell zur ansehnlichen Bache heran. Es fehlte ihr an Gesellschaft, was Freunde veranlaßte, den Schmelings einen männlichen Überläufer zu spendieren, der, wie könnte es anders sein, schon recht schnell für Nachwuchs sorgte. Im späten Frühjahr sah man bereits eine Rotte von neun Sauen im Gebräch stehen. Den Vaterpflichten trotzend, gab der Keiler, wie es die Natur nun mal so vorgesehen hat, nach der Rauschzeit dem Einzeldasein den Vorrang.

Achtung Keiler! Alles in Angst und Schrecken

Er durchbrach mehrere Male den Zaun und verursachte mit seinem Erscheinen in der Prominentensiedlung Aufregung und Panik. Der Geruch lockte ihn zu den Fischern hinunter zum Ufer des Scharmützelsees, wo er sich zwischen den Netzen zu schaffen machte und fast verfangen hätte. Die Fischersleute, durchaus an den Anblick von Schwarzwild gewöhnt, sahen sich plötzlich einer "tollwütigen" Sau gegenüber, die frech umherschnüffelte und auf Vertreibung mit Attacken reagierte. Schließlich holte die massige Erscheinung einen harmlos dahin radelnden Urlauber vom Drahtesel und versetzte einen leidenschaftlichen Reiter, ausgerechnet den Nachbarn Harry Liedke, in panische Ängste. Ein anderes Mal erkundete der Mitteljährige den Garten von einem der Nachbarn, richtete peinlichen Schaden an und wechselte zum Erstaunen einiger Leute mitten durch die Ortschaft erneut zum Scharmützelsee hinunter - das Maß war nun voll. Woher der "Unhold" stammte, hatte sich sehr schnell herumgesprochen, und damit begann der Ärger für die Besitzer. Ein Angriff des Keilers auf seinen Halter, der ihm gerade noch so entkommen konnte, brachte das Faß letztendlich zum Überlaufen. Der Klagen und des Gejammers überdrüssig, entschlossen sich die Schmelings mit Tränen in den Augen, nun von der Schwarzwildfamilie Abschied zu

Im Kreise der Freunde

Foto:
Zweite und Dritter v. links: Jagdfreund Friedrich Donner mit Ehefrau Gertie

Vierter v. links: Drehbuchautor H. H. Zerlett mit Partnerin

Mitte: Max und Anny mit Mutter Anna Ondrakowa und Mutter Amanda Schmeling

Letzte Reihe links: Trainer Max Machon mit Frau

Ganz rechts: Bildhauer Josef Thorak

Auf dem Landsitz in Saarow-Pieskow, 1934

Erste v. rechts: Gertrud Hoffmann, dahinter ihr Ehemann Oberförster Georg Hoffmann aus Müncheberg (Vorheide) nehmen - einige der Wildschweine landeten trotz Annys energischen Protestes als Braten bei Bekannten und Freunden, es blieben die Erinnerung und ein Foto.

Auf Hochzeitsreise

Max und Anny beschlossen, die Hochzeitsreise in eine Gegend zu unternehmen, in der sie niemand vermuten würde, nämlich nach Mecklenburg. Bei der Entscheidungsfindung half ein Zufall.

Im Westen von Berlin, nicht weit vom Kurfürstendamm, in der Joachimsthaler Straße, befand sich ein außergewöhnliches Lokal. Den Wirt der originellen Einrichtung, Heinz Ditgens, übrigens Weltmeister im Knobeln, kannte Max Schmeling aus seiner Kölner Zeit. Inzwischen hatte der kreative Zeitgenosse einen exzellenten Einfall in die Tat umgesetzt und die "Roxy-Bar" eröffnet. In wenigen Jahren wurde diese Gastlichkeit zum Treffpunkt der prominenten Sportler und ihrer Gemeinde aus nah und fern. Einige der Gäste, so z. B. der bereits erwähnte Kunstflieger Ernst Udet oder der Vorsitzende des Autoklubs von Deutschland (AvD) Herzog Adolf Friedrich zu Mecklenburg (1873-1969), frönten wie Max dem Weidwerk.

Herzog Dr. Adolf Friedrich zu Mecklenburg - Schwerin 1905 und in den dreißiger Jahren; Vorsitzender des Motorklubs von Deutschland und Präsident des Reichsjagdbundes

Unabhängig von den sportlichen Themen unterhielt man sich daher natürlich auch über die Jagd. Seine Hoheit der Herzog zu Mecklenburg, damals ebenfalls Präsident des Reichsjagdbundes, der Vereinigung deutscher Jagdverbände und Vereine mit 80.000 Mitgliedern, Halbbruder des 1897 verstorbenen Großherzogs Friedrich Franz des III. von Mecklenburg-Schwerin, konnte in passender Runde unerschöpflich berichten. Er erzählte von den Expeditionen zur Erforschung des "schwarzen Erdteils", der Jagd im Urwald von Bialowies und den einstigen mecklenburgischen Hofjagden, an denen es ihm vergönnt war, teilzunehmen.

Durch
Steppe und Urwald
Abenteuer und Erlebnisse der Afrika-Expedition des
Herzogs Adolf Friedrich
zu Mecklenburg

Herzog A. F. zu Mecklenburg mit den Stoßzähnen des Angreifers

Über die Forschungsreisen ins zentrale Afrika erschien 1912 im Leipziger Brockhaus-Verlag ein interessantes, lesenswertes zweibändiges Buch mit dem Titel "Vom Kongo zum Niger und Nil". Die Abenteuer und Erlebnisse des Adligen wurden noch in einem weiteren Buch mit dem Titel "Durch Steppe und Urwald" spannend erzählt. Mitreisend berichtete der Herzog von einer Elefantenjagd im Kongo, bei der er unversehens in eine lebensgefährliche Situation geraten war. Einer seiner Träger wurde dabei von dem krankgeschossenen Bullen durch die Luft gewirbelt.

Vom Kongo zum Niger und Nil.
Adolf Friedrich Herzog zu Mecklenburg.
Zweiter Band.
1912

Von 1912 bis 1914 war der "Emporkömmling" des Hochadels Gouverneur der damaligen deutschen Kolonie Togo, ein Verfechter der Kolonisation. Seitdem nannte man ihn hinter vorgehaltener Hand den "Afrikaner".

Als Max Schmeling den Herzog, der den akademischen Grad eines Dr. h. c. der Universität Rostock besaß, auf dem Golfplatz

Herzog Adolf Friedrich zu Mecklenburg bei Eingeborenen im Kongo; Schießübungen

Bad Doberan

traf, kam es zu einer lockeren Unterhaltung zwischen den beiden. Der Herzog empfahl Max einen Besuch der ehemaligen Ferienresidenz der großherzoglichen Familie in Heiligendamm.

„Dort haben schon russische Großfürsten ihre Flitterwochen verbracht", ließ er scherzhaft verlauten. Damit meinte er keinen anderen als den Bruder des Zaren Alexander des III., Großfürst Wladimir Alexandrowitsch, der seine Halbschwester (aus erster Ehe seines Vaters Friedrich Franz II.), Herzogin Marie (Maria Pawlowna, 1857-1920) geheiratet hatte. Das Paar verlebte süße Flitterwochen in der Villa "Großfürstin Marie" unmittelbar am weißen Strand von Heiligendamm. Sie führten zeitlebens eine glückliche Ehe. Beide verfügten über jagdliche Passion, weilten, wenn sie sich nicht gerade zur Wisentjagd im Urwald von Bialowies - dem russischen 154.000 Hektar großen Zarenjagdgebiet - aufhielten, in Jasnitz, Friedrichsmoor oder in Gelbensande. „Da gibt es doch irgendwie Parallelen", scherzte der Adlige.

Heiligendamm erwies sich in mehrfacher Hinsicht als ideal - ein herrlicher Strand, nicht weit von einer wunderschönen Steilküste, der vom Seewind geformte Gespensterwald, außerdem ein Schießstand, auf dem man Tontauben schießen konnte, dazu Reitmöglichkeiten, eine traditionsreiche Pferderennbahn, mehrere Tennisplätze und ein moderner, großzügiger 25 Hektar großer Golfplatz. Nicht weit weg von der weißen Stadt am Meer, in der Rostocker Heide, in Gelbensande, befand sich noch ein idyllisches Jagdhaus mit ausgedehntem Revier in Familienbesitz.

Foto rechts: Ehemaliger Wohnsitz des Herzogs Adolf Friedrich zu Mecklenburg in Bad Doberan - Villa Feodora

Der Herzog selbst wohnte in Bad Doberan und hatte eine Jagd in unmittelbarer Nähe, einer herrlichen Gegend, wo ihm die Reviere Ivendorf und Glashagen als "Jagdregal" (d. h. alle Jagdeinnahmen standen dem Herzog zu)

zur Verfügung standen. Er bot Schmeling an, sollte er Weidmannslust verspüren, könne er sich getrost an Forstmeister v. Bülow im Forstamt wenden oder auch in der Villa Feodora (Name seiner Mutter), zu erkennen an zwei Rehbockskulpturen im Treppeneingang, vorbeisehen.

Heiligendamm, die weiße Stadt am Meer

Heiligendamm, das erste Ostseebad Deutschlands, präziser, der damalige Generalpächter des Kurhauses, des Grandhotels, des Hauses Großfürstin Marie und anderer gastlicher Einrichtungen, Direktor Günter Stegert, empfing die Jungvermählten wenige Tage nach ihrer Hochzeit. Er war der Stiefsohn von Heinrich Kreuzer, Generaldirektor des weltbekannten Etablissements Kroll in Berlin.

Die Ehe hielt bis zum Tode Annys im Jahre 1987

Max und Anny bezogen ein gediegenes Appartement im Kurhaus, genossen ihre offiziellen Flitterwochen in vollen Zügen. Sie verbrachten angenehme Tage am Ostseestrand, dampften mit dem Schiff an der Küste und mit der "Molli" parallel zur Lindenallee entlang, betrachteten das herrliche Panorama der "weißen Stadt am Meer" von der Seebrücke aus, widmeten sich dem Golfspiel, dem Reitsport und dem Tontaubenschießen. Man schloß neue Bekanntschaften, verbrachte die Zeit gemeinsam, unternahm einen Abstecher nach Brunshaupten/Ahrendsee (heute: Kühlungsborn) sowie Warnemünde.

Begegnung mit der herzoglichen Familie

Der großherzogliche Familienclan nutzte in Heiligendamm zu jener Zeit noch drei Villen im Bereich des beginnenden Steilufers, Haus Krone, die Marien- und Alexandrinen-Cottages. Diese Gebäude standen im Sommer nie leer.

Vertreter der jagdfrohen Familie fanden sich natürlich auch zum Golfspielen, auf der Pferderennbahn oder zum Tontaubenschießen ein. So kam es, daß die Schmelings

Das Kurhaus 1933. Das heutige Haus Mecklenburg ist im neuen Glanz rekonstruiert worden und lädt als Hotel der Luxusklasse wieder Gäste ein

auf dem Schießstand einem Sohn des Großherzogs von Mecklenburg (Friedrich Franz IV.) begegneten. Herzog Christian Ludwig (1912-1996) verlebte gerade ein paar erholsame Ferientage an der Ostsee und übte sich in Vorbereitung seiner forstlichen Ausbildung im Schießen. Er freute sich über die unverhoffte Begegnung mit dem populären Paar.

Am Kaffeetisch erzählte der junge Mann über das traditionsreiche Heiligendamm, in welchem seine Ahnen bereits Entspannung gesucht hätten, und schließlich von der bevorstehenden Ausbildung, zu der neben einer landwirtschaftlichen auch eine forstliche im preußischen Forstamt Abtshagen (Vorpommern) gehöre. Seinem Vater wären noch einige Güter und Forsten verblieben, und er wolle sich zur gegebenen Zeit mit um den Besitz kümmern. Da müsse man schon wissen, wie Axt und Säge geführt werden. „Vollkommen richtig!" mag Max damals gedacht haben, denn die Gerätschaften waren ihm, wenn sie auch weitläufig einem anderen Zweck dienten, bestens bekannt.

Der junge, aufgeweckte Bursche sprach von seinen Plänen und natürlich dem Weidwerk, mit dem er sich gerne beschäftigte. Er schwärmte von den starken und zahlrei-

Tontauben - Schießstand Heiligendamm um 1935

chen Hirschen in der Rostocker Heide. Vor einem Jahr, am 17. August 1932, habe er in Begleitung von Oberforstmeister Oertzen in Gelbensande einen ungeraden Kronenzwölfer gestreckt, den vierten Hirsch in seinem Jägerleben. Ein kapitales Hauptschwein wäre ihm drei Jahre vorher fast an der gleichen Stelle vor die Büchse gelaufen - man könne fast abergläubisch werden. Sein Bruder, der Erbgroßherzog, widme sich noch intensiver der Jagd. Der würde jährlich drei bis vier Hirsche allein in der Rostocker Heide strecken. Sein ehrenwerter Vater wäre da viel ruhiger. Der jage zur Brunft gerne in der Lewitz, in Friedrichsmoor, in den "alten Jagdgründen", wie er meinte, dort sei eine tolle Hirschbrunft.

Der Ursprung des Motorklubs von Deutschland

Gelbensande lernte Max Schmeling aber erst im Jahre 1936 kennen. Inzwischen erfuhr er zu seinem Erstaunen vom "Afrikaner" während eines Empfanges der Sportgrößen , daß der Autoklub von Deutschland seinen Ursprung in dem traditionsreichen Jagdhaus im Gelbensander Forst hätte:

„Nach dem Tode meines Bruders, des Großherzogs Friedrich Franz III. am 10. April 1897 in Cannes (Südfrankreich), besuchte ein Freund der Familie, Graf Talleyrand-Perigord, die verwitwete Großherzogin in Gelbensande. Alle liefen auf den Hof, als der Graf mit einem für die damalige Zeit ungewöhnlichen Reisegefährt, einem Automobil, angerattert kam. Sie können sich vorstellen, welche Begeisterung nach den Tagen der Trauer herrschte. Die Witwe unternahm mit dem Gast gemeinsam einen Tagesausflug in die Umgebung und probierte, selbst zu fahren. Kurze Zeit später beschloß sie, sich ein Auto zuzulegen, und kaufte ein motorisiertes Gefährt vom Typ 'Tonneau' des französischen Herstellers Panhard-Levassor. Ich freute mich natürlich mit ihr über diese

Anschaffung und wurde dabei ein begeisterter Anhänger des Automobilfahrens. Anläßlich dieser neuzeitlichen Erfindung kam Anastasia die Idee, einen Klub Automobilbegeisterter ins Leben zu rufen - damit man gemeinsame Ausflüge unternehmen könne. Sie bat den Grafen, diesbezüglich Initiative zu entwickeln. Die zusammengetrommelten Anhänger des Automobils fanden sich dann am 31.07.1899 in Berlin 'Unter den Linden' im Hotel 'Bristol' ein und gründeten den ersten deutschen Automobilklub. Der hieß damals 'Deutscher Automobilklub', und die Großherzogin Anastasia stand ihm als Schirmherrin vor. Graf Talleyrand-Perigord gehörte dem Präsidium an. Aus den Wurzeln des Vereins entwickelten sich dann der 'Kaiserliche Automobilklub' und schließlich der 'Automobilklub von Deutschland'. Das dürfte wohl der tiefere Grund gewesen sein, daß man mich als Präsidenten wählte."

Aus der Geschichte des mecklenburgischen Adelshauses

Alexandrine, die Tochter von Großherzogin Anastasia, zugleich Großfürstin von Rußland, verließ nach Ablauf des Trauerjahres Gelbensande und vermählte sich in Kopenhagen am 26. April 1898 mit dem dänischen Thronfolger Christian, später König von Dänemark - eine offensichtlich gute Partie, welche der großherzoglichen Familie nach ihrer Ausweisung aus Mecklenburg im Jahre 1918 noch von großem Nutzen sein sollte.

Anastasias Sohn, Friedrich Franz der IV., der nachfolgend letzte Großherzog zu Mecklenburg-Schwerin und Hauptnutzer des Jagdhauses, jener, mit dem Max Schmeling später zusammentraf, hatte nach seiner Volljährigkeit am 9. April 1901 die Regierung für das Land Mecklenburg-Schwerin angetreten. Seine Amtszeit währte 17 Jahre. Er heiratete am 7. Juni 1904 die königliche Prinzessin von Großbritannien und Irland Alexandra (Herzogin von Braunschweig und Lüneburg). Eines ihrer fünf Kinder war der Herzog Christian Ludwig, den die Schmelings in Heiligendamm kennen gelernt hatten.

Infolge der Novemberrevolution von 1918 verlor Friedrich Franz der IV. das Regierungsrecht und vorerst den gesamten Besitz. Die neu gebildete Regierung verlangte am 14. November seine Abdankung, und der Fürst stimmte dem Thronverzicht wohl oder übel zu. Per Bahn und Fähre in Warnemünde verließ er samt Familie am 16. November Mecklenburg und lebte dank der Gunst seiner Schwester, der Königin Alexandrine von Dänemark, auf Schloß "Sorgenfri" zwei Jahre im Exil.

Die Rückkehr der großherzoglichen Familie nach Mecklenburg erfolgte im September 1919. Bis 1920 verweilte man in der Abgeschiedenheit von Gelbensande, da das "Jagdhaus" einschließlich des Forstes von der Regierung als erstes rückübertragen worden ist. Dort wohnten die Herrschaften gemeinsam mit ihrem Haushofmeister Holtfoth und dem Leibkutscher Peters. Gemäß eines Vertrages, im Amtsdeutsch: "Vertrag zwischen dem Freistaat Mecklenburg-Schwerin und den ehemaligen Landesherrn, betreffend die Auseinandersetzung über die vermögensrechtlichen Verhältnisse", erhielt Friedrich Franz IV. nach und nach ausgewählte Besitztümer zurück, darunter die Villen in Heiligendamm, einige Güter und Forsten. Der Staatsforst von Gelbensande mit den Revieren Müritz, Hirschburg, Gelbensande und Behnkenhagen von ca. 2.400 Hektar Größe ist im Zuge dieses Vertrages in den privaten Besitz des Großherzogs übergegangen. Als ständiger Wohnsitz diente bald wieder das Schloß Ludwigslust, d. h. nur der Ostflügel der Residenz, einschließlich des Mitteltrakts, während sich im Westflügel ein Museum befand.

Die Einladung des Großherzogs

Nach seinem spektakulären Sieg gegen Joe Louis im Jahre 1936 erhielt Max Schmeling nach seiner Rückkehr aus den USA vom Großherzog Friedrich Franz IV. (verstarb am 17. November 1945 in Glücksburg) eine Einladung zum Tontaubenschießen nach Heiligendamm. Die Anreise sollte per Bahn bis nach Rostock erfolgen, dort würde für die Teilnehmer ein Bus der Firma Autoverleih Schmidt zur Verfügung stehen und sie zum Ostseebad bringen. Man beabsichtigte, am nächsten Tage auf Tontauben zu schießen und den Gästen einige Sehenswürdigkeiten zu zeigen. Der Großherzog gebe anschließend einen Empfang und lade zum Dinner in das Jagdhaus Gelbensande ein.

Schmeling machte von der Einladung gerne Gebrauch und fuhr Ende August gemeinsam mit seinem Trainer Max Machon an die Küste.

Foto rechts: Großherzog Friedrich Franz IV. von Mecklenburg - Schwerin mit Gattin Alexandra, Prinzessin von Braunschweig-Lüneburg und Großbritannien und Irland, Oberforstmeister v. Oertzen und Kronprinzessin Cecilie, Herzogin von Mecklenburg, vor dem Forstamt Gelbensande, Ende der dreißiger Jahre

Auf dem Schießstand traf der gefeierte Faustkämpfer mehrere Vertreter der fürstlichen Familie, darunter auch die Herzöge Adolf Friedrich und Christian Ludwig. Letzterer diente gerade bei der Wehrmacht und sollte im Herbst als Reserveoffiziersanwärter entlassen werden.

Den “Wettkampf” eröffnete der Großherzog persönlich im Beisein seiner Gattin Alexandra (Prinzessin von Braunschweig-Lüneburg und von Großbritannien und Irland). Zugegen auch der führende Forstmann des Gelbensander Forstes, der betagte Oberforstmeister von Oertzen, der bereits dem Vater des Großherzogs Friedrich Franz III. treue Dienste geleistet hatte, sowie ein Oberförster aus Hirschburg. Beim Tontaubenschießen zeigte sich, daß der Großonkel von Herzog Ludwig Christian, der 60jährige Dr. h. c. Adolf Friedrich, der beste Schütze unter den Teilnehmern war und unter Beifall den Sieg davon trug.

Festgefahren

Am späten Nachmittag traf die Gesellschaft in Gelbensande ein, bog von der Chaussee Rostock-Ribnitz-Stralsund in einen Waldweg ab, der zum Jagdhaus führte. Nach wenigen Metern fuhr sich der Bus auf dem unbefestigten Sandweg fest. In Gelbensande sprach sich nun wie der Blitz herum, daß der Lieblingssportler der Nation im Ort weilte - ja, der Bus, mit dem er gekommen sei, festgefahren auf dem Weg zum Jagdhaus stünde. In wenigen Minuten umlagerte das Fahrzeug eine Menge von Neugierigen, die den Champion unbedingt einmal sehen wollten.

Mit vereinter Kraft halfen mehrere Businsassen und einige der herbeigeeilten Leute nach Aufforderung durch den Großherzog im mecklenburgischen Platt beim Schieben. Doch nichts, alle Mühen schienen vergeblich. Nun schrie jemand aus vollem Halse: „Herr Schmeling muß mit ran!" Fast im Chor erklang nun: „Maxe, Maxe, Maxe!" Der ließ sich nicht lange bitten, legte seinen langen Sommermantel ab, krempelte die Ärmel hoch und stemmte sich gegen das "brummende" Gefährt. Und dann geschah das "Unfaßbare", von dem noch heute, nach fast siebzig Jahren, in der Heidegemeinde geredet wird. Nach Überlieferung von Augenzeugen kam der Bus langsam in Fahrt, welch ein Wunder! Die Dorfbewohner behaupten stets, daß der "Ulan vom Rhein" den Bus ganz alleine herausgeschoben hätte, was der Boxveteran aber bestreitet.

Im Jagdschloß Gelbensande

Einen Augenblick später stand der Held des Tages vor der sommerlichen Residenz, die der Großherzog Friedrich Franz III. und seine Gemahlin Anastasia im Jahre 1884 nach Bauplänen des Baumeisters Gotthilf Ludwig Möckel hatten errichten lassen und an deren Finanzierung sich der russische Hochadel, genauer gesagt der Vater von Anastasia, Großfürst M. N. Romanow, maßgeblich beteiligte. Der russische Einfluß ist augenscheinlich. Architektur und sogar die innere hölzerne Wandtäfelung ähneln dem niedergebrannten Zarenschloß im Urwald von Bialowies in vielen Details. Es mag wohl die bescheidene Bezeichnung “Jagdhaus Gelbensande” gewesen sein, daß dieses kleine Schloß mit großer Historie nach 1945 weitgehend in Vergessenheit geriet.

Historischer Kamin im Jagdschloß

Schmeling kannte sich im komplizierten Ahnenregister des Adelsgeschlechtes nur so weit aus, wie er es den Gesprächen mit den beiden Herzögen entnehmen konnte. Ihm fielen jedoch die russischen Zarenadler auf, die das geschichtsträchtige, architektonisch interessante Jagddomizil zierten. Im Inneren des Hauses zog neben den Jagdtrophäen ein Bleiglasfenster, welches das Wappen des Zarenhofes enthielt, Max’s Aufmerksamkeit auf sich.

Einige Wandfotos zeigten u. a. den Kronprinzen Wilhelm mit seiner Braut Cecilie vor dem Jagdhaus. Daraus konnte “Maxe” entnehmen, daß sich hier der Sohn von Kaiser Wilhelm II., Kronprinz des Deutschen Reiches und von Preußen, mit der hübschen Cecilie, der Schwester des Gastgebers, verlobt hatte. Das Paar ließ sich später in Potsdam ein Wohnschloß errichten, das in vielem an Gelbensande erinnert, den berühmten Cecilienhof. Dort wurde nach dem verhängnisvollen Kriege das Viermächteabkommen der Siegermächte unterzeichnet.

Schlagartig erinnerte sich Max Schmeling an seine Rückkehr aus den Vereinigten Staaten mit der “Hindenburg” vor knapp vier Wochen. Beim Überflug mit dem Zeppelin in niedriger Höhe hatte ihm der im Exil lebende Kaiser aus dem Garten seiner Residenz im holländischen Doorn zugewunken - Zufälle gibt es im Leben!

Verein “Hirschmann”

An Gesprächstoff mangelte es nicht. Der Großherzog zeigte sich ebenso sport- wie jagdinteressiert. Als es um die Hunde ging, erfuhr Schmeling, daß Friedrich Franz

Foto Vorseite: Jagdschloß Gelbensande nach seiner Fertigstellung im Jahre 1886

IV. besonders den Hannoverschen Schweißhund bevorzugte. Schon damals, als das großherzogliche Hofjagdsamt noch existierte, konnte er sich für diese Rasse begeistern. Auf den vielen Nachsuchen, die er im Laufe der Jahre miterlebt habe, lernte er den Spezialisten so richtig schätzen. Seit zwei Jahren sei er nun Schirmherr des Vereins "Hirschmann". Auch Oberforstmeister v. Oertzen wäre übrigens Mitglied in diesem Verein und darüber hinaus ein erfahrener Richter. Daher stelle er gerne seinen Waldbesitz für Prüfungssuchen zur Verfügung, so der Herzog. Max Schmeling meinte darauf, daß er sich mit einem Jagdspaniel begnüge, worauf der Großherzog schmunzelnd bemerkte: „Wenn der Spaniel so ehrgeizig ist wie sein Herrchen, kommt er einem 'Hirschmann' sehr nahe!"

Unterwegs im Gelbensander Forst

In Begleitung des Großherzogs, seines Sohnes Ludwig Christian und von Oberforstmeister v. Oertzen bestieg Max Schmeling einen der Pirschwagen. Man beabsichtigte, eine abendliche Revierfahrt durch den Forst, vorbei an den Waldwiesen bis hinunter zum Ostseestrand zu unternehmen.

Buchen-, Eichen-, Erlen- und Kiefernwald unterschiedlichen Alters, oft mit reichlich Unterwuchs aus Fichte und Horsten von Birke, häufig mit geschlossener fast mannshoher Adlerfarndecke, erfreuten das Auge. Gräben und Sölle durchzogen den Forst, Stauwasser und winterlicher Frost zauberten Blößen, und ein offensichtlich niedriger und schwankender Grundwasserspiegel ließ je nach Nährkraft des Bodens die Vegetation, darunter eine angenehme Vielfalt von Gräsern und Kräutern, empor sprießen. Die Wiesen waren gepflegt und zumeist unbeweidet, das gemähte Heu trocknete auf Stangengestellen und diente der Winteräsung. Mancherorts ging der Wald in

Großherzog Friedrich Franz IV.

schwankendes Moor über, auf dem Kiefer und Birke nur krüpplig wuchsen und wo zwischen grünem Torfmoos auf trockener Insel die Heide lilablau blühte. Auf einer starken Kiefer hatte ein Seeadler einen gewaltigen Horst gebaut. Wenig später kreiste ein Altvogel hoch oben am Himmel. Dort, wo der Weg in eine Anhöhe mündete oder Sand für den Wegebau entnommen wurde, leuchtete unter einer braunschwarzen, oft halbmeterdicken Rohhumusauflage feinster Sand. Borstendichte Kiefernjungwüchse ließen erkennen, daß der "Brotbaum" hier vor allem durch Ausbringung von Saat verjüngt wurde.

„Welch willkommene Vielfalt im Waldbild und welch hervorragende Deckung für das Wild", ging es dem Ehrengast durch den Sinn, „hier zu jagen, müßte schon allein wegen des Naturgenusses die reinste Freude sein."

Während der Oberforstmeister in seinen Ausführungen vorwiegend forstliche Belange erläuterte und seine wüchsigen Kiefern lobte, erzählte Friedrich Franz IV. bezugnehmend auf eine gerade erreichte Örtlichkeit, z. B. Bahlenbruch-, Totenbruch- und Anastasiawiese, von diesem oder jenem Jagderlebnis seiner Ahnen oder sich selbst. v. Oertzen stellte hin und wieder richtig oder ergänzte, ohne daß sich seine Hoheit pikiert fühlte. Als alteingesessenem Forstmann schienen ihm bestimmte Sachverhalte aus vergangenen Zeiten geläufiger zu sein. Außerdem wußte der "Haudegen" in Fragen der Wildbewirtschaftung und des weidgerechten Jagens bestens bescheid.

Aus der Konversation, die teils in Mecklenburger Platt erfolgte, und dem Umgang der beiden miteinander konnte Max Schmeling schließen, daß sie zueinander ein enges Vertrauensverhältnis besaßen. Der Oberforstmeister erzählte so z. B., daß er seit geraumer Zeit ohne seine Frau Dagmar zurechtkommen mußte. Bei der Unterhaltung zeigte sich sehr schnell, daß Friedrich Franz IV. ein weidgerechter Jäger und guter Hundekenner zu sein schien. Herzog Ludwig Christian brachte sowohl dem kleinen, etwas untersetzten Oberforstmeister als auch seinem Vater anerzogenen Respekt entgegen. Er achtete peinlichst darauf, daß beide erst ausgeredet hatten, bevor er sich zu Wort meldete.

Kein Jägerlatein

Zur Freude der Gastgeber trat auf einer der Wiesen ein größeres Rudel Rotwild aus, was den Großherzog veranlaßte, eine weitere Jagdepisode zum Besten zu geben:

„Dort drüben, in dem Wiesenschlauch, hatte ich eines Abends einen siebenjährigen ungeraden Kronenzehner beschossen, dessen Stangen sich O-förmig an ihren Enden fast vollkommen zu schließen schienen. So gesehen fehlte dem Hirsch quasi die Auslage. Zwar zeichnete er nach dem Erhalt der Kugel, ging aber hochflüchtig ab. Das Büchsenlicht schwand indessen, doch zum Glück fand ich dort, wo der Geweihte in den hohen Unterwuchs eingewechselt war, ein paar Schweißtropfen. Am nächsten Tag, schon in der Frühe, brach ich mit Oberforstmeister v. Oertzen und einem seiner Revierförster zur Nachsuche auf. Jeder der Forstleute hatte einen Schweißhund dabei, v. Oertzen seinen alten bewährten Hirschmann, der andere einen jungen, noch in Ausbildung stehenden Rüden. Nach mehreren hundert Metern führte uns der Schweißhund zum kranken Stück, welches im Wundbett lag, jedoch aufsprang. Im selben Moment riß sich der in Sichtweite stehende Jungrüde los und raste mit Spurlaut auf den Geweihten zu. Ich ging sofort in Anschlag und feuerte aufs Blatt des Hirsches, der in der Flucht zusammenbrach. Von Oertzen stürmte herbei, um das verendende Tier unter den Attacken des losgerissenen Schweißhundes mit dem Hirschfänger abzufangen. Nun schien der Hirsch endgültig erlegt. Während ich meinen Fotoapparat hervorholte und rückwärts die Entfernung aus-

Historische Geweihpracht an einer der Säulen im Empfangszimmer des Jagdschlosses *schritt, richtete der Förster das Haupt des Hirsches so, daß ich das abnorme Geweih besser vor die Linse bekam. Stellen Sie sich vor, plötzlich erwacht der Hirsch zum Leben, springt auf, und nimmt mich an. Ich fliege vor lauter Schreck rücklings ins Farnkraut, reiße mir dabei die Hosen auf und der Hund springt dem Hirsch an die Drossel. Dann macht der Geweihte samt Hund noch ein paar Fluchten und verendet. Ich kann Ihnen sagen, das Herz schlug mir bis in den Hals, ein Adrenalinstoß bester Güte. Die Sache hätte ja auch schief ausgehen können. Übrigens, meine Söhne haben das Geschehen beobachtet."*

Großherzog Friedrich Franz IV. mit gestrecktem Rothirsch Anfang der zwanziger Jahre

Herzog Chistian Ludwig nickte zustimmend, während der Oberforstmeister auf mecklenburgisch den Vorfall mit: „Ja, so war dat", bestätigte.

Wenn Friedrich Franz IV. seinerzeit auch keine Macht mehr besaß, so war er doch ein populärer Vertreter des Hochadels und über verwandtschaftliche Beziehungen u. a. mit dem dänischen Königs- und den einstigen deutschen Kaiser- und sogar dem russischen Zarenhaus verbunden. Insofern hatte diese Begegnung für den Boxprofi eine gewisse Bedeutung - er fühlte sich geehrt.

Der Großherzog bat den guten Zuhörer Max Schmeling, doch im Winter zur Wildjagd erneut nach Gelbensande zu kommen. Der Champion nahm die Einladung dankend an.

In der nord-östlichen Heide Mecklenburgs

Ende Dezember traf Max mit dem neuesten Sportcabriolet zum fröhlichen Jagen in der nordöstlichen Heide Mecklenburgs ein.

Noch im Dunklen wurden die Gäste mit dem Pirschwagen zu den Ständen gebracht. Einerseits wechselte das Wild zu dieser Zeit noch umher, andererseits ging man einer vorzeitigen Beunruhigung aus dem Wege. Das erhöht erfahrungsgemäß die Erfolgsquote.

Die Treiber beunruhigten nachfolgend vor allem die Einstände, ohne dabei übermäßig laut zu sein. Das Rot- und Schwarzwild wechselte daher relativ langsam an den hinter Schirmen lauernden Jägersleuten vorbei, was die Treffsicherheit wirksam erhöhte. Führende Bachen sowie Hirsche ab dem vierten Kopf durften nicht erlegt werden. Das nicht weidgerechte Jagen wurde ohne Ansehen, Rang und Namen der Person vom Großherzog persönlich gerügt.

Über die Wildjagd, bei der das Sportidol mehrmals zu Schuß und Erfolg gekommen sein soll, berichtete auch der 1996 verstorbene Herzog Ludwig Christian während eines Besuches des Jagdschlosses nach der Wiedervereinigung der beiden deutschen Staaten.

Fast einer Tradition folgend, nahm Max Schmeling gemeinsam mit seinem Trainer Machon an den herbstlichen Hubertus-Reitjagden mit Hundemeute (Deutsche Bracken) der Gutsbesitzerfamilie Rittmeier Schulz aus Rosengarten bei Frankfurt/Oder teil. Wenn es um die Jagd hoch zu Roß ging, bei der sowohl Körper wie auch Geist gefordert wurden, konnte der passionierte Jäger ohnehin nicht "nein" sagen. In der Freizeit traf man ihn oft in Reithosen, die er auch gerne bei herkömmlichen Wildjagden trug.

Hoch zu Roß - ein Schimmel muß es sein

Nachdem der Weltmeister die junge Ondra kennen gelernt hatte, erwies sich, daß auch sie überaus gerne ritt. Neben dem Fahrradfahren suchte sie einen sportlichen Ausgleich. So war es dann auch nur eine Frage der Zeit, bis ihr Max einen Wunsch erfüllen und einen Schimmel kaufen würde.

Saarow-Pieskow bot außer vorzüglichen Reitmöglichkeiten für die Haltung eines Pferdes gute Bedingungen, eine Koppel lag in unmittelbarer Nähe an der Moorstraße. Was also stand dem Kauf eines warmblütigen Pferdes im Wege? Schmeling baute sich einen Stall und fragte seinen Nachbarn Thorak, wo man am günstigsten ein vernünftiges Pferd auftreiben könne. Der empfahl ein Gut bei Beeskow. Kurz entschlossen fuhr der Faustkämpfer in Begleitung eines Pferdekenners, seines Trainers Max Machon, nach Beeskow zu einem Züchter.

Es hatte sich in der Ortschaft herumgesprochen, wer ein edles Pferd zu kaufen gedachte. Als die Prominenten auf dem Hof eintrafen, wimmelte es bereits von Leuten, die dem populären Besuch freudig ihre Aufwartung machten und die Ereignisse neugierig verfolgten.

Nachdem der Schimmel besattelt herbeigeführt worden war, man ihn genauer betrachtet hatte, fragte Machon den Verkäufer nicht ohne Grund, wie lange das Pferd denn schon im Stall gestanden hätte. Mehrere Wochen, nach Auskunft des Besitzers. Machon schwang sich in den Sattel und ritt davon. Was er vermutet hatte, bestätigte sich. Der Schimmel schien ungewöhnlich temperamentvoll. Dieser Tatsache ungeachtet, voller Ungeduld, stieg dann Schmeling auf das Roß, gab ihm unbedacht die Sporen und ritt unter Beifall der Anwesenden durch das Tor in die umliegende Feldflur. Auf dem Acker setzte er zum Galopp an, konnte den Wallach nicht mehr zügeln.

Ein peinlicher Vorfall

Der machte ein paar "Bocksprünge" und entledigte sich seines Reiters. Im hohen Bogen fiel "Maxe" aus dem Sattel und fand sich am Boden wieder. Der Schimmel entschwand ohne Reiter. Eine Blamage peinlichster Art - nun mußte er eine geraume Strecke bis zum Gutshaus zu Fuß zurücklegen, kein Problem, doch was würden die Gaffer zu dem mißlungenen Proberitt sagen? Um dem Gelächter aus dem Wege zu gehen, ließ sich der Boxer auf dem Rückweg reichlich Zeit.

Die Hoffnung, daß sich das herbeigelaufene Volk inzwischen zerstreut haben könnte, erwies sich als Trugschluß - es harrte eisern aus. Wohl oder übel mußte sich Schme-

Max Schmeling kehrt von einem Ausritt im Saarower Wald zurück ling bei seinem Eintreffen mit der herben Realität abfinden, dem Gelächter stand halten und sich von Machon anhören: „Ich habe es geahnt!"

1933 waren die Schmelings nach der Heirat in eine größere Wohnung nach Berlin-Dahlem in die Berliner Podbielskiallee umgezogen. Im Vergleich zum Sachsenplatz handelte es sich um ein sehr geräumiges Domizil in ausgesprochen ruhiger Lage. In dem Stadtareal wohnten seinerzeit vor allem Diplomaten, Unternehmer und Führungskräfte der Wirtschaft. Zu dem zweistöckigen Haus gehörte ein Garten mit parkähnlichem Charakter. Ein weiterer Vorteil der Wohnlage bestand darin, daß der Grunewald nur ein paar Minuten entfernt, d. h. gut erreichbar, war. Der Boxchampion pflegte am frühen Morgen, noch bevor die morgendlichen Spaziergänger und Reiter auftauchten, seinen Konditionslauf unter den Kronen der Altkiefern entlang am Schilfgürtel des Grunewaldsees zu absolvieren.

Eintritt in den Jagdverband

1934 trat Max Schmeling dem Reichsbund "Deutsche Jägerschaft", Gruppe Grunewald-Schmargendorf-Halensee, bei. Seitdem das neue Reichs-Jagdgesetz verabschiedet und das Pflichtschießen eingeführt worden war, schien eine Mitgliedschaft in der Organisation der Jäger unumgänglich.

Im Rahmen des Verbandes fanden weiterbildende Veranstaltungen statt, die sich der passionierte Weidmann nicht entgehen lassen wollte. Innerhalb so einer Vortragsreihe trat auch der schwedische Weidmann, Tierfilmer und Schriftsteller Bengt Berg auf, mit dem Schmeling ins Gespräch kam.

Reichsbund
„Deutsche Jägerschaft"
Kreisjägermeister Luchs
Pol.-Amt.: Schöneb.-Wilmersdf.
Gruppe Grunewald
Schmargendorf, Halensee
Der Gruppenleiter
von Wißmann
Berlin-Charlottenburg 4, Clausewitzstr. 5
Tel.: C 1 Steinplatz 9715
9–5 Uhr: H 0 Wannsee 5578

Man hatte sich um Max Schmeling regelrecht gerissen, freute sich, ein prominentes Mitglied begrüßen zu dürfen. Der Jagdgruppe Grunewald gehörten ebenfalls die Weidgenossen Gerd Wiese (Kaufmann) und Friedrich Donner (Diplomlandwirt) an, altbekannte Jagdfreunde des Profiboxers.

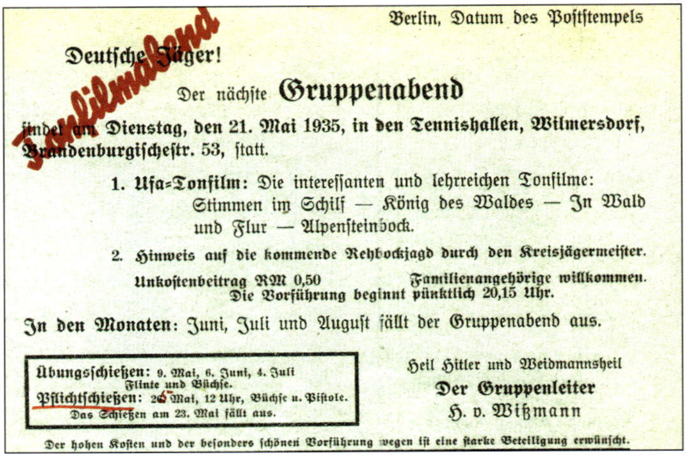

Familienabend

Berlin, Datum des Poststempels

Deutsche Jäger!

Der nächste **Gruppenabend**

findet am **Dienstag, den 21. Mai 1935, in den Tennishallen, Wilmersdorf, Brandenburgischestr. 53,** statt.

1. **Ufa-Tonfilm:** Die interessanten und lehrreichen Tonfilme: Stimmen im Schilf — König des Waldes — In Wald und Flur — Alpensteinbock.

2. **Hinweis auf die kommende Rehbockjagd durch den Kreisjägermeister.**

Unkostenbeitrag RM 0,50 **Familienangehörige willkommen.**
Die Vorführung beginnt pünktlich 20,15 Uhr.

In den Monaten: Juni, Juli und August fällt der Gruppenabend aus.

Übungsschießen: 9. Mai, 6. Juni, 4. Juli
Flinte und Büchse.
Pflichtschießen: 25. Mai, 12 Uhr, Büchse u. Pistole.
Das Schießen am 23. Mai fällt aus.

Heil Hitler und Weidmannsheil
Der Gruppenleiter
H. v. Wißmann

Der hohen Kosten und der besonders schönen Vorführung wegen ist eine starke Beteiligung erwünscht.

Neue Jagdfreunde

In Berlin Dahlem, im Drosselweg 1-3, befand sich das Büro einer Landgesellschaft, der Herr Donner als Direktor vorstand. Diese beschäftigte sich u. a. mit dem Ankauf und der Neuaufsiedelung von Ritter- und Großgütern im Rahmen eines staatlichen Programms.

Der Diplomlandwirt Donner frönte dem Weidwerk in der Krümmeler Heide, einem Waldgebiet an der Grenze zwischen Mecklenburg und Brandenburg, besaß jedoch in der Gemarkung Sewekow noch weitere Jagdpachtflächen. Die Heide grenzte im Westen an die Nebel und endete im Norden am Krümmeler See. Auf der linken Seite an der Brücke, die Nebelsee und Langhagensee verbindet, befand sich der Forsthof Ichlim (heute Seehotel Ichlim). Von dort gelangt man mit dem Boot ohne weiteres bis zur Müritz. Am Langhagensee, auf einer Anhöhe zur Gemarkung Sewekow gehörend, hatte der Berliner Jäger ein kleines, hölzernes Häuschen errichtet, das ihm als Jagd-

Foto rechts: Der Champion beim Pflichtschießen - 1936

Z

und der Familie als Urlaubsdomizil diente. Dort übernachtete im Zusammenhang mit einer abend- und morgendlichen Bockjagd im Jahre 1935 auch der Boxweltmeister Schmeling.

Das erweiterte Jagdhäuschen begrüßt heute, umgebaut zu einer niedlichen kleinen Gaststätte mit jagdlichem Flair, dem "Donnerberg", Feriengäste und Einheimische zum angenehmen Verweilen.

An der Grenze zwischen Mecklenburg und Brandenburg

Friedrich Donner hatte für mehrere Jahre u. a. den ca. 400 Hektar großen Privatwald des Gutes Krümmel - seinerzeit im Besitz des Fürstenhauses Schaumburg-Lippe - nicht weit entfernt vom Prignitzdorf Sewekow, gepachtet. Die Gemeinde liegt in der Mark Brandenburg (Ostprignitz), während sich der Hauptteil des leicht hügeligen Jagdeldorados schon im Mecklenburgischen befand, nicht weit von der "Garnisonsstadt" Wittstock entfernt.

Im Dezember 1934 fuhr ein schmucker Wagen, ein weinroter Maybach, durch das schlichte Dorf und erregte allerhand Aufsehen. Die noble Karosse hielt oberhalb der Kirche am Gasthof Graefen, ihr entstieg ein junger, kräftiger Mann mit dunklem Haar. Gegenüber dem Wirtshaus befand sich auch die alte Dorfschule. Neugierig sprangen die Kinder von den Schulbänken auf und liefen zu den Fenstern.

Der Ankömmling schaute ein wenig hilflos in der Gegend umher, so daß der Lehrer und Jäger Max Struth ihm entgegen ging und fragte, ob er helfen könne. Welch eine Überraschung, kaum zu glauben - Max Schmeling, der Weltmeister - noch dazu in Grün - fragte, wie man nach Troja käme. Im Wagen winselte und bellte ein Jagdhund.

„Sie sind sicherlich zur Wildjagd bei Herrn Donner eingeladen?" hinterfragte der Pauker treffend. Max bestätigte lächelnd. „Weidmanns Heil, dann werden wir uns nachher ja sehen, ich bin auch dabei", so der Lehrer. Danach verschwand er im Schulgebäude und kehrte kurz darauf mit der gesamten jubelnden Schulklasse zurück. Jeder wollte den Champion sehen, der vor wenigen Monaten im Kampf gegen seinen Bochumer Kontrahenten Walter Neusel am 26. August 1934 erfolgreich aus dem Ring gestiegen war - ein Autogramm ergattern.

Jäger Max Schmeling 1936 in Sewekow im Gespräch mit Jagdpächter Friedrich Donner

Der Boxkampf gegen Walter Neusel 1934

Neusel, der blonde Westfale, ein talentierter Boxer, griff seine Gegner stets impulsiv an. Wegen dieser Eigenschaft nannte man ihn im Ausland auch "The blond German Tiger" und betrachtete ihn sogar als Anwärter für den Weltmeisterschaftskampf. Die Veranstaltung, organisiert vom Promoter Walter Rothenburg, fand unter den Boxsportfans ein breites Echo. 90.000 Zuschauer, so viel wie Deutschlands Sportarenen bisher bei einem Boxkampf noch nie gesehen hatten, fanden sich zu dem für deutsche Verhältnisse hochdotierten Duell der Spitzensportler in Hamburg ein. Für die Kontrahenten stand allerhand auf dem Spiel. Nur dem Sieger öffneten sich die Pforten im "Land der unbegrenzten Möglichkeiten", und nur jener hatte die Aussicht, für den Titelkampf in den USA zugelassen zu werden. Neusel, der Jüngere, ein Draufgängertyp, war bei dieser Begegnung der Favorit, doch Schmeling besiegte ihn in der 9. Runde, Neusel gab auf. Damit endete für Max Schmeling eine lang anhaltende Pechsträhne.

Wiegezermonie, Walter Neusel am 26. August 1934 auf der Waage

Während sich der Faustkämpfer mit den Buben beschäftigte, bat der Lehrer einen herbeigeeilten Dörfler, den Weidgenossen mit dem Fahrrad über Buschhof ins mecklenburgische Troja zu geleiten, einem Vorwerk, das seinerzeit zum Gut Krümmel gehörte. Auf das Gehöft von Jagdaufseher Kreitke solle er Max Schmeling bringen, dort würde der Jagdherr die Gäste erwarten.

Jährlich, meist zwischen Weihnachten und Neujahr, lud der Jagdherr zur geselligen Drückjagd ein. Im Winter residierte Donner im Hause seines Jagdaufsehers, bei dem er ein Zimmer angemietet hatte.

Mehrere Kirrungen und eine Futterstelle sorgten dafür, daß reichlich Wild aus der Buchholzer Heide und den angrenzenden Waldgebieten ins Revier wechselte. Im kopierten Gelände stockte auf lehmigem Sand eine wüchsige Kiefer, mit reichlich Fichte im Unterwuchs. Dazwischen auf besseren oder feuchten Böden die Buche und Erle. Kiefernbestände im Jungwuchs- und Jungbestandsstadium, einige Erlenbrüche und Röhrichte in Niederungen, Seenähe bzw. an Söllen boten dem Wild gute Deckung oder Einstände, das machte die Sache interessant. Wiesen im Walde oder zwischen Forst und Seen gelegen - lauschige Orte - luden Rot-, Reh- und Schwarzwild zur Äsung ein. Das Gelände ist sehr reizvoll, von Hügeln durchzogen und seenreich.

Die Vorbereitung der winterlichen Jagd, die Einrichtung der Stände und des Streckenplatzes, das Abfährten, usw., oblag den Jagdaufsehern Kreitke und Röper, die zu diesem Zweck einige Helfer einbezogen, so Herrn Schmidt aus Sewekow. Er baute die Hochsitze für F. Donner und rekrutierte die Treiber, meist Schüler, sowie den Ichlimer Förster Monke, später Prieß. Die Nachsuche erledigte seinerzeit Herr Hase aus Troja mit seinen spursicheren Teckeln.

An der Wildjagd nahmen 15 bis 20 Jäger teil, darunter die anliegenden Pächter, u. a. der Gutsverwalter Schuchardt, Trainer Max Machon, der Jagdpächter Dr. Lenz (Walkmühle), Revierförster Monke (Ichlim), sein Sohn

F. Donners ehemalige Jagdhütte am Langhagensee ist heute ein kleines gemütliches Ausflugslokal - 2003 und 1930

Jäger Gentschow - Spitzname "Päp" (Berlin), ein ausgezeichneter Schütze unter dem Herrn - und ein Dachpappenfabrikant aus Neustrelitz.

Zwischen Max Machon - er wohnte damals in der Charlottenburger Fredericlastraße 30 - und dem Jagdherrn Donner bestand ebenfalls eine enge jagdfreundschaftliche Beziehung. Als Schmelings Trainer Machon heiratete, gehörte auch Friedrich Donner zu seinen Gästen.

Getrieben wurden der Forst sowie die Rohr- und Bruchpartien an den Seen, gejagt auf Rot-, Reh-, Schwarz- und Raubwild. Meist lagen sechs bis zwölf Stücken Schalenwild, hauptsächlich Sauen, zwei bis drei Stücken Rotwild. Der Streckenplatz befand sich ca. 200 Meter von Kreitkes Haus in der Nähe des Waldweges von Troja zur Försterei Ichlim entfernt. Vor der Jagd hatte man ausreichend Brennholz in der "Schweiz"", einem so bezeichneten Forstort, eingeschlagen, ein Feuer entfacht und Waldmöbel aufgestellt.

An Treibern fehlte es nicht. Seitdem bekannt worden war, daß Max Schmeling zur illustren Jagdgesellschaft gehörte, riß man sich regelrecht um die Teilnahme, "alles schien in Aufruhr".

Bei Graefens schmeckts immer!

Der Wirt des Gasthauses W. Graefen versorgte die Weidmänner in den Jagdpausen mit Erbsensuppe und Getränken. Frau Donner backte hin und wieder für die versammelte Jägerschaft ihren berühmten Napfkuchen. Kreitkes Frau erkundigte sich stets laut und deutlich: „Herr Graefen, haben Sie auch nicht die Milch für Herrn Schmeling vergessen?" Dann setzte unter den Treibern und Jägern munteres Gelächter ein.

Im Dorf stieg der Milchverbrauch, jeder Knirps meinte nun, durch Milchtrinken besonders stark zu werden und in die Stapfen des Vorbildsportlers treten zu können - welch beeindruckender Effekt.

Graefens munteres und unermüdliches Wesen, die wohlschmeckende Küche und Gastfreundschaft, letztendlich der Rummel, der bei Eintreffen des Weltmeisters in der Dosse-Stadt veranstaltet wurde, veranlaßten den Champion, sich hier in Sewekow, auf dem halben Weg zwischen Wittstock und Mirow, einzuquartieren. Im Laufe der Jahre entwickelte sich zwischen Max Schmeling und dem Wirt ein freundschaftliches Verhältnis, das auch die Kriegsjahre überstand.

Das Gasthaus fiel allerdings am 9. September 1943 den Flammen zum Opfer, da die Räucherkammer Feuer fing.

Vorerst diente es jedoch den Jägersleuten als Ort des geselligen Beisammenseins, wo man den Ausklang der Jagd würdig feierte. Graefen erhielt vor dem Mahl ein Stück Schwarz- oder Rotwild und zauberte aus dem Wildbret die schmackhaftesten Gerichte - gespickten Rotwildbraten in Wacholdersause mit Rotkohl und Kartoffeln, geräucherte Wildschweinkeule bzw. -rücken mit Maronen oder Pfifferlingen und Kartoffelpüree.

Anläßlich des Sieges über den gefürchteten Schwergewichtsboxer J. Louis im Jahre 1936 organisierte F. Donner zu Ehren von Schmeling ein Festessen im Kreise der Jäger. Lehrer Struth ließ seine Schüler im Flur des Gasthauses Aufstellung nehmen und ein Lied singen.

„Erzählen Sie uns von Ihrem Kampf", rief einer der Weidgenossen in die Runde, die Anwesenden klatschten.

Gasthof Graefen in Sewekow

Die Sieges-feier im Kreise der Jäger

Das Saftglas in der Hand, gab Schmeling den Bitten der versammelten Jägerschaft nach. Er begann nun, die Geschichte vom Kampf mit dem "Braunen Bomber" zum Besten zu geben - sie fiel reichlich kurz und prägnant aus: „Ich hatte einen Fehler bemerkt, den Joe regelmäßig machte. Seitdem glaubte ich, ihn besiegen zu können. Es hat geklappt!" Alles jubelte. Einige sprangen auf die Stühle, stießen die Bierhumpen gegeneinander, daß sie fast zerbrachen, und die "Paffer" ließen eine Rauchwolke aufsteigen. „Ein kräftiges 'Weidmannsheil' für unseren Weltklasseboxer - Horrido", schallte es aus der fröhlichen Menge, die lauthals zu Juchzen und schließlich zu Singen begann: „Ein Horrido, ein Horrido, ein Weidmannsheil ..." Der Gefeierte genoß sichtlich die Ausgelassenheit der versammelten Jägerschaft im dörflichen Ambiente von Sewekow.

Auf einer der winterlichen Drückjagden hatte der Faustkämpfer einen Stand "erwischt", einen Schirm, geflochten aus Fichtenzweigen, der an der "Mündung" eines Waldweges auf eine schmale Waldwiese errichtet worden war. Links und rechts des Weges erstreckte sich eine größere Kieferndickung, auf der anderen Seite des Wiesenschlauches ein Erlenbruch. Rauhreif lag über dem Gras, wo sich offenbar der Frost sammelte. „Eine herrliche Kulisse und ein gutes Schußfeld, wenn die Sauen dort hinüber flüchten", mochte der Champion gedacht haben. Doch trotz des vermeintlich guten Standes zeigte sich lange kein Wild. Die Schüsse hallten aus Richtung Osten, alles Getier wechselte anscheinend gegen den Wind aus dem Treiben heraus.

Zwei Stunden verstrichen, ohne daß sich etwas tat. Es fröstelte unseren Nimrod, und die großen Boxerhände begannen zu frieren. Dafür sorgte der Ostwind, der, kanali-

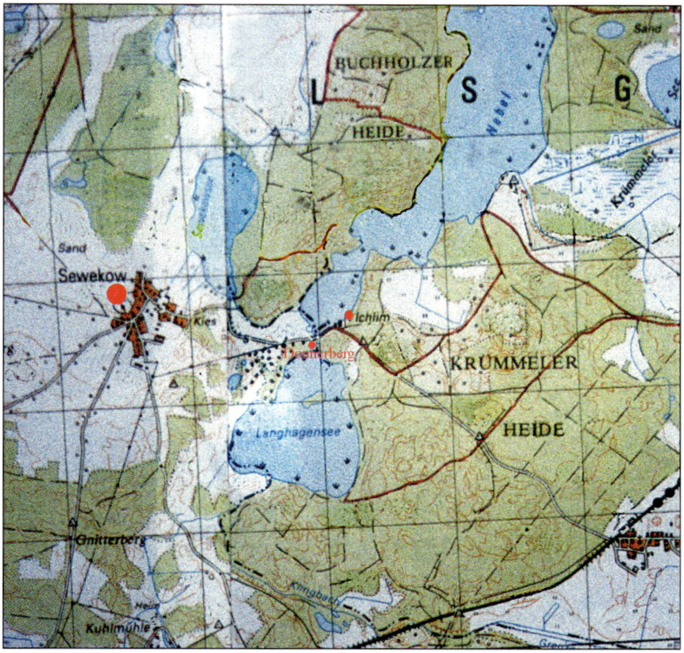

Karte vom Krümmeler Forst. Das Jagdgebiet F. Donners hatte eine Größe von ca. 400 Hektar

Jagdpech! „Verfluchter Mist!”

siert durch den Wiesenschlauch, noch eisiger zu wehen schien. Fix zog sich Max ein paar Handschuhe über, und wie zum Hohn erschien einen Moment später ein kapitales Hauptschein auf der Schneise, knapp zehn Meter vom Stand entfernt. Gegenüber im Bruch krachten Äste, und einige Treiber kamen zum Vorschein. „Gibt’s denn so etwas!” Vollkommen überrascht, versuchte Max einen Handschuh abzustreifen, was auf Anhieb nicht gelang. „Verfluchter Mist!” Der Basse hielt nicht aus. So schnell wie er gekommen war, verschwand er auch wieder im Schutz tausender Zweige und Äste. Doch ihm folgte kurze Zeit später erneut eine “Perlenschnur” aus Bache und wohlgenährten Frischlingen. Noch nicht erholt vom ersten Schreck, kam der inzwischen wohl nervös gewordene Jäger erneut nicht zum Zuge, welch ein Jammer, welch

Achtung! Die Sauen kommen

eine Verzweiflung. Wie auf einer Bühne spielte sich das Schauspiel vor den Augen der “Zuschauer” - einigen Treibern - ab. Das gab Stoff für das abendliche Jagdgericht und die Skatrunde bei Graefen, der an jenem Tag guten Umsatz machte.

Inzwischen war ein Treiber aus der Dickung herausgetreten, der auf wenige Schritte alles genau beobachtet hatte, und sprach schelmisch zum Faustkämpfer: „Na, Herr Schmeling, die waren aber dicht dran. Hätten Sie man lieber ihre Handschuhe ausgezogen oder besser mit der Büchse geworfen!” Max Schmeling soll daraufhin freundlich gelächelt und gemeint haben: „Beim nächsten Mal klappt es besser!”

Selbst das strenge Jagdgericht tat seiner guten Laune keinen Abbruch. Er trug es mit Fassung und Humor. Allerdings berichtete nun der Dorfklatsch, daß der Boxer Max Schmeling zwar gut boxen, jedoch schlecht schießen könne. So entstehen Gerüchte!

Daß dem nicht so war, bewies die spätsommerliche Entenjagd, die der Jagdherr jährlich am Langhagen-See und Nebelsee veranstaltete. Zu diesem Zwecke mähte Kreitke quer zum Ufer Schneisen in das Schilf. Die Schützen harten nach dem Anblasen des Treibens unmittelbar am Seeufer, während ein Boot im Röhricht umhermanövrierte

und das Federwild aus der Deckung brachte. Sobald Ente, Wasserralle oder Haubentaucher auf den von Röhricht freien Flächen erschienen und den Jäger bemerkten, erhoben sie sich in die Lüfte oder versuchten, im Wassersprint zu entkommen. Dann setzte das Donnern der Flinten ein, wie immer mit mehr oder weniger gutem Ergebnis. Manchmal mußte das Schilf der Uferzone mehrere Male durchkämmt werden, wobei so mancher geschickte Vogel seine Chance nutzte und sich ungesehen "verdrückte".

Max ragte auf Grund seiner Größe etwas mehr empor als die Nachbarschützen und schien dadurch im Vorteil. Jagdspaniel "Ditti" saß neben seinem Herrchen, lauschte ins Schilf hinein und nahm stets Wind, wenn sich etwas Verdächtiges näherte. Plötzlich erschienen die ersten Enten in der Schneise, erhoben sich mit einem Wasserklatscher und markantem Fluggeräusch in die Höhe. "Bautz, Bautz", schallte es über den See. Leblos stürzte ein Erpel zurück ins Wasser, geflügelt ein zweiter, der sogleich im Röhricht Deckung suchte. Jetzt war "Ditti" nicht mehr zu bremsen, sprang hinein ins kühle Naß und entschwand den Blicken ihres Herrchens. Halme brachen, Wasser spritzte, Flügel schlugen. Einen Moment später kehrte die Hündin mit der Ente im Fang zum Ufer zurück. Welch ein braver Hund!

Denkste! Der Spaniel dachte nicht daran, seine Beute dem rechtmäßigen Besitzer zu überlassen. Der Champion stieß nach einem vergeblichen Versuch, "Ditti" den farbenfrohen Erpel aus dem Fang zu nehmen, einen leisen Fluch aus. Der Hund reagierte trotzig, ließ aber nach einer Weile die Ente von alleine fallen, na also. Max nahm den Vogel und hängte ihn in einen Ast.

Das war dem scharfen Auge eines Jagdhelfers nicht entgangen und wurde, wie das so ist bei Menschen, die immer im Mittelpunkt des Geschehens stehen, besonders gründlich ausgewertet. Nun hieß es auf einmal: „Schießen kann der Schmeling, aber seinen Hund hat er nicht im Griff!"

Gemütlicher Ausklang der Entenjagd am Langhagensee. Links: Revierförster Ernst Prieß (Ichlim); Mitte: Frau Gertie Donner, Max Schmeling, Kind, Friedrich Donner; ganz rechts: Jagdaufseher Röper

Später unternahm Max Schmeling auch einen jagdlichen Abstecher nach Theerofen, bei Mirow, wo sich Generaloberst Ernst Udet "eingemietet" hatte, um in der Nähe des Bombenabwurfplatzes und des Rechliner Versuchsgeländes oder in angrenzenden Jagdgefilden an der Müritz seiner Jagdleidenschaft zu frönen, d. h. Notwendiges mit Angenehmem zu verbinden. Das Boxidol erlegte bei dieser Gelegenheit einen Muffelwidder.

1943 verloren die Donners bei einem Bombenangriff ihr Haus in Berlin Lichterfelde, Wilhelmstraße 25 A - ein Totalschaden. Die Familie zog es nun vor, außerhalb Berlins bei Sewekow zu wohnen. Doch die Unglückssträhne hielt an. Am 10. Dezember 1944 fiel der 21jährige Sohn des Jagdfreundes, Joachim Friedrich, an der Ost-Front. Ein Jahr später wurde Friedrich Donner in der Försterei Ichlim - die Familie bewohnte dort die ehemalige Förster-

Friedrich Donner kehrte 1950 abgemagert und krank aus sowjetischer Kriegsgefangenschaft zurück und verstarb noch im selben Jahr

wohnung - von den Sowjets verhaftet und geriet in Gefangenschaft. Friedrich Donner war während des Krieges im Rang eines Oberstleutnants dem Wirtschaftsstab-Ost zugeteilt und hielt sich bereits zwei Wochen vor Kriegsende im Forsthaus auf. Bei einer der fast täglichen Hausdurchsuchungen hatten die Russen das "gut versteckte" Soldbuch gefunden. Donner wurde daraufhin am 5. Mai 1945 im Beisein der Familie und des Forstlehrlings abgeführt. Vierzehn Tage später mußte der Rest der Familie fliehen. Sie sollte sich am nächsten Tage mit Decken und Verpflegung in Sewekow einfinden. Bei Nacht und Nebel flüchteten die Donners zu Fuß in Richtung Westen und erreichten nach einer langen "Odyssee" Hamburg.

Der Vater kehrte als kranker Mann aus der Sowjetunion zurück und verstarb noch im Jahr seiner Rückkehr am 27. September 1950.

Seine Tochter, Hannelore Anna, vermählte sich mit einem Amerikaner und lebte lange Zeit in den USA. Dort traf Frau Hodges, geb. Donner, Mitte der sechziger Jahre Max Schmeling, den langjährigen Jagdfreund ihres Vaters. Der Boxveteran weilte auf Einladung des Deutsch-Amerikanischen Klubs in Santa Monika, Kalifornien.

Später kehrte die Dame nach Berlin zurück und zeigte sich überrascht, daß die ehemalige Ferien- und Jagdhütte ihres Vaters am Langhagensee noch existierte, und sich die darin eingerichtete Gaststätte "Donnerberg" nannte.

Nachdem das riedgedeckte Haus in Saarow-Pieskow durch einen Blitzschlag den Flammen zum Opfer gefallen war und man sich mit dem Wiederaufbau beschäftigte, gab Anny zu bedenken, ob Saarow für ein Leben in der Zukunft als ständiger Wohnsitz wirklich das Richtige wäre. Abgesehen von der reizvollen Lage, hatte eine Reihe von Begebenheiten den Schmelings den Aufenthalt auf

Abschied von Saarow-Pieskow

dem Dudel vergällt. Daher beschlossen sie, sich von den Villen zu trennen und aus der "Schußlinie" unangenehmer Ereignisse in eine ruhigere Gegend mit "weiten Horizonten" zu ziehen.

Auf der gegenüberliegenden Seite der Wierich-Wiese ließ Anny Ondra für ihre Mutter ein Häuschen errichten, das ebenfalls ein riedgedecktes Dach, einen feldsteinernen Kaminabzug, jedoch mehrere rundgemauerte Giebel besaß. Auch diese Villa glich in vielem einem Phantasieprodukt Prof. Krauskopfs, stand ebenfalls auf einem flachen Hügel an der sogenannten Moorstraße, so daß sich die Bewohner über das breite, baumfreie Luch hinweg gegenseitig zuwinken konnten.

Leider wurde diese Villa, aus welchen Gründen auch immer, von Annys Mutter kaum genutzt. Daher überließ man das "Ondrahaus" einem guten Freund, dem deutschen Drehbuchschreiber und Regisseur Hans Helmut Zerlett. Er arbeitete seit Beginn der Drehbucharbeiten für den Film "Saxophon-Susi" mit dem tschechischen Filmproduzenten und Schauspieler Karel Lamacs, dem Entdecker der Ondra, zusammen.

Lamacs hatte nach langjähriger freundschaftlicher Beziehung gemeinsam mit Anny Ondra in Berlin die sogenannte Ondra-Lamacs-GmbH, ein deutsch-tschechisches Unternehmen gegründet, das zahlreiche Drehbücher Zerletts verfilmte und ihn zugleich als Co-Regisseur einbezog. So zum Beispiel bei "Der erste Kuß", einer munteren Komödie, in der Anny eine Hauptrolle spielte, "Die verkaufte Braut" oder "Kiki" - Annys Lieblingsfilm, dem Kritiker von vorne bis hinten Lob zollten. Auch die Handlung von "Baby" stammte aus der Feder von H. Zerlett.

Im Jahre 1934 überraschte der begabte Filmeschreiber die Schmelings mit der Geschichte zum Film "Knockout" (Premiere am 1. März 1935), in dem Anny Ondra

Hans Helmut Zerlett

Foto rechts: Im Film "Knockout" (1935) spielen Anny und Max in den Hauptrollen

später gemeinsam mit Max Schmeling vor der Kamera stand. Max war über Zerletts Idee, ein Drehbuch für seine Frau und sich, sozusagen als nachträgliches Hochzeitsgeschenk, zu schreiben, vollends begeistert.

Er spielte in diesem Film einen Oberbeleuchter in einem Berliner Revuetheater, der bei allen, besonders den Mädchen, beliebt ist. Bei einer Probe trifft er auf die Blondine Marianne Blümchen - Anny Ondra -, eine Buchhalterin und Stenotypistin, die aus Versehen zum Theater gekommen ist. Sie stolpert Max in die Arme und zum Gram des Theaterdirektors über die Bühne - inszenierte Verwirrung und Streit.

Ein "maßgeschneiderter" Film

Bei der Premiere sieht Max, wie Marianne von dem brutalen Schauboxer Hütgen, der in der Revue einen Schaukampf gibt, belästigt wird. Er greift ein, und während auf der Bühne die Girls einen heißen Bauchtanz vorführen, tobt hinter den Kulissen ein wilder Kampf zwischen dem Oberbeleuchter Max und dem Boxer Hütgen. Max entwickelt ungeahnte Fähigkeiten und besiegt den Unhold. Trotz dieser Umstände wird jedoch beiden fristlos gekündigt.

Glück im Unglück, ein Box-Manager erkennt die Fähigkeiten des Oberbeleuchters, nimmt ihn mit nach Hamburg zur Boxschule und gibt ihm eine neue Perspektive. Voller Elan macht sich Max an die neue Aufgabe.

Marianne berichtet ihrem neuen Verehrer, daß sie einen Verlobten in Hamburg hat. Das hält Max jedoch nicht davon ab, ihr zu sagen, was sie für ihn bedeutet. Wie im Ring setzt sich der nun erfolgreiche Boxer auch in der Liebe durch, er und die Sekretärin werden ein Liebespaar und die Zuschauer mit einem Happyend beglückt.

Max Schmeling hatte in diesem Zusammenhang sogar eine Schallplatte riskiert. "Das Herz eines Boxers" erfreute den Zuhörer mit Sprechgesang.

Foto rechts: Die Trophäenwand in Saarow-Pieskow, darunter zwei Muffelwidder, gestreckt bei Benneckenstein im Harz

1936 stieg H. Zerlett aus der Lamacs-Ondra-Produktion aus, ging eigene Wege. In den darauffolgenden Jahren bröckelte die langjährige Freundschaft ein wenig. In engem Kontakt zu Hans Hinkel stehend, dem "Sonderbeauftragten" im Reichsministerium für Volksaufklärung und Propaganda, späterem Generalreferenten für Reichskulturkammersachen, Leiter der Filmabteilung und "Drehbuchautor" der Hitlerattentat-Prozesse vor dem Volksgerichtshof - stellte Zerlett sein Wirken in den Dienst dieser Institution und wurde von Minister Goebbels schließlich zum Produktionschef der Tobis-Filmkunst ernannt.

Das Schicksal des Drehbuchschreibers H. H. Zerlett

Die Russen warfen dem Regisseur H. H. Zerlett u. a. vor, sich auch in den Propagandafeldzug der Nazis gegen die Ostvölker einspannen lassen zu haben, obwohl dieser eigentlich nur "schöngeistige" Filme betreute. So ist er auch in die Fahndungsliste des sowjetischen KGB aufgenommen, im Frühjahr 1945 nach Auskunft der Nachbarn in Saarow Pieskow verhaftet worden. Ohne Gerichtsverfahren steckten sie ihn in das Internierungslager Fürstenwalde/Ketschendorf, Speziallager Nr. 5, wo er verstarb.

Seine Ehefrau aus zweiter Ehe, geb. Westphal, und seine Tochter wohnten noch bis Ende der sechziger Jahre in der riedgedeckten Villa an der Moorstraße Nr. 9. Schließlich überließen sie das Gebäude zu DDR-Zeiten einem metallverarbeitenden VEB-Betrieb, der EKO-Stahl Eisenhüttenstadt. Dieser nutzte das Domizil als Gästehaus. Bevor es 2001 von einem Brand zerstört wurde, lud es, umgebaut zum gemütlichen Kaffee, die Ausflügler zur Rast ein.

Der Paolino-Kampf wird zur Farce

Nach seinem Kampf gegen den spanischen Weltklasseboxer Paolino Uzcudun in Barcelona, der durch die Punktrichter - zum großen Erstaunen der Zuschauer - mit Unentschieden bewertet wurde, reiste Max Schmeling im Mai 1934 direkt nach München. Dort entstand gerade der Film "Fräulein Hoffmanns Erzählungen", und Frau Anny stand gemeinsam mit Hilde Hildebrandt, Kurt Meisel und Mathias Wiemann vor der Kamera. Trotz jener Farce, die zu ungunsten des Deutschen in Barcelona veranstaltet worden war, hatte Max Schmeling sein kämpferisches Selbstvertrauen wiedergewonnen. Gut gelaunt sah er dem Treffen mit Anny entgegen.

Kaum im Münchener "Regina Palast Hotel" eingetroffen, erreichte das Ehepaar ein Anruf. Am Apparat der Leibfotograf Hitlers, Heinrich Hoffmann, der die Schmelings im Auftrage des Parteifunktionärs zu einem motorisierten Ausflug zum Tegernsee einlud. Hitler beabsichtigte, mit den Gästen, in Anwesenheit von Wilhelm Brückner (Chefadjutant), Julius Schraub und Heinrich Hoffmann, im Garten bei Franz Xaver Schwarz, seit März 1923 Schatzmeister der NSDAP und 1929 Stadtrat in München, Kaffee zu trinken.

Die Frau des 59jährigen treuen Gefolgsmannes Hitlers hatte im Garten eine Kaffeetafel hergerichtet. Man sprach über dieses und jenes, schließlich über den Paolino-Kampf. Max Schmeling fiel ein junges, gut aussehendes Fräulein, ca. Mitte Zwanzig, auf, das mit dem Reichskanzler auffallend ungezwungen redete. Vom Leibfotografen erfuhr er später, daß es sich um eine von Hoffmanns Angestellten handelte, Eva Braun, Hitlers spätere Lebensgefährtin.

Nachdem sich Hitler herzlich von den Gastgebern verabschiedet hatte, setzte sich die Fahrzeugkolonne mit ihren schweren Mercedes-Limousinen in Richtung Sankt

Fotos links: Max Schmeling (Mitte) auf Entenjagd mit Trainer Max Machon (2. v. l.)

Quirin in Bewegung. Herr Hitler hatte vor, einen alten Parteigenossen, den Druckereibesitzer Adolf Müller, in dessen Unternehmen der "Völkische Beobachter" gedruckt wurde, zu besuchen. Da der Herr etwas schwerhörig war, sprach man in abendlicher Runde ziemlich laut miteinander. Es zeigte sich, daß Müller über große Jagdpassion verfügte, er begann mit Adolf Hitler eine ungezwungene Plauderei über die Jägerei. Ein Wort gab das andere, und Hitler ging in Opposition. So meinte der Reichskanzler, daß es keine Kunst sei und sogar unfair wäre, den Hasen mit Schrot zu schießen. Erst wenn man ihn mit den Händen fangen müßte, würde sich zeigen, wer der Schnellere und Bessere sei.

Kein Verständnis für das Weidwerk

Plötzlich fragte der spätere Reichskanzler den aufmerksam zuhörenden Boxchampion: „Sind Sie etwa auch Jäger?" Schmeling nickte: „Schon einige Jahre!" Nun fühlte sich Max gemüßigt, eine Meinung abzugeben und Müller Beistand zu leisten. Unter anderem erwähnte er, daß die Jagd notwendig sei, um den Wildbestand zu regulieren und Schäden in Wald und Flur zu vermeiden. Hitler meinte daraufhin trotzig und ein wenig provozierend: „Dazu sind die Förster da!" Die würden aber Geld kosten, hätten auch noch andere Aufgaben zu erledigen und könnten nicht überall sein, argumentierte Schmeling. Der Reichkanzler blieb skeptisch, schien sich zu freuen, die Jägersleute herausgefordert zu haben. Es war offensichtlich - große Sympathien oder Verständnis brachte er dem Weidwerk nicht entgegen.

Sympathie für Wilddiebe

Später ließ Hitler sogar verlauten, einmal ein Buch gegen die Jagd schreiben zu wollen. Außerdem machte er keinen Hehl aus seiner Sympathie für Wilddiebe, die in einem Beschluß gipfelte, Parteigenossen wegen Wilddieberei nicht aus der NSDAP auszuschließen. 1940 begrüßte Hitler die Idee des Reichführers SS H. Himmler, ein SS-Wilddiebskommando aus "anständigen" Wilderern auf die Beine zu stellen und ihnen nach Frontbewährung Straferlaß zukommen zu lassen. Diese Truppe nannte sich SS-Sturmbrigade Dirlewanger und verübte in Polen, Weißrußland, der Ukraine und der Slowakei grausamste Verbrechen.

Görings "Jagdfimmel"

Der Jagdfimmel Hermann Görings ging dem Führer zunehmend auf den Wecker. Nur aus Rücksichtnahme auf den Generalfeldmarschall hielt dieser sich von öffentlicher Kritik zurück. Intern gab es jedoch gravierende Meinungsverschiedenheiten.

Diesbezüglich stand der Chef im Einvernehmen mit Reichsminister Dr. Joseph Goebbels und dem 1943 zum Sekretär des Führers aufgestiegen Martin Bormann, die strikte Jagdgegner waren und mit Göring um die Macht konkurrierten. Sie bezeichneten die Jäger als "grüne Freimauerer", da sie nicht über die Fähigkeit verfügten, wirklich nationalsozialistisch zu denken. Ein großer Teil der grünen Lobby sei wohlhabend und gehöre sogar reaktionären Kreisen an.

Diese Einschätzung resultierte zweifellos aus der Tatsache, daß der Reichbund Deutsche Jägerschaft als Organisation nicht direkt von der NSDAP kontrolliert werden konnte, d. h. führungsmäßig einer staatlichen Instanz, dem Reichsjagd-Amt und damit dem Reichsjägermeister näher stand. Diesem Umstand ist es auch zu verdanken, daß der Gruß "Weidmanns Heil" im traditionellen Sinne beibehalten wurde.

Ministerpräsident H. Göring mit gestrecktem kapitalem Rothirsch

Das Reichspropagandaministerium verbot am 7. Januar 1936 allen Tageszeitungen die Veröffentlichung von Bildern, die von privaten Jagdveranstaltungen Hermann Görings gemacht worden sind. Mit dem Veröffentlichungsverbot wollte Goebbels im Einvernehmen mit Hitler ver-

Reichskanzler Adolf Hitler und Ministerpräsident Hermann Göring 1935 noch im guten Einvernehmen auf der Terrasse in Carinhall mit Blick auf den Döllnsee

hindern, daß in der Bevölkerung der Eindruck entstehe, der Reichsminister für Luftfahrt (ab 05.05.1933), Ministerpräsident Preußens (ab 11.04.1933) sowie Reichsforst- und Reichsjägermeister gebe sich mit privaten Vergnügungen ab, anstatt seinen Verpflichtungen, die er als Führender habe, nachzukommen.

Beim Besuch der Internationalen Jagdausstellung am 6. November 1937 in Berlin durchschritt Hitler mit finsterer Miene und mißgelaunt die Ausstellungsräume. Göring, der Schirmherr der IJA, hatte die Anregung und ein Jahr vorher den Befehl zu deren Durchführung gegeben. Als Veranstalter trat der Reichsbund Deutsche Jägerschaft auf. Nur das lobende internationale Echo, es nahmen 20 Staaten teil, bewog den Reichskanzler dann doch dazu, einer Verlängerung der Ausstellungszeit aus politischen Gründen zuzustimmen. Hitler war unzufrieden, daß Göring der Jagd hohe Priorität einräumte. Im Krieg warf er ihm vor, sich zu wenig um die Luftwaffe und die kämpfende Truppe zu kümmern. Viel zu selten besuchte er die Front, richtete sich statt dessen in Rominten gemütlich ein, führte dort die Besprechungen und frönte dem Weidwerk ohne Hast wie in Friedenszeiten. Währenddessen fielen an den Fronten täglich ca. 5.000 deutsche Soldaten. Auch bezüglich seines luxuriösen Lebenswandels kannte der Reichsmarschall kein Maß.

Nach Hitlers Meinung entwickelte sein "Nachfolger" zu wenig Fleiß, Initiative und Aufmerksamkeit beim Aufbau, der Weiterentwicklung und dem Einsatz der deutschen Luftwaffe. Das mochte auch der Grund gewesen sein, daß der Einfluß des mächtigsten Nimrods jener Zeit auf den Führer im Laufe des Krieges zusehends schwand. Es sei unglaublich, wieviel Zeit manche Parteiführer für die Jagd aufwendeten, ja einige Gauleiter würden gar kein anderes Thema mehr kennen, verlautete es aus der Reichskanzlei. Im Winter 1942/43 untersagte der Diktator den NS-Gauleitern schließlich, das Amt des Landes- und Gaujägermeisters gleichzeitig auszuüben.

Nach den alliierten Luftangriffen auf Deutschland im Jahre 1943 kam es zu ernsthaften Differenzen Hitlers mit Göring. Nur aus staatspolitischen Erwägungen hielt der Führer noch an ihm fest.

Im November 1944 verbot Hitler auf Empfehlung Bormanns gegen den Protest des Reichsjägermeisters die Herausgabe sämtlicher Jagdzeitschriften.

Kurz vor Kriegsende, acht Tage vor seinem Selbstmord, bezichtigte Adolf Hitler seinen ehemaligen Vorzeigepolitiker sogar des Hoch- und Landesverrats und verurteilte ihn zum Tode. Göring begab sich nachfolgend freiwillig in die Gefangenschaft der US-Army.

Waldwiese im Müncheberger Stadtforst

Im Müncheberger Stadtforst

Von Saarow-Pieskow bis zum südlichen Zipfel des Jagdreviers Schmelings bei Müncheberg fuhr der motorisierte Profiboxer über Fürstenwalde, Trebus, Beerfelde und Schönfelde gerade mal 35 Minuten. Von dort bis zur Berliner Wohnung ca. eine Stunde, indem er die Ortschaften Lichtenow, Herzfelde, Rüdersdorf und schließlich (Berlin) Friedrichsfelde passierte.

Der Müncheberger Stadtforst erstreckte sich links und rechts der 1802 gebauten Berliner Chaussee bzw. der Reichstraße Nr. 1, die in diesem Abschnitt von Eichen eingefaßt ist. Ein abwechslungsreiches, zusammenhängendes, von Senken und Hügeln durchzogenes Waldgebiet in herrlicher märkischer Naturlandschaft, das alles bot, was sich ein Jägerherz nur wünschen kann. Es setzte sich aus drei Revieren zusammen, der Vor-, Mittel- und Hinterheide, die sich entweder in der Bestockung, dem Gelände oder den Standortsverhältnissen voneinander unterschieden. Mitte der dreißiger Jahre betrug der Nadelholzanteil des Stadtwaldes 85 Prozent und der des Laubholzes 15 Prozent. In den feuchten Senken der Vorheide, in den Brüchen, stockte vor allem die Erle, auf den besseren Standorten Eiche, Buche, Ahorn und Linde. Den eigentlichen "Brotbaum" stellte die Kiefer da, während die Fichte kleinflächig für ein aufgelockertes Waldbild sorgte. Zahlreiche Dickungen, einige Brüche, aber auch der von Senken und Anhöhen durchzogene Forst boten dem Wild gute Deckung. Mehrere seinerzeit bewirtschaftete Waldwiesen wurden vom Rot-, Reh- und Schwarzwild gerne angenommen. Die das Waldgebiet umgebenden Feld- und Wiesenfluren, die Kageler-, Jaenickendorfer-, Schönefelder-, Eggersdorfer-, Müncheberger-, Schlagentiner- und Hoppegartener Feldmark, ergänzten das Äsungsangebot. Das anfangs flache Terrain wird in Richtung Norden zunehmend hügliger, abwechs-

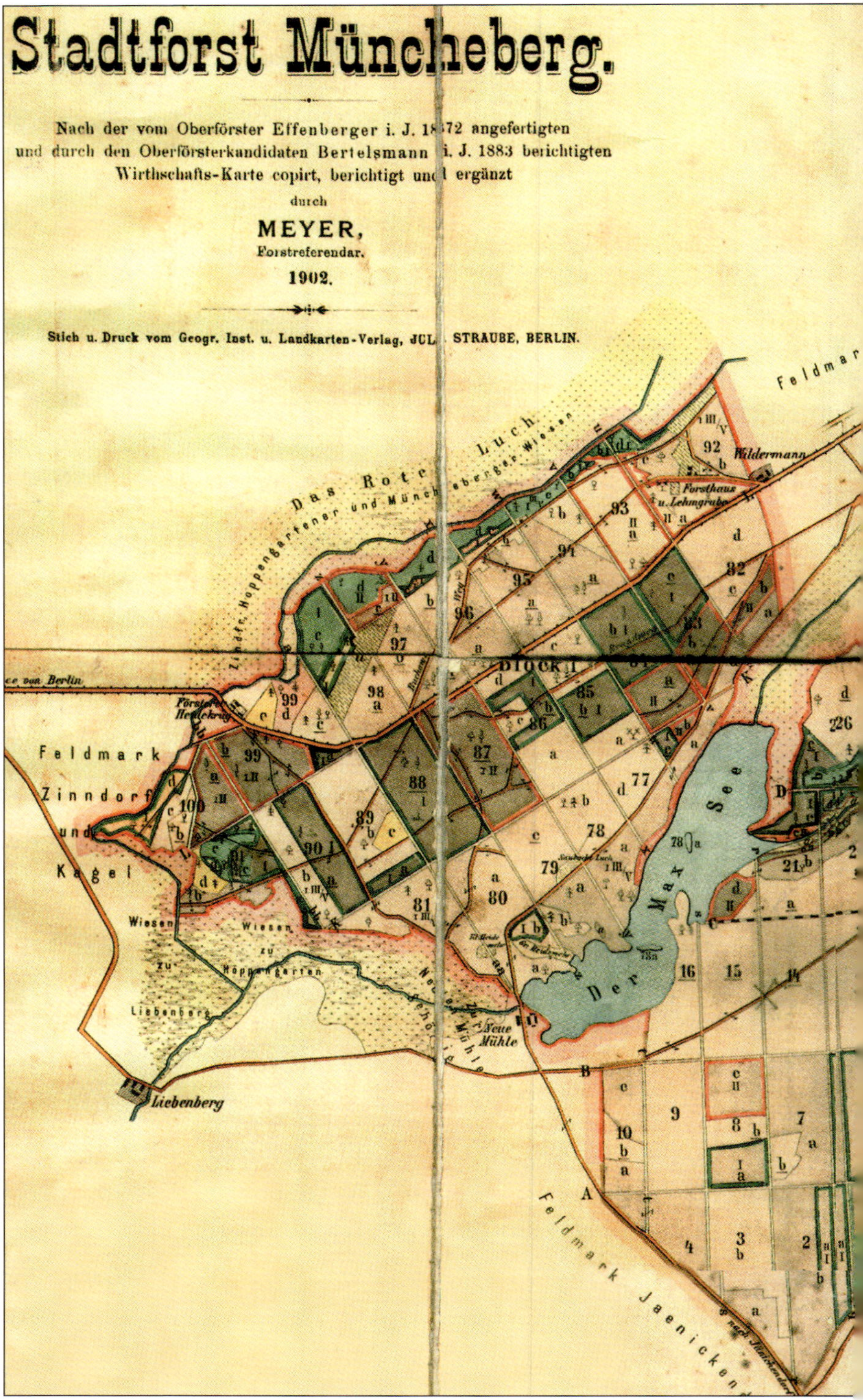
Stadtforst Müncheberg.
Nach der vom Oberförster Effenberger i. J. 1872 angefertigten
und durch den Oberförsterkandidaten Bertelsmann i. J. 1883 berichtigten
Wirthschafts-Karte copirt, berichtigt und ergänzt
durch
MEYER,
Forstreferendar.
1902.
Stich u. Druck vom Geogr. Inst. u. Landkarten-Verlag, JUL. STRAUBE, BERLIN.
Das Rote Luch
Feldmark Zinndorf und Kagel
Wiesen zu Hoppengarten
Liebenberg
Wildermann
Forsthaus u. Lehngrube
Försterei Heidekrug
Der Maxsee
Neue Mühle
Feldmark Jaenickendorf

General-Vermessungs-Tabelle.

Block	Jagen	Holzboden: Laubholz	Holzboden: Nadelholz	Holzboden: Blössen Räumden	Holzboden: Summa	Nichtholzboden: nicht nutzbar	Nichtholzboden: nutzbar	Nichtholzboden: Summa	Summa totalis
		HEKTAR							
I	40	56 068	896 569	— —	952 637	3 280	15 396	18 676	971 313
II	60	34 990	1345 161	— —	1380 151	19 417	7 974	27 391	1407 542
Summa	100							46 067	2378 855
Dazu der Max-See						80 178		80 178	80 178
									2459 033

Foto Vorseite: Historische forstwirtschaftliche Karte des Stadtforstes Müncheberg, Vor-, Mittel- und Hinterheide

lungsreicher und bildet die westlichen Ausläufer der Märkischen Schweiz. Der Stadtwald geht im Norden in den Sieversdorfer und Schlagentiner Forst über. Dort grenzt er auch an "Das Rote Luch", ein recht großes, von Wassergräben durchzogenes Feuchtbiotop. Zwischen Vorheide und Hinterheide, mitten in der kopierten Landschaft, die bis zum von Buchten durchzogenen Maxsee, dem Quellssee des kleinen Flüßchens Löcknitz, reicht, befindet sich der zu Müncheberg gehörende Ortsteil (Dorf) Hoppegarten. In östlicher Richtung, am Ende der Talheide, die sich in Richtung Flugplatz Eggersdorf erstreckt, liegt, vom Wald umschlossen, die Domäne Bienenwerder.

Jagdlich hatte der Stadtwald einiges zu bieten. Rot-, Reh- und Schwarzwild, Damwild als Wechselwild, hatten beste Bedingungen, d. h. gute Äsung und Deckung. Außerdem konnte man auf Niederwild, z. B. Kaninchen und Hasen, jagen. Am schlanken Maxsee wie auch am kleineren Kessel See traf man reichlich Federwild an. Enten und Taucher, Schnepfen und zeitweise auch Gänse erfreuten das Jägerherz. Mit Beginn der Rotwildbrunft, meist Mitte September, stellten sich die Hirsche aus den umliegenden Wäldern, vor allem dem südlich gelegenen riesigen Hangelsberger Forst, zum Kahlwild, das vor allem in der Vorheide seinen Einstand bezog. Das Brunftgeschehen konzentrierte sich daher auf diesen Waldteil, aber auch am sogenannten Stallberg in der Hinterheide röhrte der König der Wälder. Jährlich wurden zwischen acht bis zwölf Stück Rotwild, darunter drei bis fünf Hirsche, geplant und gestreckt. Der reife Hirsch erreichte ein Geweihgewicht von maximal sieben Kilogramm, wobei die Endenfreudigkeit zu wünschen übrig ließ. Max Schmeling erlegte zur Brunft jährlich zwei Hirsche, oft Achter, Zehner oder seltener einen Zwölfer. Geringere Hirsche kamen auf den

Wildjagden meist durch geladenen Gäste zur Strecke. Nach der Ernte, im Herbst und Winter bzw. besonders in den Mastjahren von Eiche und Buche, wechselte reichlich Schwarzwild im Revier. So kam es vor, daß innerhalb eines Jagdjahres bis zu 70 Sauen erlegt wurden.

Unten, in den feuchten Bruchpartien der Seen, oder den Wiesen, die sich vom Kessel See Richtung Maxsee erstreckten, pirschte Max Schmeling gerne in den frühen Morgenstunden, traf von Juni bis September häufiger auf Schwarzwild, manchmal auch Rotwild. Über dem See stiegen bizarre Nebelgebilde auf, und der Stimmenreigen der erwachenden Natur begeisterte die Seele des waldverbundenen Boxers. Die Rauschzeit bot Gelegenheit, auf einen reifen Keiler zu Schuß zu kommen. Einige lauschige Waldteile zogen die Bassen magisch an. Oberförster Hoffmann unterhielt darüber hinaus einige Kirrungen, um, wie er meinte, den Wildbestand besser regulieren zu können.

So war es besonders Oberförster G. Hoffmann, dem betreuenden Forstmann, vergönnt, mehrere kapitale Keiler zu strekken, die seine Trophäenwand schmückten und den Jagdinstinkt des Pächters animierten. Sauen mochte Max besonders, doch sollte er diesbezüglich in den Hinterpommerschen Wäldern noch reichlich zum Zuge kommen.

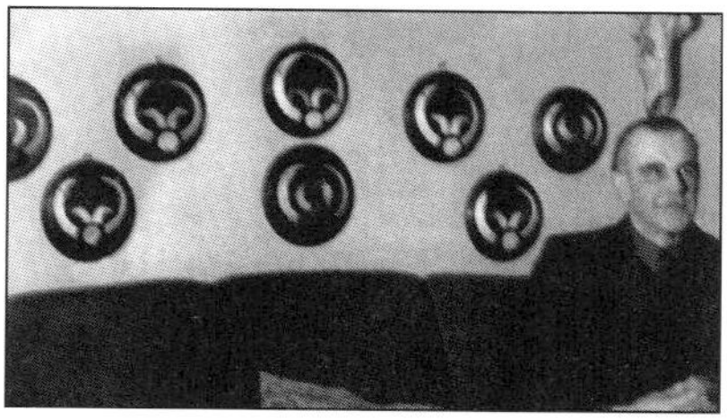

Oberförster Georg Hoffmann mit seinen erlegten Keilern; 1955

1931 hatte er auf Anfrage von den Stadtvätern der bereits 1232 in den Annalen erwähnten Stadt den Zuschlag für die Anpachtung des 2.459 Hektar großen Stadtforstes und eines Teils der anliegenden Feld- und Wiesenfluren erhalten. Dank seiner Popularität, der Beliebtheit bei den

Bürgern, seiner Vorbildwirkung und seines Engagements bei den städtischen Veranstaltungen, der Übernahme von Patenschaften der örtlichen Sportvereine und seines rücksichtsvollen Auftretens bedurfte es keiner großen Überzeugungsarbeit.

Müncheberg und sein Bürgermeister fühlten sich geehrt, Max Schmeling, den Box-Weltmeister aller Klassen, in ihren Gefilden begrüßen zu dürfen.

700 Jahrfeier der Stadt Müncheberg

Zur 700-Jahrfeier der Stadt im Jahre 1932 eröffnete er mit einem Pistolenschuß bei strahlend blauem Sommerhimmel in Anwesenheit von Anny Ondra den Sportwettkampf im Müncheberger Stadion und die Schwimmwettbewerbe am Waschbanksee. Ganz Müncheberg und Umgebung war wohl an jenem Tag auf den Beinen und beteiligte sich am großen Festumzug durch den historischen, ehrgeizig geschmückten Stadtkern, vorbei an den städtischen Wahrzeichen, dem "Pulver- und Storchenturm" - voran eine Kapelle, ein Autotroß mit hochrangigen Stadtvertretern, den Innungen der Handwerkerschaft und den örtlichen Vereinen. Die Welt schien zumindest an diesem Tag in Ordnung zu sein, und eine gewisse Aufschwungstimmung ließ die Gemüter der Leute auf bessere Zeiten hoffen.

Der hochgeschätzte Profiboxers und der gefeierte Filmstar tauchten in Begleitung des Oberförsters Georg Hoffmann und seiner Familie am Veranstaltungsort auf. Zuvor hatten sie sich im Forsthaus begrüßt, gemeinsam gefrühstückt, um schließlich mit dem Auto in die sieben Kilometer entfernte Stadt zu fahren.

Jagdspanielhündin "Aditta" aus dem Hause Schmeling und Drahthaar "Raudi" verblieben auf dem Forstgehöft.

Man verstand sich bestens, und Maxe fühlte sich in der Idylle des Müncheberger Forstes, im abgelegenen und ruhigen Forsthaus im Kreise der kinderreichen Försterfa-

Gertrud Hoffmann, Anny Ondra, Ilse Hoffmann, Max Schmeling und Oberförster Georg Hoffmann auf dem Weg zum Festort; 700-Jahrfeier Müncheberg 1932

Der Faustkämpfer gibt den Startschuß für den Schwimmwettkampf am Waschbanksee milie, zu der Mutter Gertrud, die Söhne Hans Friedrich, Dietrich, die Tochter Ilse und schließlich der 1941 geborene Nachkömmling Gerhard gehörten, äußerst wohl.

Georg Hoffmann (1891-1979), ein erfahrener Forstmann und Jäger, erwies sich als ein ausgezeichneter Lehrherr in jagdlichen Fragen. Er vermittelte Schmeling die Kniffe einer langjährigen Praxis, stimmte ihn auf die Verhaltensweisen des Wildes und die Besonderheiten des märkischen Jagdareals ein. Der Rüdemann führte viele erfolgreiche Nachsuchen in Anwesenheit des Jagdpächters durch, begleitete ihn auf den Schnepfenstrich oder ging mit ihm den Platzhirsch im Tann an. Die Chemie stimmte, Hoffmann entwickelte sich schnell zur Vertrauensperson, mit der Max nicht nur jagdliche Themen erörtern konnte.

1927 war der Forstmann von der Stadt Müncheberg zum Oberförster und Leiter des Kommunalforstes berufen worden und zog, von Heidekrug kommend, mit seiner Familie in das Forsthaus Vorheide. Das relativ kleine, schlichte, etwa 1830 erbaute Gebäude mit Mansardendach und Erker, gepflastertem Hof, einer Scheune, dem Stall, einem Nebengelaß, in dem sich eine kleine Werkstatt und die Waschküche befanden, liegt an einem Waldweg, der von der Berliner Chaussee aus nach Bienenwerder führt. An der Einfahrt zum Gehöft hatte der Vorgänger Hoffmanns zwei Linden gepflanzt, die heute eine beachtliche Größe erreicht haben und wie in Schmelings Zeiten zur Blüte ihren angenehmen, süßlichen Duft verbreiten.

Forsthaus Vorheide, 2003

Die Reichsstraße Nr. 1

Vor dem Kriege befand sich unmittelbar an der Abfahrt von der Reichstraße Nr. 1 nach Bienenwerder das Gasthaus Neu Bodengrün, im Volksmund auch "Grüner Schlüpfer" genannt, in dem Max Schmeling und seine Jagdgesellschaft gerne zum Schüsseltreiben einkehrten. Dort wurde gespeist, Skat geklopft und beraten.

Die Reichstraße Nr. 1 ist im April 1945 hart umkämpft worden. Ausgerechnet bei Neu Bodengrün errichteten die zurückweichenden deutschen Truppen eine Panzersperre, so daß das gemütliche Gasthaus beim Angriff sowjetischer Einheiten in Schutt und Asche fiel. Heute erinnert nur noch eine parkähnliche Waldinsel mit dahinter liegender Koppel an den Ort geselligen Beisammenseins.

Des öfteren feierten die Jägersleute auch bei "Fischinger" in Hoppegarten oder kehrten ins Müncheberger Hotel "Stadt Berlin" ein.

In Erinnerung an den prominenten Besuch wurde z. B. die Hoppegartener Dorfstraße in Max-Schmeling-Straße umbenannt. Einen entsprechenden Beschluß faßten die Stadtväter mit Zustimmung des Jagdveteranen.

Vom "Menschärgeredichnicht" zum Skatspielen

Apropos Skat - Anfang der dreißiger Jahre konnte Max Schmeling noch keinen Skat spielen. Vor und nach der Jagd pflegte er sich im Forsthaus Vorheide mit Oberförster Hoffmann die Zeit beim "Menschärgeredichnicht" zu vertreiben. Das Spiel stand seinerzeit mitten in der Wohnstube auf einem runden Tisch unter der Trophäenwand mit dem Diorama, das eine Schnepfe im Flug zwischen zwei Birken darstellte. Bei einem Glas Milch, Sprudel oder Saft und guter Laune war der eifrige Faustkämpfer stets darauf bedacht, zu siegen. Mit grienender Miene tat er kund, wenn der Förster auf verlorenem Posten "operierte". Mehr aus Gefälligkeit statt aus Freude spielte der das Würfelspiel, in Wirklichkeit langweilte es ihn fürchterlich. Eines Tages platzte dem Grünrock schließlich der Kragen, und er meinte: „So, Herr Schmeling, jetzt bringe ich Ihnen das Skatspielen bei - das mit dem 'Menschärgeredichnicht' halte ich nicht länger durch. Ein richtiger Jäger muß Skat spielen können!"

Max stimmte wohl oder übel zu, kapierte aber ausgesprochen schnell und empfand zunehmende Freude an den Karten. Nach geraumer Zeit zeigte sich sogar, daß er sich zu einem ernstzunehmenden Gegner entwickelt hatte und bei ihm das Skatspielen zu einer obligatorischen Handlung nicht nur bei der Jagd, sondern auch bei anderen Anlässen, z. B. den langen Reisen oder vor nervenaufreibenden **Boxkämpfen**, geworden war.

So z. B. vor seinem in die Geschichte des Boxsports eingegangen Kampf am 19. Juni 1936 gegen Joe Louis, genannt der "Braune Bomber", der auf Grund von Wetterkapriolen um einen Tag verschoben werden mußte, über-

Max Schmeling erlernte von Oberförster Hoffmann (rechts) das Skatspielen wand Max Schmeling seine Schlaflosigkeit, indem er bis in die Morgenstunden hinein die Karten mischte. Seine Partner im New Yorker "Plaza" waren Otto Petri, der Berliner Sechs-Tage-Fahrer, sowie sein Sekretär und Freund Ritze.

Der Kampf des Jahrhunderts

Nach dem "Kampf des Jahrhunderts", seinem sensationellen Sieg gegen den gefürchteten Boxer, der zuvor in 24 Kämpfen als Sieger hervorgegangen war, im Yankee-Stadion in New York, erreichte Max Schmelings Popularität einen Höhepunkt. Der Champion hatte zuvor einen Fehler des Gegners studiert - der Jäger würde sagen im Ansprechen geübt, und den knallharten, verbissen boxenden, als "unbesiegbar" geltenden Sohn eines Bauwollpflückers aus Alabama in der 12. Runde durch k. o. zu Boden gestreckt.

Anny begrüßt ihren Ehemann unter dem Rumpf des Luftschiffes

In der Welt des Box-Sports war etwas Unfaßbares geschehen. Alle hatte der Farbige zuvor umgehauen, u. a. Primo Carnera, den italienischen Riesen; Max Bear, der vor Angst schlotterte, als Louis beim Wiegen Mundharmonika zu spielen begann.

Aus der Prophezeiung der amerikanischen Presse: „Die Hinrichtung des Maximilian Siegfried Otto Adolf Schmeling findet einen Tag später statt", war demnach nichts geworden. Es war vollkommen anders gekommen, ganz New York tobte. Musikanten zertrümmerten ihre Instrumente, brave Bürger randalierten, literweise flossen Tränen der Enttäuschung. Zu Hause in Deutschland sprang man auf den Tischen umher, umarmte sich und empfand unsagbaren Stolz. Das Nationalbewußtsein empfing in jener Nacht einen sagenhaften Auftrieb.

Für die braunen Machthaber war es bei diesem Kampf um mehr gegangen: der "Schwarze Ulan" gegen den "Braunen Bomber", das hieß auch Weiß gegen Schwarz, Nationalsozialismus gegen freie Welt. Von Schmeling ungewollt, er vertrat die Ansicht, daß man Politik und Sport auseinander halten müsse, glorifizierte man den

Am 26. Juni 1936 um 17.25 Uhr machte die "Hindenburg" am Ankermast des Rhein-Main-Flughafens in Frankfurt fest. Aus seiner Gondel sah M.S. eine wogende Menschenmasse. Tausende waren zur Begrüßung gekommen. Der Champion, eingehakt von seiner Mutter und Ehefrau Anny

Kampf zum politischen Sieg, was den nachfolgenden sportlichen Begegnungen Schmelings in den USA nicht dienlich war.

Klever und geschäftstüchtig, hatte sich Max Schmeling seinerzeit die Filmrechte für einen relativ geringen Preis von 25.000 Dollar gesichert, da seine Chancen zu siegen verschwindend gering eingeschätzt wurden. Die Mitschnitte des Duells allerdings mußten bei seiner Einreise nach Deutschland vorerst beim Zoll verbleiben.

Empfang in der Reichskanzlei

Während des Empfangs in der Reichskanzlei erfuhr der vom Sieg gegen einen vermeintlich überlegenen "Neger", hellbegeisterte Adolf Hitler von der Existenz des Filmmaterials. Der Reichskanzler sprühte vor Euphorie, hatte er doch Schmeling bei einer vorherigen Begegnung vom Kampf abgeraten - indem er wissen ließ, daß man einen deutschen Namen nicht ohne weiteres aufs Spiel setzen sollte. Jawohl, die Filmrolle mußte sofort her, er ließ sie von Tempelhof holen. Gemeinsam sahen sich die Anwesenden das Boxduell an. Hitler zeigte sich nun vollends fasziniert und meinte, daß man den Streifen unbedingt für die Herstellung eines ganzen Filmes nutzen müsse. Er

Begeistert verabschiedet die Menge Max Schmeling nach seiner Ankunft mit der Hindenburg in Frankfurt/Main

wäre schon immer dafür gewesen, den Boxsport in deutschen Schulen einzuführen. Mit dem Wohlwollen des Propagandaministers Goebbels erteilte Hitler Schmelings anwesendem Freund Zerlett den Auftrag, die Aufnahmen des Schmeling-Louis-Kampfes für das deutsche Kino zu bearbeiten, d. h. zur Herstellung eines abendfüllenden Dokumentarfilms.

Der propagandistisch aufgearbeitete Streifen "Schmelings Sieg - ein deutscher Sieg" hatte ein knappes Jahr später Premiere, wurde zum Renner und lief über Wochen in den deutschen Kinos. Er füllte die Kassen und begeisterte die Gemüter eines ganzen Volkes

Das Jagdhäuschen im Laubwald

Wenn man heute am Ortsausgang von Hoppegarten an der ehemaligen Schenke "Wilder Mann" rechts in den Wald einbiegt, trifft man nach ca. 600 Metern auf eine Ruine, neben der eine gigantische Linde mit weitausladender Krone und tief angesetztem Ast, eine uralte Robinie und noch andere betagte Bäume, eingewachsen in Unterwuchs, in den Himmel ragen.

Ruine von Schmelings Jagdhäuschen im Müncheberger Stadtforst, 2003

Es braucht wenig Phantasie, um sich vorzustellen, wie es in der Umgebung des Jagdhäuschens von Max Schmeling und wie das verwilderte Anwesen früher ausgesehen hat - ein idyllisches Plätzchen mit viel Laubholz drum herum. Inzwischen nagt der Zahn der Zeit an dem herrenlosen Gebäude, und die Natur erobert sich ihr Terrain zurück.

Vor langer Zeit hatte mal ein Förster, dann ein Waldarbeiter darin gewohnt, bis die Stadt Müncheberg das backsteinerne, mit Biberschwänzen gedeckte, zweistöckige Haus 1932 an den Pächter des Stadtwaldes vermietet hat. Der ließ es halbwegs instandsetzen, um dort vor allem Jagdfreunde und Gäste unterzubringen, selbst nutzte er es aber kaum.

Die Vorzüge des Ortes bestanden vor allem darin, vollkommen "untertauchen" zu können, den Rest der Welt hinter sich zu lassen und mitten im Jagdrevier zu sein, nach Herzenslust zu weidwerken, sich in abgeschiedener Stille zu erholen oder unter seinesgleichen, d. h. Jägersleuten, zu weilen. Tatsache ist, daß die Verehrung seiner Person dem Boxchampion so manches Mal auf den Geist ging. Er liebte es, wie ein einfacher Mensch behandelt zu werden.

Im Jagdhaus kehrten die erschöpften Weidmänner nach der erfolgreichen Jagd ein, werteten das Geschehen aus, hielten Jagdgericht, krönten den Jagdkönig, stießen auf die Strecke an, erzählten Witze, spannen Jägerlatein, spielten Skat und wärmten sich dabei am knisternden Kamin oder ächzenden Kanonenofen die Glieder.

Die winterlichen Jagden auf Nieder- und Hochwild währten meistens zwei Tage, da das zu bejagende Areal mehrere tausend Hektar umfaßte und willkommene Abwechslung bot. Oberförster Georg Hoffmann traf in der Regel mit seinen Förstern alle Vorbereitungen, wenn die Gäste zur Hochwild- bzw. Federwild-, Hasen- und Kaninchenjagd eintrafen. Fast immer dabei Josef Thorak, Trainer Max Machon, Gerd Wiese (Grunewald), Robert F. K. Scholz (Waldsieversdorf), Professor Friedrich Hetzel, Jagdaufseher Stier, Weidgenosse Flämming, die Nachbarpächter, der Bürgermeister von Müncheberg und andere Gelegenheitsjäger, u. a.. K. L. Diehl oder F. Donner,

Jäger Schmeling im Kreise seiner Gäste und Forstleute.
Dritter von links: Ofö. Hoffmann mit Jagdspaniel "Aditta"

aus nah und fern, meist acht bis zehn Personen an der Zahl. Zu den Nachbarpächtern gehörte auch ein hoher Beamter im Reichsfinanzministeriums namens Friedrich Rußt, ein Jäger vor dem Herrn, der einen Deutsch Kurzhaar führte und sich in einem angrenzenden, gepflegten Niederwildrevier mit einem ausgezeichneten Bestand an Rebhühnern und Fasanen weidmännisch betätigte.

Im Januar 1933 hatte sich die Gesellschaft wieder mal zu einer Wochenendjagd getroffen, bei der am zweiten Tage auf Niederwild gejagt werden sollte. Vor allem dem flinken Karnickel im lückigen bzw. baumfreien, sandigen Gelände in der Nähe des Eggersdorfer Flugplatzes im Süden des Jagdareals wollten die Jägersleute als erstes zu Leibe zu rücken, dann nach Hoppegarten in die Feldflur umsetzen, einen Kessel bilden und es dort auf Hasen probieren. Bei eisigen Minustemperaturen tat ein bißchen Bewegung auf dem schneefreien, hart gefrorenen märkischem Boden recht gut.

Wie abgesprochen, bildeten die Schützen mit den wenigen ehrenamtlichen Treibern eine Kette und setzten sich in Bewegung. Traf man auf eine Hecke, Ginster oder Gestrüpp, kamen die mit einem Knüppel bewaffneten Jagdhelfer und Hunde zum Zuge, während die in 10 bis 30 Meter Abstand lauernden Flintenträger einen Augenblick innehielten. Es dauerte meist nicht lange, und ein oder mehrere "Dünenkeiler" (Kaninchen) huschten in Windeseile in unberechenbarer Richtung aus der Deckung, schlugen den kürzesten Weg, oft in Zickzack, zu ihren Bauen oder dem nächstliegenden Gestrüpp ein. Kaum Zeit zum Zielen, hieß es nun, einen Treffer anzubringen und dabei nicht die Umgebung aus dem Auge zu verlieren. Leichter gesagt als getan, wenn gleich mehrere "Mucker" zum Vorschein kommen und den Geist verwirren.

So war es dem Jagdherren Max Schmeling ergangen, der sich zu spät für den Schuß entschieden hatte und dabei übersah, daß sein dreiundvierzig Jahre alter Saarower Nachbar und Jagdfreund, Bildhauer Prof. Thorak, plötzlich in die Schußlinie geriet. "Bautz, Bautz" knallte es aus Schmelings Doppelflinte. Doch statt eines roulierenden Kaninchens begann sich der Mann der Künste um die

Auf winterlicher Wildjagd in Müncheberg, u. a. J. Thorak, G. Wiese, M. Machon, F. K. Scholz, M. Schmeling

Foto, Vorseite: Max und Anny Schmeling in ihrem gemütlichen Heim in Saarow-Pieskow, 1936

eigene Achse zu drehen, warf seine Flinte aus der Hand und begann jämmerlich zu “klagen”, wohl mehr aus Schreck als vor Schmerz: „Hilfe, ich bin angeschossenen!” Alles, was in der näheren Umgebung stand, lief auf den Professor zu, darunter auch der entsetzte Jagdherr, dem es wegen seiner Sünde kalt über den Rücken lief. Eines der Schrote hatte Thoraks Ohr getroffen, mehrere andere hatten sich in der festen Kleidung verfangen.

Nachdem der Professor bestätigt fand, daß der körperliche Schaden nur gering sein konnte, legte er wieder eine freundliche Miene auf. Max entschuldigte sich verlegen und machte außer sich, den gefrorenen Boden für das Malheur verantwortlich. Gesprächstoff für den Abend gab es nun reichlich.

Ofö. Hoffmann (Mitte) immer mit Zigarre; M. Schmeling (rechts) mit Bockbüchse; dazwischen Jäger Scholz aus Waldsieverdorf

Man spielte Skat (mit Max), trank Bier und Schärferes (ohne Max). Bald begannen die angeheiterten Seelen, den Jagdtag auszuwerten.

Oberförster Hoffmann paffte eine Zigarre, setzte kurz ab und stellte die Frage: „Es ist olivgrün, liegt unterm Baum und schnarcht, was ist das?” Nach einer Weile antwortete er selbst: „Das kann nur ein Tiroler sein, Jäger Thorak nach einer erfolglosen Mondscheinjagd!” Großes Gelächter. Der Künstler ließ nun verlauten, indem er dem Jagd-

herren auf die Schulter klopfte: „Wißt ihr, wer sich heute am meisten amüsiert hat? Das Wild, es wurde ja nicht getroffen.” Daraufhin einer der Gäste: „Flüchtet alle, hat der Karnickelbock seiner Familie zugerufen. Es kommen die Sonntagsjäger!” Während der Vollschlanke gemeinsam mit den Anwesenden über seinen eigenen Witz lachte, rief ihm ein weiterer Nimrod im Berliner Dialekt zu: „Kennen Se eijentlich die beste Methode zum Abnehmen? - Nee? Nur Wildbret essen, und zwar nur det, wat se selbst erleecht haben.” Jagdaufseher Stieger meinte unterdessen zu seinem Nachbarn: „Können Sie mir sagen, warum Sie mein Hund so böse anschaut? Raten Sie mal! - Weil Sie aus seiner Schüssel essen.” „Herr Schmeling, jetzt weiß ich auch, warum der Weidgenosse Thorak heute eins verpaßt bekommen hat!” sprach ein Hangelsberger Jagdgast. „Der Frost war so hart, daß die Schrotkörner vom Karnickel abgeprallt sind.” Maxe spielte einen Trumpf aus, nippte am Saftglas, fing an zu lachen und quittierte die Äußerung nachträglich mit einem zustimmenden Nicken.

Josef Thorak war kein Spielverderber, schien über das ungewöhnliche “Geschenk” Dianas keineswegs verärgert, sondern im Gegenteil ziemlich stolz zu sein, stand er doch mit einem Male im Mittelpunkt der versammelten Jägerschaft und ihrer Plaudereien.

Professor Thorak ließ sich viel Zeit, um das kleine schwarze Ding im Ohrläppchen zu entfernen. Diesen Eingriff mußte natürlich jemand machen, der etwas davon

Winterliche Pirsch in Tarnkleidung

Professor Sauerbruch

verstand, jemand zu dem er vollstes Vertrauen haben konnte. Professor Sauerbruch, der “erste Chirurg Deutschlands”, im Besitz von mehreren Ehrendoktortiteln, u. a. Erfinder des bahnbrechenden Unterdruckverfahrens bei Operationen des Brustkorbs, ein medizinisches As, schien für diesen Eingriff der Richtige zu sein.

In einem Lokal am Berliner Nettelbergplatz, präziser am dortigen Stammtisch, kamen die beiden Professoren miteinander ins Gespräch, wobei der damals weniger populäre Bildhauer auf den Müncheberger Jagdunfall verwies und dem Arzt seinen vom Weltmeister verpaßten “Ohrenclip” zeigte. Schon am nächsten Morgen gedachte er, das Ding entfernen zu lassen.

In der Überzeugung von Sauerbruch standesgemäß und vor allem persönlich behandelt zu werden, fuhr Thorak in die Berliner Charité. Dort empfing ihn nicht etwa der Professor, sondern nur ein Assistenzarzt, der das Schrotkorn im Handumdrehen entfernte. Statt nun Ruhe zu geben, rief der geltungsbedürftige Patient Sauerbruch noch einmal an. Der verdonnerte ihn angesichts seiner Aufdringlichkeit, 100 Mark für das Winterhilfswerk zu spenden. Das schien in Thoraks Augen, der des öfteren unter Geldnot litt, der Gipfel der Erniedrigung zu sein - er fluchte seitdem fürchterlich, wenn Maxe das Gespräch scherzend auf den Medikus brachte.

Sauerbruch ist 1934 zum Preußischen Staatsrat ernannt worden, empfing 1937 den Nationalpreis für Kunst und Wissenschaft, wurde Mitglied des Reichsforschungsrates und 1942 Generalarzt des Heeres. Nach 1945 wirkte er weiter in der Charité bis man ihm nach anhaltenden Querelen mit dem Ministerium für Volksbildung der DDR kündigte. In Westberlin konnte die Kapazität keinen Fuß mehr fassen und verstarb 1951 im Alter von 76 Jahren an einem Schlaganfall.

Die totgefahrene Katze

Ein weitaus kleineres Mißgeschick passierte Jäger Max, als er, von seinem Jagdhaus kommend, in Hoppegarten auf der Berliner Chaussee mit etwas erhöhter Geschwindigkeit aus Versehen die Katze des Schmiedemeisters oder besser gesagt die seiner Tochter überfuhr. Oh je! Als er den Wagen wendete, sah er das kleine Mädchen mit Tränen in den Augen traurig am Straßenrand stehen. Er entschuldigte sich, strich dem Kind über das Haar und gab ihm nach ein paar mitleidsvollen Worten des Trostes einen Zehnmarkschein, damit es sich eine neue Katze kaufen konnte - der Betrag reichte für mindestens zehn Katzen. Von dieser souveränen Handlungsweise wird noch heute im Dorfe, nach sage und schreibe siebzig Jahren, berichtet - ein Zeichen dafür, welche Bedeutung auch die kleinen Dinge des Lebens im Zusammenhang mit einem Prominenten haben können.

Auf den Bock

Hin und wieder weilte der Boxveranstalter und Leiter der Westfalenhalle André Picard, ein lustiger Typ und großer Jäger vor dem Herrn, in Schmelingschen Gefilden.

Im August 1933 führte ihn der Jagdherr zur Blattzeit mit Erfolg auf einen reifen Bock. Dabei auch der Freund in allen Lebenslagen Max Machon und natürlich Oberförster Hoffmann. Man verband Angenehmes mit Geschäftlichem, sprach über die allgemeine Lage der "Branche", die anstehenden Boxkämpfe, den fortwährenden Kursverfall des damals schon allmächtigen Dollars und natürlich das Wild. Später freute man sich beim Skatspielen über die drei Rehböcke, die schließlich innerhalb eines Wochenendes zur Strecke kamen, nachdem Max Schmeling und Georg Hoffmann beim Blatten das Beste gegeben hatten und sicherlich auch der Zufall half.

Max Schmeling mühte sich um seinen Wildbestand, hegte nachhaltig. 1936 bis 1939 grassierte in den Wäldern um Berlin eine Lungenseuche, hervorgerufen durch einen Lungenwurm, dem fast das gesamte Rehwild zum Opfer fiel. Um den Bestand aufzufrischen, ließ der Pächter mehrere Rehe aus den Masuren anliefern. Seine Überlegungen, schwedisches Rehwild auszuwildern, das bekanntlich wegen der starken Gehörne geschätzt wird und winterhärter sein soll, verwarf er.

Friedrich Bosdorf, Revierförster in Wucker/Schorfheide, verwandt mit Oberförster Georg Hoffmann, riet ihm von dem Vorhaben ab, da in seinem Revier die Einbürgerungsversuche mit schwedischem Rehwild nicht funktionierten.

Schmeling kannte die Schorfheide schon, bevor der überwiegende Teil per Gesetz vom 25. Januar 1936 in die "Stiftung Schorfheide" eingegliedert und damit Göring direkt unterstellt worden ist. Aus dem Forstamt Reiersdorf, das eine Waldfläche von 8.268 Hektar (Staatsforst) bewirtschaftete und zu dem die Reviere Wucker, Groß Dölln, Väter, Dusterlake, Gollin, Vietmannsdorf sowie Ringofen gehörten, war er bereits mehrere Male mit einem Erlegerbruch am Hut auf den Dudel zurückgekehrt. Während seines Jagdaufenthaltes in Carinhall erwähnte auch der Reichjägermeister, daß es mit den "Schweden" in der Schorfheide nicht so recht klappe.

Frisches Blut aus Ostpreußen

Die aus Ostpreußen "importierten" weiblichen Rehe hielt der jagende Faustkämpfer in Einvernehmen mit Oberförster Hoffmann für kurze Zeit in einem extra hergerichteten Gatter. Erst nachdem die Ricken ihre Kitze gesetzt hatten, wurde der Zaun geräumt. Die sechs eingekauften Böcke entließ man dagegen sofort ins märkische Revier. Die gesamte Aktion soll erfolgreich verlaufen sein.

Zwischen 1935 und 1938 grassierte eine Lungenseuche in den Wäldern um Berlin, der fast 75 % des Rehwildbestandes zum Opfer fielen

Sah einer von den Jägern in den nachfolgenden Jahren einen besonders starken, gut geperlten Bock, so hieß es stets: „Das ist ein Schmeling." Später, nach der Bildung der Jagdgesellschaft zu DDR-Zeiten, ist der "Schmeling" in den "Ostpreußen" umgetauft worden.

Nebenbei erzählt, sobald der Weltklasseboxer irgendwo in Deutschland zur Jagd auftauchte, hinterließ er ungewollt eine "Fährte". So gibt es noch heute Schmeling-Wiesen, Schmeling-Suhlen, Schmeling-Schneisen und Schmeling-Hütten, Schmeling-Steine und Schmeling-Sitze.

Als das Sportidol eines Mittags, es dürfte im Jahre 1934 gewesen sein, im Forstgehöft Vorheide eintraf, hielt der Oberförster gerade ein Mittagsschläfchen. Wecken wollte er den Forstmann nicht und fing an, auf dem Hof nach Beschäftigung zu suchen. Zuerst schaute er in den Schuppen, ob es dort vielleicht Holzkloben zum Sägen oder Spalten gäbe oder ungehacktes Holz herum läge - Fehlmeldung.

Berge von Holz

Ja, die Berge ungehackten Holzes konnten nicht groß genug sein, sie mußten in jedem Fall für Max reserviert bleiben, eine Bitte, die der Gastgeber sehr gern erfüllte.

Holz Sägen, Spalten und Hacken war ein willkommenes Training für den Champion

Mit dem Holzhacken pflegte der Faustkämpfer seinen Körper zu stählen. Gelegentlich half er auch beim Bau der Hochsitze, richtete die tragenden Hölzer mit auf oder jonglierte von Baum zu Baum, um die rechte Auflage zu finden. Einer der zusah, mußte den Eindruck gewinnen, daß sich der Sportler regelrecht nach körperlicher Arbeit sehnte. Tatkräftig packte er mit an, was ihm Hochachtung bei den Forstarbeitern einbrachte. Der erste Blick von oben auf das vorliegende Terrain gehörte dann ihm.

Endlich fand Max im Schuppen ein Seil und begann munter drauf los zu springen, boxte zwischendurch wie ein Übermütiger mit der Luft, recht lustig anzusehen, wohl eine Art Konditionstraining.

Schließlich kam dem Gelangweilten der kuriose Einfall, den steinharten Hofbereich am Giebel des Förstereigebäudes umzugraben, zwei Fliegen mit einer Klappe zu schlagen - Schwerstarbeit und Training. Er glaubte nämlich, dem Försterehepaar damit Arbeit abzunehmen und sich bei der Schinderei erschöpfend zu belasten. Diese schweißtreibende, verzehrende Tätigkeit schien genau das Richtige für den Athleten zu sein, eifrig ging er ans Werk.

Nach einer Weile erwachte der Grünrock aus seinen sanften Träumen, wischte sich den Schlaf aus den Augen und torkelte die Treppe hinunter. „Da bist du ja", sprach ihn seine Ehefrau an, teilte ihm mit, daß Herr Schmeling inzwischen eingetroffen wäre, aber seit einer Stunde spurlos verschwunden sei. Georg Hoffmann begab sich auf die Suche, schritt um die Hausecke und traute seinen Augen nicht - der schöne feste Hof glich einer Mondlandschaft. Mittendrin der Profiboxer, neben zwei zerbrochenen Spaten, stolz über seinen Einfall, voller Zuversicht und mit einem Lächeln im Gesicht. Mit versteinerter Miene dagegen der Oberförster: „Herr Schmeling, was haben Sie denn nur mit meinem Hof angerichtet?" Max zuckte verlegen mit den Schultern, oh je, das war wohl des Guten ein wenig zuviel. Dann versprach er, den alten Zustand wieder herzustellen, was zur allgemeinen Beruhigung beitrug.

Trotz ein paar kleinerer Querelen kam man menschlich gesehen bestens miteinander zurecht, vertrat zunehmend gleiche Ansichten, schuf Vertrauen. Max fühlte sich in Vorheide ausgesprochen wohl, man kann sagen, es war für ihn ein zweites Zuhause. Besonders wenn ihn Probleme quälten, auch nach Niederlagen oder bei Verletzungen, ließ er sich dort für gewöhnlich ein paar Tage einquartieren. Das war zum Beispiel nach verlorenen Kämpfen der Fall, er wollte in solcher Situation gerne Mal alleine sein und seine Niederlage gedanklich verarbeiten, neue Kraft schöpfen.

Der Jagdherr - im Gesicht vom Boxkampf lädiert - auf dem Stand

Nachdem er verheiratet war, rief er fast täglich seine Frau an, wobei er es vermied, sie mit seinen Problemen und seinem Gemütszustand zu konfrontieren.

In einem Brief an ihren Mann erinnert sich Anny an die für ihren Mann schlimme Zeit des Falls: *„Oft fragen Dich die Leute nach Deiner Niederlage im Weltmeisterschaftskampf gegen Joe Louis 1938. Ich weiß nur, daß mir an jenem schwarzen Tag Dein Anruf aus dem New Yorker Krankenhaus alle Sorgen um Deine Gesundheit weggeblasen hat. Für mich hast Du immer gewonnen, lieber*

Max, damals im Boxring, auf unserem pommerschen Mustergut in Ponickel, wo ich anfangs so verzweifelt gewesen bin, und jetzt auf unserer Pelz- und Tabakfarm in Hollenstedt in der Heide."

Nach außen sah man Max den Gram meist nicht an, schon gar nicht ein Fremder. Wer ihn jedoch gut kannte, konnte bemerken, daß er nachdenklicher als sonst war und jedem Trubel aus dem Wege ging. Der Faustkämpfer nahm sich Zeit, um das seelische Gleichgewicht wieder herzustellen. War es dann so weit, begann er, in gewohnter Weise zu scherzen.

Ein Späßchen für Gertrud

Einmal nahm er die fleißige Gertrud kräftig auf den Arm, indem er zu ihr sagte: „Muttchen, kochen Sie uns doch mal ein paar Eier!" „Max, Sie wissen doch, daß die Hühner zur Zeit nicht legen!" „Sie haben doch noch gar nicht nachgesehen - die haben gelegt!" Die Frau des Hauses, neugierig geworden, lief in den Hühnerstall. Große Überraschung, dort lagen die Mulden prall voller strahlend weißer Eier. „Nun schlägt's dreizehn! Das ist doch wohl kaum zu glauben!" entfuhr es ihren Lippen. Schnell merkte sie, daß sie dem schmunzelnden Jäger auf den Leim gegangen war. Ein kleines Stempelchen verriet nämlich die fremde Herkunft. Max hatte die frischen Eier vorher beim Händler eingekauft und mit seinen großen "Pranken" behutsam in die Nester gelegt.

Seine Späßchen trieb der Boxchampion gerne mit den Reportern, die ihm vor oder nach den Wettkämpfen, bei der Wiederkehr von großer Reise oder bei Empfängen auf die Pelle rückten.

Als "Maxe" eines Tages von einem Auslandswettkampf zurückkehrte, fiel einem der Medienvertreter sein von einer Überdosis amerikanischer Sonne gerötetes Gesicht auf. Nach dem der Zeitungsmann neugierig argwöhnte:

„Sind Sie nicht auf dem Posten?" - antwortete der Faustkämpfer vorerst, wie er es häufiger zu tun pflegte, mit einer Gegenfrage. „Können Sie schweigen?" Der Angesprochene nickte: „Sonst wär' ich kein Journalist!" Schmeling darauf: „Nun dann - Höhensonne." Er lächelte den verdutzt Dreinschauenden kurz an und zog von dannen.

Er war eben der frische Junge, der nicht nur Willen, Wissen, Energie und Gehirn besaß, sondern auch jene Art von Humor verbreitete, der bei den Menschen gut ankam und Sympathien erzeugte. Er verstand sich im Frack in gehobener Gesellschaft ebenso zu bewegen wie in schlichter Kleidung unter einfachen Leuten, hatte die Klassiker gelesen, verkehrte in Künstlerkreisen, brauchte, um lustig, munter und froh zu sein, keinen Alkohol oder Glimmstengel.

Gemeinsame Weihnachtsfeier bei Schmelings u. a. mit Ofö. Hoffmann (rechts), Gertrud Hoffmann (hinten links) und dem Ehepaar Machon

Ein Vorbild

Solche sportlichen Vorbilder brauchte das Land, und Max glitt bis 1938 auf einer Woge des Erfolges, faszinierte die Massen dermaßen, daß man ihn, im Gegensatz zu vielen seiner Boxkollegen, als eine Art nationales Vorbild mit der Nationalhymne feierte.

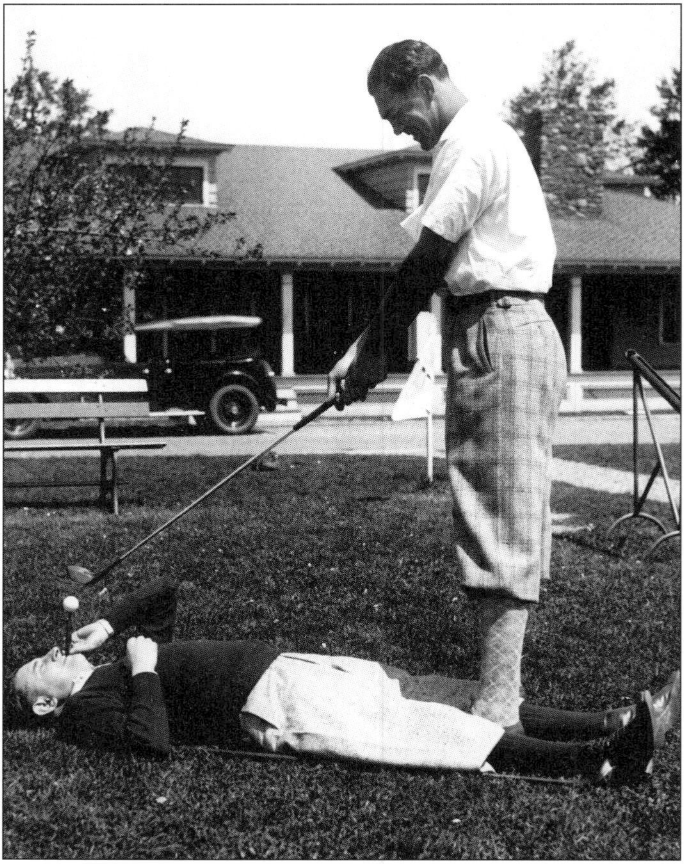

Auf einem Golfplatz in den Staaten - Manager Joe Jacobs, immer eine Zigarre im Mund, hält den Golfball

Mitunter begleitete Anny Max bei seinen Konditionsläufen in den Forst. Sie fuhr auf dem Fahrrad, voran stets einer der Hunde, ein Jagdspaniel namens "Aditta" oder anfangs Annys eigener Vierbeiner, ein einem kleinen Schnauzer ähnelnder Mischling.

Ein Herz für Hunde

Den Jagdspaniel nahm Max Schmeling meist zur Jagd mit, besonders zu Wildjagden bei Bekannten und Freunden. Häufig taucht dieser Hund auf Fotos auf, die sich hier und da anfinden. Etwas verzogen, entwickelte er aber Schärfe auf Raubwild und stand vor allem auf Kaninchen, aber auch auf Hasen und Federwild vor. Aus jagdlicher Zucht stammend, war ihm eine gute Nase angeboren, doch fehlte mangels konsequenter Abführung der Gehorsam. Dazu dürfte auch Anny beigetragen haben, die mit ihrem Auftauchen den Vierbeiner nach allen Regeln der Kunst verwöhnte. "Ditti" wurde zum Liebling der Familie.

Wenn Max zu Wettkämpfen oder ins Trainingslager fuhr, lieferte er den Jagdhund für gewöhnlich zur Pension bei Oberförster Georg Hoffmann in Vorheide ab. Der versuchte dem Tier "Manieren", d. h. wenigsten die Grundzüge des Gehorsams beizubringen.

Zu gerne sprang der langhaarige Jagdspaniel auf der "heiligen" Wohnzimmercouch umher, von welcher er bei Abwesenheit Schmelings umgehend vertrieben wurde. Glaubte der Oberförster, daß er der Hündin diese Unsitte abgewöhnt hätte, wurde er beim Eintreffen des Herrchens eines Besseren belehrt. Im selben Moment, da Max das Wohnzimmer betrat, sprang "Ditta" auf die Couch und blieb dort trotz der mahnenden Blicke des Hausherren frech sitzen. In Hochachtung vor seinem Gast, versuchte der Oberförster erst gar nicht, auf die Streiche des eigensinnigen Vierbeiners aufmerksam zu machen.

Der Boxer hing an seinem ersten Hund, den er auf Jagd nicht missen wollte - trotz der Unzulänglichkeiten. Er sah die Sache mit dem Gehorsam nicht allzu verbissen. Viel wichtiger für ihn war - der Spaniel besaß Seele. In Hoppegarten, Sewekow, Schönebeck, Eduardssprung, Alt-Zauche, Mahlow (Lüdecke), Bärwalde/Fichtheide, Ponickel bewährte sich die intelligente Spürnase gleichfalls beim Stöbern auf Sauen oder dem Aufspüren von Federwild.

Später hielt Max Schmeling auch andere Rassen, so z. B. einen Deutsch-Drahthaar namens "Betty" und den Kurzhaar "Tanja". Max gibt zu, daß es ihm betreffs der Abführung seiner Jagdhunde an Konsequenz fehlte, kurzum, er dafür nicht die richtige Ader besaß und die Tiere arg verwöhnt habe. Man kann eben nicht überall glänzen.

In späteren Jahren ließ er die Vierbeiner daher von bewährten Hundeführern ausbilden, finanzierte deren Pensionsunterkunft und nahm sie nur zu Nachsuchen, Nieder- bzw. Hochwildjagden mit ins Stemmener Revier.

Jagdspaniel "Aditta", Max Schmelings Jagdbegleiter und Liebling der Familie

Unabhängig davon traf und trifft man im Hause Schmeling immer Hunde an. Ehefrau Anny und auch Max brachten es nicht fertig, zugelaufenen Hunden, deren Herkunft sich nicht feststellen ließ, des Hofes zu verweisen. Sie wurden, wie die Gäste, herzlich aufgenommen.

Daher sprangen auch mir beim Betreten des mit Wald bestockten Anwesens in der Nordheide zwei zottige Gesellen entgegen, die vom Mann "mit dem goldenen Herzen" ihr "Gnadenbrot" erhalten.

Der Champion mitten zwischen der Hundeschar, darunter auch Anny Ondras Kosehündchen "Whisky"

Wie bereits erwähnt, erhielt der Champion dank seiner sportlichen Erfolge und Popularität sowie im Zusammenhang mit Werbeaufträgen häufig Einladungen zur Jagd, die er, wenn es die sportlichen Pausen zuließen, auch rege wahrnahm.

Auf Hirschjagd in Rothemühl

Während eines Trainingsaufenthaltes in Bad Reichenhall stellte sich ihm ein Herr namens Johannes Thielecke vor, der sich von Schmelings sportlichen Leistungen fasziniert zeigte. Der gut gekleidete Mann war der Leiter eines bekannten Rotwildreviers, des seinerzeit 6.043 Hektar großen Forstamtes Rothemühl. „... Herr Schmeling, ich bin ein Bewunderer Ihrer Person und begeisterter Boxsportanhänger - Sie stammen doch aus unserer Gegend, der Uckermark." „Jawohl, aus Klein Luckow, ich bin dort im Hause meines Großvaters ..." „Vom Rothemühler Forst bis nach Klein Luckow sind es gerade mal fünf Kilometer. Ich habe gehört, daß Sie ein begeisterter Weidmann sind. Ich möchte Sie gerne zur Hirschjagd in unsere Gefilde einladen, was halten Sie davon?"

Max Schmeling hatte stets ein Ohr für Forstleute. Außerdem fand er den gepflegten Forstmann mit den guten Manieren recht sympathisch, die Chemie zwischen beiden schien zu stimmen. Das Angebot, in Rothemühl, schon damals ein Begriff für den Rotwildjäger, nicht weit von seinem Geburtsort, jagen zu dürfen, war verlockend.

Forstamtsleiter Thielecke galt in der Gegend als angesehener Forstmann, streng, penibel, aber im großen und ganzen sehr umgänglich. Er verkehrte mit dem in Torgelow ansässigen Gießereidirektor Hugo Kaiser, der im Ueckertal eine große Jagd gepachtet hatte. Dessen Schwiegersohn Claus Robert Agte begleitete Schmeling im Jahre 1971 - also Jahrzehnte später - auf eine Jagdreise nach Alaska.

Forstmann und Boxprofi unterhielten sich noch eine Weile über die alte Heimat, den Boxsport und natürlich die Jagd. Schließlich nahm "Maxe" die Einladung an und fand sich in den ersten Brunfttagen des Jahres 1935 im Forstamt Rothemühl, nicht weit von seinem Geburtsort, zur Jagd ein.

Thielecke hatte inzwischen eine Freigabe für einen Hirsch bei der vorgesetzten Behörde erwirkt und einen ungeraden Zwölfer mittleren Alters mit breiter Auslage, dunklem, gut durchgefärbtem Geweih und langen Stangen bestätigen lassen. Er gewährte Max im Forstamtsgebäude Logis und beabsichtigte, ihn persönlich auf den Geweihten zu führen.

Begrüßung im Forstamt

Als der Boxchampion auf dem Forsthof eintraf, wurde ihm seitens der Forstangehörigen und Bevölkerung ein ehrenhafter Empfang geboten, fast Routine für den Meisterboxer. Wie immer teilte er geduldig für Jung und Alt Autogramme aus und hinterließ wegen seines ruhigen, freundlichen Auftretens sowie seines angenehmen Humors einen guten Eindruck. Dann drängte er jedoch darauf, der jubelnden Gesellschaft zu entfliehen und den Rest des Tages in aller Ruhe mit seinem Gastgeber in der Abgeschiedenheit des Forstes zu verbringen.

Am frühen Nachmittag fuhren der Forstamtsleiter und sein Gast zur Besichtigung durch den zusammenhängenden Forst und bestiegen schließlich eine Kanzel. Vor ihnen lag eine ca. 100 Meter breite Fichtenkultur, in der die Birke einige Horste gebildet und der Frost mehrere Löcher in das regelmäßige Spalier der Fichten getrieben hatte. Am Rande der Frostlöcher gelang es den stark verbissenen Nadelbäumen nicht, aus dem Äser des Wildes herauszuwachsen. Manchen der Bäume, die vom Hirsch mit dem Geweih arg bearbeitet worden waren, fehlten Rinde und Äste. Der Schaft einer hohen baumstarken Kiefer glänzte auffallend in der abendlichen Sonne am Bestandesrand. Er sah so aus, als ob der Baum gerade von einem Harzarbeiter gerötet worden wäre. Ein starker Geweihter mußte ihn in Brusthöhe blitzblank geschlagen haben. Die Stimmung lud zum Träumen ein.

Keine acht Kilometer vom Ort des Ansitzes befand sich Klein Luckow, das kleine Dorf, in dem einst Schmelings Wiege stand. Unwillkürlich kam in der Seele des Boxers eine Art Heimatgefühl auf. Er versuchte, sich zu erinnern, kannte die Gegend doch hauptsächlich vom Erzählen der Mutter und eines zwischenzeitlichen Kurzbesuches bei den Großeltern.

Das Konzert der Hirsche ließ auf sich warten. „Zu warm”, meinte schließlich Thielecke zu seinem Gast. „Die fangen heute erst spät an zu schreien!”

Die Zeit überbrückend, erzählte der Forstamtsleiter von den Aufgaben im Forst, dem anstehenden Holzeinschlag, irgendwelchen Holzsortimenten, der besser gewordenen Vermarktungssituation und der nachfolgend geplanten Verjüngung. Der gebildete Mann warf nur so um sich mit forstlichen Fachausdrücken, doch der Faustkämpfer hörte aufmerksam zu. Irgendwie kam man auf die Samendarre in Jatznick zu sprechen, die das Forstamt seinerzeit unterhielt. Es komme darauf an, nur qualitativ hochwertiges Saatgut auszuliefern, welches aus ausgewählten, anerkannten Beständen mit Herkunftsnachweis stamme. Das habe er sich auf die Fahnen geschrieben. In der Vergangenheit wäre da ungemein gesündigt worden, fand der Forstmann. Das Klängen der Zapfen, ja den gesamten Prozeß wolle er sich unbedingt mal ansehen, meinte Max Schmeling interessiert.

Brunft-betrieb

Kaum waren seine Worte verklungen, da knörte es verhalten in der benachbarten Lärchendickung. Kurz darauf meldete lautstark der erste Hirsch. Nach und nach antworteten andere Artgenossen, bis zu sechs Stück. Thielecke schien erleichtert.

Augenscheinlich bewegten sich die Spitzen einiger Fichten. Aus den Birken drang der helle Aufschlag eines Geweihes, welches mit Wucht gegen wachsendes Holz stieß. Ein Ast brach unter schwerem Wildkörper. Dann schimmerte es rot zwischen dem leuchtenden Grün. Ein Haupt erschien, und lange Lauscher musterten die Umgebung - das Leittier sicherte. Kurz danach wechselten einige Stücken Kahlwild auf eine der Blößen und begannen, am Birkengezweig und den verkuschelten Fichten vertraut zu äsen. Es wurde spannend. Rechterseits stand auf einmal ein Geweihter zwischen den mannshohen Fichten, zeigte Blatt. Thielecke sprach ihn als geringen, schlecht veranlagten Beihirsch an. „Der will absahnen", flüsterte er seinem Gast zu. „Abwarten, der Platzhirsch kommt noch."

Anfangs tauchte ein geringer, schlecht veranlagter Rothirsch auf

Mehrere Tiere wurden beim Herannahen des Beihirsches unruhig. Der begann in aufflammender Gier, eines der Stücke zu treiben. Äste brachen, ein leiser Sprengruf schallte. Das brachte den im Unterholz stehenden Platzhirsch in Rage, der nun plötzlich aus der Deckung auf den frechen Rivalen zustürmte und ihn in die Flucht schlug. Nach der plötzlichen Attacke zog er langsam zum Brunftrudel zurück und verhoffte dabei in einer Lücke.

Thielecke sprach ihn in Sekundenschnelle an, es war der ungerade Zwölfer. Der Hirsch wendete inzwischen auf 90 Grad und zog unerwartet zwischen zwei Pflanzreihen auf die lauernden Jäger zu. Schmeling brachte seinen Drilling in Anschlag, der Zwölfer röhrte aus vollem Halse seinen letzten "Abschiedsgruß" und verharrte regungslos. Thielecke gab dem Gast mit gekrümmtem Finger zu verstehen, daß er nun schießen müsse. Das Absehen zeigte auf den bulligen Stich, und der inzwischen vom Jagdfieber erfaßte Max Schmeling betätigte den Stecher. Dann brach der Schuß. Wie vom Blitz getroffen, fiel der Hirsch in sich zusammen, ohne nachfolgend auch nur ein Glied zu regen. „Weidmanns Heil, Herr Schmeling, ein sauberer Schuß", flüsterte Thielecke seinem Gast zu, der ihm sichtlich zufrieden zulächelte. Nun ging's an die rote Arbeit, die der Faustkämpfer trotz des massigen Wildkörpers mit geübten Handgriffen selbst erledigte. In der Duftwolke des brunftigen Hirsches überreichte ihm der Forstamtsleiter den Bruch, während das Konzert der Hirsche in unmittelbarer Umgebung an Stärke zunahm.

Im Jahre 1945 ist Forstamtleiter Thielecke mit heranrückender Front nach Hamburg geflüchtet, wo sich Gast und Gastgeber nach langer Zeit erneut begegneten und die alten Jagderlebnisse Revue passieren ließen.

Vom Reichsjägermeister eingeladen

Nachdem Max Schmeling von seinem erfolgreichen Kampf gegen Joe Louis im Jahre 1936 ins New Yorker Hotel zurückgekehrt war, erhielt er u. a. auch von Preußens Ministerpräsidenten und Reichsminister Hermann Göring ein Glückwunschtelegramm. In einem der über 1.200 Funkbriefe, die in jener Nacht eintrafen, lud ihn der zweitmächtigste Mann im Staate in seiner Funktion als Reichsjägermeister auf einen kapitalen Hirsch in die Schorfheide nach Carinhall ein.

Während des Empfanges in der Reichskanzlei bei Adolf Hitler, an dem neben Dr. Joseph Goebbels (Reichsminister für Volksaufklärung und Propaganda), Heinrich Hoffmann (Reichsbildberichterstatter) und Philipp Bouhler (Chef der Reichskanzlei Hitlers) teilnahmen und zu dem sich später auch Hermann Göring (seit dem 16.03.1935 auch Oberbefehlshaber der Luftwaffe) gesellte, erneuerte der sein Angebot.

Da Schmelings Gesicht vom Kampf noch ziemlich lädiert aussah, meinte Göring recht laut zu ihm: „Na, Schmeling, mit dem dicken Auge - das dauert wohl noch ein bißchen! Aber zur Jagd brauchen Sie das linke ja nicht. Das Kneifen Sie beim Zielen sowieso zusammen." Dann lachte er schallend und ergänzte: „Mal im Ernst! Wann holen Sie sich denn Ihren Hirsch in Carinhall ab?" Da Max Schmeling, etwas überrascht, nicht sofort zu antworten vermochte, setzte der Reichsjägermeister fort: „Na ja, darüber können wir ja noch einmal unter vier Augen reden, wenn Sie wieder genesen sind."

Aus der Hirschjagd 1936 wurde allerdings nichts, denn Max Schmeling fuhr Anfang August in die USA, um sich auf den Weltmeisterschaftskampf gegen Jimmy Braddock vorzubereiten.

Boxer James Braddock spielt mit falschen Karten

Nach dem spektakulären Sieg gegen Joe Louis strebte Max Schmeling den Weltmeistertitel gegen Jimmy Braddock an. Der aus den USA wegen Erledigung von Formalitäten etwas später zurückgekehrte Trainer Max Machon, kündigte seinem Schützling an, daß mit dem Braddock-Kampf etwas faul sein mußte. Kurz nach der Eröffnung der Olympischen Spiele in der Reichshauptstadt bestieg Max Schmeling dennoch recht zuversichtlich im August 1936 das Luftschiff "Hindenburg" und legte in Richtung USA ab.

Im Büro der New Yorker Boxkommission besiegelte er einen Vertag mit dem amerikanischen Weltmeister. Obwohl Profiboxer Braddock unterzeichnete, zeigte sich ebenfalls Manager Joe Jacobs wenig zuversichtlich. Seine Skepsis und sein Spürsinn erwiesen sich als begründet. Das Boxduell sollte Mitte September stattfinden.

Und richtig, plötzlich litt Braddock an irgendwelchen Wehwehchen und Krankheiten. Schmeling, ein fairer Boxer und anständiger Charakter, hatte sogar Verständnis dafür. Er ließ durch Trainer Machon erklären, daß er nicht daran interessiert sei, gegen einen Mann zu kämpfen, der nicht im Vollbesitz seiner Kräfte wäre. Zur gleichen Zeit ging James J. Braddock aber in Florida auf Hochseefischfang und fing einen 350 Pfund schweren Hai, den er erst nach 30minütigem schwerem Kampf aus dem Wasser ziehen konnte. Er war nicht gewillt, seinen Weltmeistertitel an Max Schmeling zu verlieren.

Die Boxkommission schien oder tat zumindest erleichtert, als sie Schmelings Einverständnis für die Verschiebung des Boxfinales um ein Jahr auf den 8. Juni 1937 bekam.

Der "Ulan vom Rhein" hatte mehrere Wochen in den USA verbracht und kehrte schließlich unverrichteterdinge per Schiff nach Deutschland zurück.

Da die Brunft der Rothirsche vorbei war, suchte er, frustriert von den Ereignissen, den seelischen Ausgleich in Schweden. Dort nahm er im Oktober mit Trainer Machon eine Jagdeinladung des schwedischen Schriftstellers Bengt Berg wahr.

Bengt Berg, ein Abenteurer, Tierfotograf, Jäger und Naturschützer

In den Trainingspausen las Max Schmeling gerne einmal ein Buch, über den Sport, die Kunst, über Reisen in die Ferne oder Erzählungen aus der Natur. Besonders hoch im Kurs standen ab Mitte der zwanziger Jahre die u. a. deutschsprachig verfaßten Werke eines Schweden, der es einzigartig verstand, seine Naturerlebnisse in Wort und Bild darzustellen. Bengt Magnus Kristoffer Berg, oder kurz Bengt Berg, geboren am 9. Januar 1885 an der Ostseeküste in Kalmar, gestorben am 31. Juli 1967 in Bokenäs am Kalmarsund, ein schwedischer Zoologe, Schriftsteller, Tierfotograf bzw. Tierfilmer, aber vor allem Abenteurer, begeisterte mit seinen Werken ganze Völkerscharen. Seine Bücher erreichten Auflagen von 1,3 Millionen Exemplaren in 14 Sprachen.

In seinen Anfängen betätigte sich der vielseitig Begabte in Bonn als Präparator, schuf hochwertige Dioramen und überließ dem Museum-König schließlich zahlreiche Präparationen von seinen Auslandsreisen: einen Büffel, Antilopen und anderes. In Deutschland wurde er vor allem durch sein Buch "Mein Freund der Regenpfeifer", erschienen 1926 im Berliner Verlag von Dietrich Reimer, bekannt. Darin berichtet er über eine dreijährige Freundschaft eines Finnen, Lappen, und sich selbst mit einem Mornell-Regenpfeifer namens Lahol. Diese wahre Geschichte spielt in Lappland.

Im Gegensatz zu seinen Vorgängern, stellte Bengt Berg die Tiere nicht vermenschlicht, sondern so wie sie wirklich sind dar. Das brachte ihm nicht nur positive Kritiken in der Presse, sondern auch begeisterte Urteile von Kennern ein. Professor Lutz Heck, ebenfalls Schriftsteller, Tierfotograf und hauptberuflich der langjährige Direktor des Berliner Zoologischen Gartens, äußerte gegenüber dem "Berliner Tageblatt" anerkennend: „Das köstlichste Tierbuch, das ich kenne. Ich habe so etwas gar nicht für möglich gehalten, sowohl inhaltlich als darstellerisch."

Auch "Die Liebesgeschichte einer Wildgans", erschienen 1930, sorgte für Ovationen. Fast etwas entschuldigend schreibt der Autor im kurz gefaßten und kleingedruckten Vorwort: „Während der Jahre, in denen es mir vergönnt war, in Deutschland zu reisen und zu arbeiten, habe ich sie, die schöne deutsche Sprache, lieb gewonnen und bin oft angeregt worden, ein Buch deutsch zu schreiben. So habe ich eines Tages der Versuchung nicht widerstehen können, es zu wagen, obwohl mein Wortvorrat ja eigentlich lange nicht ausreicht, für alles, was ich gern sagen möchte, den richtigen Ausdruck zu finden. Hier ist das Buch, und ich übergebe es dem Leser mit der Bitte, meinen Versuch mit Nachsicht aufzunehmen."

Nachfolgend verstand es Bengt Berg dank seiner bestechenden Erzählergabe, die Verhaltenweise der Wildgänse überzeugend und einleuchtend darzustellen, ergriff Partei für diese Zugvögel und widerlegte die Redensart von der "dummen Gans". Das "Hamburger Fremdenblatt" schrieb beim Erscheinen des Buches: „Alles Getier vom Nordkap bis zum Südpol freut sich; denn Bengt Berg predigt die Liebe zur Natur."

Naturforscher Bengt Berg unter seinen Wildgänsen

Doch der Verfechter des Naturschutzgedankens verstand es auch, Ohrfeigen zu verteilen. In seinem Buch "Meine Jagd nach dem Einhorn" von 1932 zeigte er sich pikiert über die Tatsache, daß sowjetische Verlage seine Werke ohne Absprache und Genehmigung verlegten. Im Vorspann dieses Buches ließ er zynisch in Anpassung an die damalige sowjetische Rhetorik abdrucken: „Als Arbeiter protestiere ich hier dagegen, daß die staatlichen Verlage in Rußland - ein Staat, der vorgibt die Rechte aller Arbeiter zu wahren - ohne mich zu fragen, meine Werke herausgeben und verkaufen, sie durch Veränderungen verfälschen und mich, den Arbeiter, um den Lohn für meine Arbeit bestehlen."

Der schwedische Zoologe engagierte sich für den Naturschutz, trat 1930 mit einer originellen Tierschutz-Initiative an die Öffentlichkeit. Er rief dazu auf, einen deutschen Urwildpark zu schaffen, in dem auch Elche und Wisente wieder heimisch werden sollten. Dazu schien ihm der Darß besonders geeignet. Die Idee wurde von den an die Macht gekommenen Nationalsozialisten propagiert, obwohl später alles ganz anders kam.

Ein Urwildpark auf dem Darß

Der Darßer Oberförster Franz Mueller, bekannt durch sein Buch "Verklungen Horn und Geläut", galt als ein Freund Bengt Bergs. Er erarbeitete einen Entwurf aus und schlug im Einvernehmen mit dem populären Tierschriftsteller die Bildung eines Nationalparks vor.

Es war daher nur eine Frage der Zeit, daß Bengt Berg die Sympathien des seinerzeit "gefährlichsten Mannes Europas", wie man im Ausland den durch verwandtschaftliche Beziehungen mit Schweden verbundenen preußische Ministerpräsidenten Hermann Göring bezeichnete, genoß. Der empfing, inzwischen zum Reichforst- und Reichsjägermeister emporgestiegen, Bengt Berg 1934 in der Schorfheide. „Das ist gut. Das mache ich!" meinte Göring überzeugend zum Darß-Vorschlag, worauf der Schwede anschließend gegenüber einem Journalisten feststellte: „Ich freue mich außerordentlich, daß der Ministerpräsident an meinem Vorschlag, auf dem Darß einen nordischen Urwildpark zu schaffen, Interesse gefunden hat." Er bescheinigte gegenüber der Presse dem "blonden Teutonen" (Göring) mit dem "stahlharten, hellen Blick" ... "heiße Liebe zur Natur und Herzensgüte zu den Tieren".

Der neue Jagdherr auf dem Darß gewährte seinem Verehrer weiteres Jagdrecht auf der Halbinsel. Bengt Berg lud Göring daraufhin zur Jagd nach Schweden ins Småland und, nachdem er 1938 das Gut Eriksberg in Blekinge erworben hatte, in seinen Wildpark ein.

Voller Begeisterung begrüßte er 1934 die Verabschiedung des nach seiner Meinung vorbildlichsten Jagdgesetzes der Welt, des Reichsjagdgesetzes.

Das Reichsjagdgesetz von 1934

Göring hatte 1933 Oberstjägermeister Ulrich Scherping mit der Schaffung eines einheitlichen deutschen Jagdwesens beauftragt, da jenes in Deutschland unter Eigenbrötlerei litt und arg zersplittert war. Vielerorts handelte die Jägerschaft nach eigenen, z. T. engstirnigen Jagdgesetzen, die allem anderen, nur nicht dem Wilde dienlich sein konnten. Unabhängig von Rivalitäten von Jagdherren, Vereinen und Verbänden führte diese Unordnung dazu, daß größere Güter und Gemeinden selbst bestimmten, was mit ihrem Wildbestand passierte, ob gemehrt, reduziert, geduldet oder ausgemerzt würde. Durch den oft zügellosen, völlig ungeregelten Abschuß vor allem des Hochwildes (Elch-, Rot-, Dam-, Muffel-, Gamswild) sowie des Rehwildes setze eine schleichende Degeneration des Wildbestandes ein. Die ca. zu einem Drittel in Vereinigungen organisierten, bewußteren Jäger konnten mangels ungenügender Unterstützung durch die Regierungen der Länder an dieser Situation kaum etwas verändern. Die Verwaltung der Jagd war Sache der allgemeinen Verwaltungsbehörden, denen es häufig an der notwendigen Sachkunde fehlte. Dieser Zustand mußte zwangsläufig zu Verdrängung herkömmlicher Wildarten, wenn nicht sogar zum Aussterben einiger Tierarten führen, vor allen Dingen jener, die für ihre Existenz einen größeren Lebensraum benötigten, wie z. B. Wisent, Elch, Steinbock, Bär, Wolf, Luchs, Adler und Schwarzstorch. Göring verlangte gesetzliche Regelungen, die dem Schwinden der Arten Einhalt geboten, rief ein Programm zur Wiedereinbürgerung von verdrängten Tierarten ins Leben, ließ Naturschutzgebiete ausweisen, die u. a. auch mit Geldern des Jagdverbandes gespeist wurden. Daß dies nicht nur aus Nächstenliebe, sondern auch aus Eigennutz geschehen ist, dürfte, obwohl es vor allem der Allgemeinheit diente, inzwischen kein Geheimnis mehr sein.

Das Jagdgesetz von 1934 war insofern revolutionär, weil es nicht nur vereinheitlichte Rechtsgrundsätze, sondern auch ethischen Wertvorstellungen von Weidwerk und Weidgerechtigkeit enthielt. Zu den Pflichten des Jägers gehörte nun, das Wild nicht nur zu jagen, sondern auch zu hegen und zu pflegen, damit ein artenreicher, kräftiger und gesunder Wildbestand entstehe. Das alles unter Berücksichtigung von landeskulturellen, land- und forstwirtschaftlichen Interessen. Die Liebe zur Natur und ihren Geschöpfen und die Freude an der Pirsch in Wald und Feld sollten zum festen Bestandteil jägerischen Handelns werden.

Die Jagd unterstand jetzt fach- und sachkundigen Behörden, sämtliche Inhaber eines Jagdscheines gehörten dem Reichsbund “Deutsche Jägerschaft” an. Die Jagd erfolgte nach einem vom Kreisjägermeister genehmigten Abschußplan. Eine Reihe von Wildarten wurde unter Schutz gestellt, wie Wisent, Steinwild, Biber, Otter, Wildkatze, Auer-, Birk- und Trapphennen, Kraniche, weißer und schwarzer Storch, zahlreiche Tag- und alle Nachtraubvögel usw. Schalenwild durfte nicht mehr mit Schrot und Posten, Federwild nicht mehr zur Nachtzeit erlegt werden. Die Jagd mit künstlichen Lichtquellen oder an

Fütterungen war strengstens untersagt. Die Strafbestimmungen für Jagdvergehen wurden wesentlich verstärkt und eine Ehrgerichtsbarkeit unter den Jägern eingeführt.

So etwas komplexes hatte es auf dem Erdenball bisher noch nicht gegeben. Bengt Berg entwickelte Initiative, sprühte vor Begeisterung, was leider zur einer völligen Identifizierung mit dem nazistischen Regime und der fanatischen Verehrung der Person des Reichsjägermeisters führte.

Bei aller Fortschrittlichkeit dieses Jagdgesetzes darf nicht vergessen werden, daß unter seiner Gesetzeskraft in Verbindung mit der nationalsozialistischen Rassenpolitik ganze Bevölkerungsschichten von der Jagd ausgegrenzt wurden.

Auch die Anerkennung von Görings Leistung bei der Durchsetzung dieser Gesetzlichkeit fällt uns heute schwer, weil man sie stets mit seinen Aktivitäten und Untaten in Zusammenhang bzw. Verhältnis bringen muß, die letztendlich dem deutschen Volk und auch vielen anderen Völkern unsagbares, ja bestialisches Leid zugefügt haben.

Mit der Kraft des Wortes

Doch Bengt Berg, der Meister des Wortes, konnte auch selbst begeistern: „Noch sind, dem Himmel sei Dank, nicht alle Wälder in Stangenholzsoldaten verwandelt. Noch gibt es einen Wald auf der Nordspitze Deutschlands, auf der Halbinsel Darß. Er umfaßt 26.000 Morgen, und gewaltige Sümpfe haben vernichtend vordringender Zivilisation einen Riegel vorgeschoben. Dort breiten sich noch geheimnisvolle Erlenbrüche wie tropische Mangroven-Wälder hinter den Dünen aus, und urwüchsige Baumriesen trotzen seit Jahrhunderten den Ostseestürmen. Die alten Keiler sind da. Hirsche röhren aus allen Ecken in den stillen Herbstnächten. Auf den Föhren brüten Seeadler, Fischadler und Wanderfalken. Der Wald sieht stellenweise genau so aus wie ehedem, als unsere Vorfahren mit Axt und Speer den Auerochsen und Wisent verfolgten. Stellt euch mal vor, wir hätten da oben auf der Nordspitze Deutschlands noch ein Stück deutschen Urwaldes, darin gewaltige Wisente friedlich grasen!"

Der Abenteurer und Schriftsteller weilte seit Anfang der 20er Jahre mehrfach auf dem Darß, der letzten pommerschen Wildnis, wie er sich auszudrücken pflegte. Dort führte er die Büchse, erlegte Rot- und Schwarzwild. Gerne frönte er dem Weidwerk, war ein leidenschaftlicher Jäger, besaß ein umfangreiches jägerisches Wissen und praktische Erfahrung. 1938 ließ er sich in der Jagdabteilung des Gustloff-Werkes Suhl (vor Enteignung des jüdischen Besitzers - Simsonwerk) eine Büchse von besonderer Güte und Qualität fertigen, die er vom seinerzeit in der Büchsenmacherzunft geschätzten Dietzhäuser Meister-Graveur Richard Kaiser mit herrlichen Jagdmotiven verzieren ließ.

Bezüglich der Hege des Rotwildes beriet Bengt Berg seinen alten Bekannten, den Zoologen und Direktor des naturkundlichen Museums (Museum-König) in Bonn, Alexander König, auf seinem mecklenburgischen Gut Blücherhof. Der Schwede sah zwischen Jagd und Naturschutz absolut keinen Widerspruch, wie das heute leider vielerorts üblich geworden ist. Obwohl ein aktiver Nimrod, betitelte man ihn in Deutschland mit: "Der Freund der Tiere".

Max Schmeling lernte Bengt Berg 1934 bei einem seiner Vorträge innerhalb des Jagdverbandes kennen. Später begegneten sich die beiden auch bei der Jagd, der Grünen Woche und schließlich bei der Weltjagdausstellung in Berlin. Max schätzte den populären Schweden als weidgerechten Jäger, Abenteurer und vor allem wegen seiner Begabung, seine einzigartigen Erlebnisse wirkungsvoll darstellen zu können. Einige seiner Bücher hatte der Boxer als naturverbundener Mensch mit Herzenslust "verschlungen". Ihm imponierte, mit welcher Euphorie und Konsequenz sich der Schwede für die Belange der Tierwelt einzusetzten wußte und die Menschen dabei mitzureißen vermochte. Nach und nach lernte man sich immer besser kennen und schätzen.

Zur Elchjagd in Schweden

Bengt Berg erwies sich Max gegenüber als gastfreundlicher, liebenwürdiger und aufgeschlossener Mensch, der mit seinem schwedischen Akzent über seine Reisen mitreißend zu erzählen verstand. Die Hochachtung beruhte auf Gegenseitigkeit. Der Schriftsteller sah in Schmeling einen ehrgeizigen jungen Mann, der trotz seiner sportlichen Erfolge nicht den Boden unter den Füßen verlor und für den Tugenden, wie Ehrlichkeit, Fairneß und Nächstenliebe, eine Selbstverständlichkeit zu sein schienen. Max Schmeling besuchte Bengt Berg gemeinsam mit seinem Trainer Machon in seinem Heim am Kalmarsund, wo sie zusammen jagten.

1936 kam der Weltmeister aller Klassen im Jagdgebiet seines Gastgebers zu Erfolg. Er erlegte einen Elch, den ersten europäischen in seinem Leben.

Der Jagdherr besaß absolute Übersicht über das weitläufige Jagdrevier. Ein steiniges, leicht hügliges Gelände mit ausgedehntem Gemisch aus Birke, Pappel, wenigen Fichten und horstweise junger Kiefernbestockung - einigen Überhältern, belassen als Samenbäume - unterbrochen von moorigen fast baumlosen Blößen und Abschnitten mit reicher Beeren- und Weidenflora, diente dem Wild als willkommener Einstand. Es waren vor allem Elchhirsche, die dieses Areal aus verständlichem Grunde bevorzugten.

Gastgeber Bengt Berg und Max Schmeling mit seinem im Herbst 1936 erlegten Elchhirsch

Auf seinen morgendlichen Pirschgängen begegnete der Schriftsteller mehrere Male einem Elchhirsch, der einen bestimmten Wechsel bevorzugte. Auf dem Rückweg von einer Aufforstungsfläche, die reichlich Jungholz, Kräuter und Gräser bot, pausierte er in einem "Weidenheger", um schließlich zurück ins schützende Dickicht, seinen Einstand, zu ziehen. Manchmal nahm er jedoch eine Art Zwangswechsel an, den die Natur durch Bildung von schroffen Hügeln, Felsen und störenden Bruch- und Dürrholz geschaffen und in dessen Nähe der Jagdherr einen Schirm errichtet hatte. Lediglich zur Brunft entschwand der Geweihte manchmal den Blicken seines Hegers.

Abgeleitet vom deutschen Vorbild und animiert durch den Darßer Forstamtsleiter Mueller, versuchte Bengt Berg, das Elchwild in seinem Privatbesitz nachhaltig zu bewirtschaften und eine für schwedische Verhältnisse ungebräuchliche Auslese zu betreiben.

Max Schmeling genoß die Ehre, auf einen besseren Elchhirsch jagen zu dürfen, denn schon damals zogen in Südschwedens Wäldern vorwiegend Trophäenträger, die sich durch ein paar mickrige, verbogene Spieße auszeichneten.

Auf zur Pirsch

An einem Oktobertag, bei relativ warmen Temperaturen, begaben sich der schwedische Gutsbesitzer, das deutsche Boxidol, dessen Trainer und ein angestellter Verwaltungsjäger nach dem Frühstück bei hellichtem Tage ins Revier, um in der Nähe der Weidenfläche auf den Schaufler zu pirschen. Während Bengt Berg seinen Hauptgast führte, saß der Verwaltungsjäger mit Trainer Machon an anderer Stelle an.

Gegen den Wind näherten sich der schwedische Schriftsteller und der deutsche Boxer auf einer Schneise einem vom Wild bevorzugten Ort, um schließlich am erwähnten Schirm zu verweilen, der, für die winterliche Jagd auf einer Anhöhe errichtet, ein gutes Schußfeld bot. Ausgerüstet mit einer Bockbüchse, Max Schmeling, und einer Doppelbüchse, Bengt Berg, ohne optische Zielhilfe, suchten sie mit dem Fernglas das Terrain ab.

Nach einer halben Stunde stieß Bengt seinen Begleiter an und wies in östliche Richtung. Im Glas erkannte der aufmerksam gewordene Schmeling ein Elchtier, das vertraut auf ca. 300 Meter im Gewirr der Weiden und Birken

Ein Elchtier quert die Schneise

äste. Bengt Berg flüsterte: „Wenn das Tier hier ist, kann der Hirsch nicht weit weg sein", gab jedoch zu verstehen, daß der Elchhirsch mit hoher Wahrscheinlichkeit nicht den Zwangswechsel annehmen würde. Nun schickten sich Gast und Gastgeber an, im Schutz einer Senke näher an das Wild heranzupirschen.

Mit heller und dadurch auffälliger Anzugjacke pirschte der Schwede voran, hielt mit der rechten Hand dabei seine Uhrenkette fest. Geräusche eines brechenden Astes und knickender Zweige verrieten, daß die Elche nicht mehr weit weg sein konnten. Ein dunkler Wildkörper schob sich zwischen den Weidenbüschen hindurch, keine 40 Meter entfernt. Donnerwetter, der Elchschaufler. Für Sekunden zeigte der Kollos Haupt und Geweih, holte verdächtig Wind und entschwand so schnell, wie er erschienen war. Kein gutes Zeichen.

Eilig liefen die Jäger, die Waffen von der Schulter nehmend, einige Schritte bis zu einer vom Biber geschaffenen sumpfigen Lichtung, in der das Gras wegen stauender Nässe dominierte und die Weide, zum bauchhohen Busch verkrüppelt, eine gute Sicht boten. Hier könnte der Schaufler vorbeiwechseln, hofften die Jäger. Doch nichts geschah. Wie vom Erdboden verschluckt - kein Anblick, kein verdächtiges Geräusch mehr. Der Optimismus schwand.

Nun umging man die Weidenfläche, und nach weiteren 300 Metern peitschte mit einem Male Gesträuch im Rücken der Männer. Schnell drehten sie sich um, und im gleichen Zuge schob sich der Elchschaufler keine zwei Steinwürfe entfernt auf die Schneise - zum Götzenbild erstarrt. Welch ein herrlicher Anblick, doch keine Zeit zum Genießen. Max ging in Anschlag, führte Kimme und Korn auf einander und löste den Schuß. Das geschah gerade noch rechtzeitig, nachdem der Elch sich schon gedreht hatte und in den Weiden zu verschwinden drohte. Die Kugel auf den Träger warf den Kollos zwar zu Boden, doch war noch ein Fangschuß vonnöten.

Bengt Berg sprühte vor Begeisterung, sprach dabei seinen Gast in schwedisch an, der ihn natürlich nicht verstehen konnte. Seinen Irrtum bemerkend, lachte er von ganzem Herzen über sich selbst und legte danach ein zufriedenes Gesicht auf. Dabei schüttelte er Max kräftig die Hände.

Die Trophäe ähnelte der aus dem Elchwald, nur daß sie weniger Masse besaß und durchgefärbt war. Wahrscheinlich wäre aus dem Hirsch noch ein Schaufler geworden.

Nach einigen Minuten erschien die vom Knall angelockte zweite Gruppe. Jagdfreund Max Machon hatte sofort den Fotoapparat parat, um das Ereignis für die Nachwelt zu dokumentieren.

Geteilter Meinung

Zu einigen Dingen der gesellschaftlichen Entwicklung und Ideologie besaßen Bengt Berg und Max Schmeling allerdings zunehmend auseinanderklaffende Auffassungen. Der populäre Faustkämpfer machte auch gegenüber dem eigenwilligen Naturfreund keinen Hehl daraus, daß er selbst zwar unpolitisch sei, den Rassenwahn der Nationalsozialisten jedoch absolut nicht billige, Bengt Bergs diesbezügliche "Ergüsse" nicht verstände und aus gutem Grunde nicht Mitglied der Partei sei. Trainer Machon vertrat übrigens Schmelings Standpunkt.

Der Schwede blieb bis zum Zusammenbruch des Deutschen Reiches ein Sympathisant des Regimes. Anscheinend liebte er die Tiere mehr als die Menschen und verschloß die Augen vor der Barbarei und den Opfern des verhängnisvollen Krieges.

Mit der zunehmenden Eskalierung der Ereignisse, dem Ausbruch des Krieges, verlor man sich aus den Augen - jeder war mit sich selbst beschäftigt.

Der Idealist wurde von seinen Landsleuten nach 1945 wegen der Sympathie für die Nazis und des Umgangs sowie der Verherrlichung Görings, der nicht nur über Leichen ging, wenn es um seine ureigensten jagdlichen Interessen ging, geächtet.

Max Schmeling hat den Kontakt zum einstigen Jagdfreund Berg nie vollständig abgebrochen. Er ist nicht der Mann, der Menschen, die in seinem Leben eine Rolle gespielt und Fehler gemacht haben oder "gestrauchelt" sind, für immer und ewig verdammt oder mit nicht endenden Vorwürfen begegnet. Das trifft sowohl für Joe Louis, Bengt Berg, aber auch Willy Sachs zu. Das Boxidol hat die Tücken der Zeit und der gesellschaftlichen Entwicklung selbst kennen gelernt. Daher weiß er diese oder jene Dinge aus eigenem Erleben zu bewerten. Distanziert hat er sich nicht von Bengt Berg, dem Naturkundler, Abenteurer und Schriftsteller und Menschen, sondern vielmehr von dessen einstigen radikalen Auffassungen u. dessen engstirniger Denkweise.

1966 erlitt Bengt Berg auf der Jagd in den ausgedehnten Waldungen bei Bokenäs einen Schlaganfall. Er ist in Skatelöv am großen See Äsnen, ca. 18 Kilometer von Växjö, beerdigt worden.

Die "Deutsche Sport-Illustrierte" berichtete ausführlich über Schmelings Sieg im Boxkampf gegen Thomas (1937)

Max Schmeling wollte unbedingt den Weltmeistertitel zurückholen, und nebenbei gesagt, auch der Reichskanzler erwartete dies von ihm. Er konzentrierte sich auf den verlegten Braddock-Kampf. Daher schlug er die Revanche mit Joe Louis, gegen den er ohne Weltmeistertitel als Herausforderer mit nur zwölfeinhalb Prozent der Börse hätte vorlieb nehmen müssen, vorläufig aus.

Um den Weltmeistertitel betrogen

Ende April 1937 begann der Champion mit seinem Training, doch die Gerüchteküche brodelte und ließ verheißen, Braddock werde sich dem Kampf nicht stellen. Schmeling als ehrlicher Charakter glaubte nicht daran, mußte jedoch schon bald eine bittere Pille schlucken.

Der Amerikaner erschien nicht zum anberaumten Termin, zahlte stattdessen bereitwillig die lächerlichen 1.000 Dollar Bußgeld und nahm das einjährige Kampfverbot für New York gelassen hin.

Der Vertragsbruch schien politisch gewollt, man hatte Schmeling um seinen Weltmeistertitel offensichtlich betrogen. Vierzehn Tage später, am 22. Juni 1937, kämpfte und verlor nämlich Braddock in Chicago gegen den "Braunen Bomber", der ein Jahr zuvor von Max Schmeling vernichtend geschlagen worden war. Der neue Weltmeister hieß somit Joe Louis.

Am 5. Juni schrieb der Gauleiter von Berlin Dr. J. Goebbels voller Zorn in sein Tagebuch: „Schmeling von Braddock düpiert. Dieses Schwein stellt sich aus Feigheit nicht. Echt amerikanisch."

Der Minister gedachte nun in Abstimmung mit dem Führer, Schmeling von deutscher Seite zum Weltmeister zu küren, so lange, bis er den Titel an einen Weißen wieder verliere. Als der brüskierte Boxer von dem Vorschlag erfuhr, lehnte er empört ab.

Die Hintergründe der Boxquerelen lagen schon längst nicht mehr im sportlichen und geschäftlichen Bereich. Hier wurden Intrigen gesponnen, und es ging um die handfeste politische Auseinandersetzung.

Unversehens war Schmeling zum Spielball, ja zum Prügelknaben im propagandistischen Gerangel geworden.

Amerika wollte erst gar nicht das Feuer schüren, d. h. kein Risiko eingehen und den Weltmeistertitel möglicherweise an das vom Rassenwahn und Großmachtdenken beherrschte Deutschland abgeben - allein der Gedanke schien seinerzeit unerträglich.

Im Waldhof Carinhall

Erst im September 1937 traf sich der Sportler der Nation mit dem Reichsjägermeister im Waldhof Carinhall, wo die erweiternden Bauarbeiten auf dem fast 120 Hektar großen Areal im wesentlichen abgeschlossen waren.

Göring hatte sich im größten, vor den Toren Berlins gelegenen zusammenhängenden Waldgebiet, der 1.259 Quadratkilometer umfassenden Schorfheide, im Laufe von fünf Jahren ein Paradies geschaffen. Er betrachtete den Waldhof Carinhall, romantisch auf einer erhöhten Landenge zwischen Wucker- und Großen Döllnsee gelegen, einschließlich des umgebenden weiträumigen Waldgebiets als sein Eigentum, obwohl dies rechtlich gesehen nicht zutraf. Vielmehr handelte es sich um eine Stiftung in Eigentum des preußischen Staates, die vorrangig dem Naturschutz dienlich sein sollte. Göring erhielt laut Ministerialbeschluß des preußischen Staatsministeriums das Nutzungsrecht auf Lebenszeiten. Die Einnahmen aus der forstlichen und jagdlichen Bewirtschaftung der Stiftung mußten allerdings an den Staat abgeführt werden.

Der keineswegs bescheidene, vorerst noch geheime Nachfolger Hitlers glaubte, daß ihm Carinhall, benannt nach seiner ersten Frau Carin, und entsprechendes Umland eines Tages in Form einer Dotation zufallen würden. Etwa so, wie Bismarck den Sachsenwald bei Hamburg einst erhielt. Der 1938 zum Generalfeldmarschall beförderte, sah die Schorfheide demnach als eine Gabe Adolf Hitlers, einen Dank für seinen hingebungsvollen Eifer für Führer, Volk und Vaterland seit Anfang an. Somit betrachtete er das Reichsnaturschutzgebiet als seine eigene Scholle, in der er mit Rückendeckung seines Gönners und auf Grund seiner Machtfülle schalten und walten konnte, wie er es für richtig hielt.

Zupasse kam dem Ministerpräsidenten dabei, daß der Reichskanzler in der Nähe der Hauptstadt zum Zwecke der Repräsentation die Errichtung einer würdigen Residenz für den Empfang von Staatsgästen für richtig hielt und im großen Rahmen Investitionen befürwortete. Dieser Freibrief erlaubte dem Herrn der Schorfheide, seinen "zukünftigen Besitz" stetig zu erweitern. Das betraf den

Geschenkteller für Gäste des Ministerpräsidenten

Waldhof, die Waldfläche, welche 1937 bereits 52.000 Hektar betrug und bis 1945 stetig zunahm, aber auch umliegende Ländereien. Zu den letzteren gehörten auch einige Güter, die man z. T. durch "freiwilligen Zwang" in die Stiftung eingliederte. Göring schien kein Opfer zu groß, um seine jagdlichen Pläne "auf Teufel komm raus" zu verwirklichen. Das sollte auch die Zukunft noch zeigen.

Wozu er fähig war und wie brutal er ohne Rücksicht auf Menschenleben vorzugehen vermochte, beweisen seine Aktivitäten u. a. im Urwald von Bialowies (heute polnisches und weißrussisches Gebiet). In dem fast 160.000 Hektar großen Natureldorado, dem Hauptverbreitungsgebiet des Wisents, weilte er in Friedenszeiten auf Einladung der polnischen Regierung als Jagdgast. Nach der Besetzung ließ er unter dem Vorwand, ein einzigartiges Naturreservat zu schaffen, ganze Dörfer räumen oder niederbrennen. Massengräber erinnern noch heute an dieses dunkle Kapitel menschenverachtender Jagd-Politik.

Beim Jagdherren der Schorfheide

Max fuhr Ende September, aus Berlin kommend, auf der Reichstraße 109 in Richtung Schorfheide. Ein geraumes Stück hinter der Ortschaft Groß Schönebeck stieß er auf mehrere Häuser, die von einem Scherengitterzaun mit einem stabilen, hölzernen Tor umfriedet waren. Vor dem Tor befand sich ein Postenhäuschen, dort hielt der Champion und wurde vom diensthabenden Soldaten mit erhobenem Arm mit „Heil Hitler" begrüßt. Freundlich fragte er nach dem Passierschein, während ihm der Ankömmling eine Einladung des Herrn Reichsjägermeister reichte. Der Soldat schlug die Hacken zusammen, zeigte auf ein Fahrzeug, welches in Nähe der Zufahrt auf dem gesperrten Gelände stand, und sagte: „Herr Schmeling, Sie werden schon erwartet." Ein Offizier schritt ihm entgegen und teilte mit, daß man ihn bis zum Waldhof geleiten werde. Auf einer asphaltierten Straße ging es einige Kilometer durch den Forst entlang am Großen Döllnsee bis zum Haupttor, das infolge seiner massiven Bauweise einen recht rustikalen Eindruck machte. Nach kurzem Stopp wurden die beiden Fahrzeuge durchgewunken, der Informationsfluß schien perfekt.

Obwohl man dem Reichsjägermeister unterstellte, daß er seine Termine meist mit Verspätung wahrnahm, kam er seinem Besuch im Innenhof der Residenz ohne Begleitung freudestrahlend entgegen. Göring gab sich ganz natürlich, begrüßte seinen Gast in Jägerkluft, die aus einer längeren grünen Lederweste mit Gürtel, Stiefelhose und einem weitgearbeiteten Hemd mit Krawatte bestand. So angezogen, machte er einen recht nahbaren, schlichten Eindruck. Nicht zu vergleichen mit den Begegnungen in der Reichskanzlei, wo er sich gerne im Glanz einer leuchtenden Uniform und in seiner eigenwilligen Redensart in den Mittelpunkt zu stellen verstand.

Er hieß Max Schmeling herzlich willkommen und ließ ihn wissen, daß er auf diesem herrlichen Stück Erde, mitten in der Natur, jetzt mit seiner Frau wohne und dabei recht glücklich sei. Kurz darauf erschien im Eingang der Empfangshalle, charmant gekleidet, auch Emmy Göring. Die Dame begrüßte den Gast gleichfalls freundlich und lud zum Kaffee ein.

Emmy Göring, geborene Sonnemann, hatte ihren zweiten Mann, damals preußischer Ministerpräsident, im Jahre 1934 kennengelernt. Dieser verlieh ihr noch im gleichen Jahr den Titel einer Staatsschauspielerin und verschaffte ihr ein Engagement am Berliner Staatstheater.

Göring hatte sie im April 1935 geheiratet. Die Frischvermählte machte nun der vermögenden Magda Goebbels, geb. Quandt, Konkurrenz und wurde nach der Eheschließung zur "First Lady" des Reiches.

Der Glanz des Waldhofes

Im lockeren Gespräch führte der Gastgeber das Sportidol zuerst durch die wichtigsten Räumlichkeiten des Hauses, durch sein Arbeitszimmer und die Bibliothek, dabei rege erzählend und erläuternd. Max Schmeling hörte zu, ohne viel sprechen zu müssen, und erfuhr, obwohl ihm einiges aus Funk und Presse bekannt war, daß die Erweiterungsarbeiten Carinhalls vor nicht allzu langer Zeit (20.07.1937) abgeschlossen worden sein, ja, der Hausherr entscheidenden Einfluß auf Architektur, Gestaltung, Räumlichkeit und Einrichtung genommen habe.

Zahlreiche Kunstgegenstände, darunter Skulpturen und Gemälde, zierten Gänge und Räume. Vor allem die Werke alter Meister begeisterten den Reichjägermeister, der einige Bilder einfühlsam zu beschreiben verstand. Max Schmeling ließ den Kunstsammler wissen, daß er sich vor allem für neuzeitliche Plastik und Malerei interessiere. Schließlich habe er seinen Landsitz in einer Künstlerkolonie und auch schon des öfteren für den einen oder anderen Modell gestanden. „Da haben wir ja einiges gemeinsam - für einen Akt bin ich allerdings nicht geeignet", bemerkte Göring über sich selbst lachend und klopfte sich gleichzeitig mit beiden Händen auf seinen Leib.

Nach einem fünfzehnminütigen Rundgang erreichten die beiden die Große Jagdhalle, die auf den Besucher besonders faszinierend wirkte und daher in Max Schmelings Erinnerung geblieben ist. Dort wartete bei gedecktem Kaffeetisch Emmy Göring auf den Gast und ihren Mann.

Zwei riesige schmiedeeiserne Kronleuchter und ein ungewöhnlich großes Fenster erhellten den rustikal wirkenden Raum. Das riesige Fenster bot einen erfrischenden Blick auf einen reizvollen Kiefernwald und den Großen Dölln-See. Alles wirkte im Zusammenspiel von stark bemessenem, mit Mustern behauenem Gebälk, bleiverglaster Fensterfront, geschmackvoll zusammengestellten

Blick vom Döllnsee auf den Waldhof Carinhall. Ganz rechts die Große Jagdhalle

Gobelins und Gemälden sowie nicht allzu vieler, aber besonders ausgewählter Trophäen von Elch- und Rothirschen wie ein riesiges plastisches Gemälde. Die Großzügigkeit des Raumes beeindruckte allein durch seine Höhe. Bis hinauf zum First reichte der Blick. Gedoppelte und gewaltige Sparren vereinigten sich im Zusammenspiel mit ihren schlankeren Nachbarn und kündeten von großer Stabilität. Wie klein wirkte der große Mann im Staate im Vergleich zur gigantischen Konstruktion und den großen Teppichen, die, auf einen blankpolierten steinernen Fußboden ausgebreitet, den Tritt dämpften - alles beeindruckend.

An Gesprächsthemen mangelte es nicht, die Zeit verging wie im Fluge. Der Ministerpräsident war vor einigen Tagen vom Reichsjägerhof Rominten zurückgekehrt und erzählte sogleich von seinen Jagderlebnissen.

„Herr Schmeling, dort brunften die kapitalsten Hirsche - ich habe in Ostpreußen ein paar Jagdstunden verbracht, kann ich Ihnen sagen! Leider viel zu kurze - die Pflicht ruft. Ich mag zu gerne am frühen Morgen, wenn die Sonne emporsteigt, der Nebel zieht, auf den brunftigen Hirsch ansitzen, ihm dann im passenden Moment die Kugel antragen." Der Gast nickte verständnisvoll und mitfühlend, worauf ihn der Ministerpräsident von einem erfolgreichen Jagdausflug berichtete, bei dem es ihm kürzlich gelungen war, drei überaus starke jagdbare Hirsche zur Strecke zu bringen. Schließlich erkundigte sich der Jagdherr nach den Jagdmöglichkeiten des Champions, der ihm von seinen Müncheberger Jagdgründen berichtete und kund tat, daß er gelegentlich und auch recht gerne auf Niederwild jage. „Da haben Sie recht, Herr Schmeling, es müssen nicht immer die dicken Hirsche sein - ein bißchen Abwechslung tut recht gut! Was ist bloß mit unserem Rehwild los?" stellte Göring in den Raum. Auch in der Schorfheide wüte trotz aller Gegenmaßnahmen eine Lungenseuche und reduziere den Rehwildbestand beständig. Unabhängig von der notwendigen Gesundung müsse auch die Gehörnqualität der Böcke wesentlich verbessert werden, gab Göring zu verstehen. Bisher habe er die besten Böcke immer auf Einladungsjagden im Pommern gestreckt. „Da möchte ich gerade hinziehen!" ließ Max

Blick in die Große Jagdhalle

Schmeling wissen. „Dann werden Sie ja bald von den Witzen hören, die über mich da hinten kursieren", meinte der Gastgeber aufgeheitert.

In der Tat, Max hatte davon schon gehört. Ob es nun gerade solche waren, die den Jägermeister erfreuen würden, sei dahin gestellt. Lieber zuckte er mit den Schultern.

Einer lautete jedenfalls so: Göring kam von der Jagd in den Saal des Gutshauses und betrachtete aufmerksam ein Gemälde, welches den Vater des Gutsherren darstellte. Große und schlanke Figur, stramme Uniform, langer, halbgeöffneter Mantel, eine Tschapka schief auf dem Kopf. Plötzlich bat er den Adjutanten zu sich und sagte: „Menthe, notieren Sie, Lebensgröße, Uniform, Mantel umgehängt, Mütze schief. So will ich gemalt werden - merkwürdig, die Maler wollen mich immer nie in ganzer Figur malen!"

Im Forstamt Groß Dölln liefen gerade Einbürgerungsversuche mit schwedischem Rehwild, leider unbefriedigende, gab Göring zur Kenntnis. Er habe angewiesen, je ein Dutzend Böcke und Ricken in der Försterei Wucker auszusetzen. Damit man sie wiedererkennt, sind sie mit Wildmarken markiert worden. Außerdem hätten die Forstleute den Rehen je einen Lauscher gekappt. Da die Sache nicht gut angegangen sei, sind zur Blutauffrischung auch noch badische und ostpreußische Rehe ausgewildert worden. Max Schmeling hörte interessiert zu, da er in seinem märkischen Jagdrevier mit den gleichen Problemen zu kämpfen hatte und nun den Anreiz bekam, ebenfalls etwas für das eigene Rehwild zu tun.

Dann unterhielt man sich über die Elchjagd bei Bengt Berg, mit dem Göring, aber auch Max Schmeling angenehme Erinnerungen verbanden. Dieser "große Schwede" sei ein Mann mit Weitsicht. Es sei einfach großartig, mit welchem Enthusiasmus sich dieses "pochende Jägerherz" dem Naturschutz widme und damit den Gedankengeist der nationalsozialistischen Bewegung verkörpere, ließ der Gastgeber verlauten. „Wir brauchen solche Leute, die unserem Volk deutlich machen, wie weit sie der Natur schon entrückt sind!" sagte Göring überzeugend. Schweden bleibe für ihn in guter Erinnerung, nicht nur, weil er dort einige Zeit gelebt und glückliche Stunden verbracht habe, sondern die Landschaft so erfrischend, ursprünglich und weiträumig ist. „Doch die Welt besteht nicht nur aus Jagd, erzählen Sie mir mal von Ihren Plänen im Boxsport", bat der Ministerpräsident seinen Gast.

Max berichtete vom gescheiterten Weltmeisterkampf mit Jimmy Braddock, der ihm schwer auf der Seele lag. Seinen ganzen Ehrgeiz habe er in den Kampf gesetzt, eine Menge Zeit verloren, Monate intensivsten Trainings lägen hinter ihm. Er wollte es nicht glauben, doch es kam leider so, wie man es ihm prophezeit hätte.

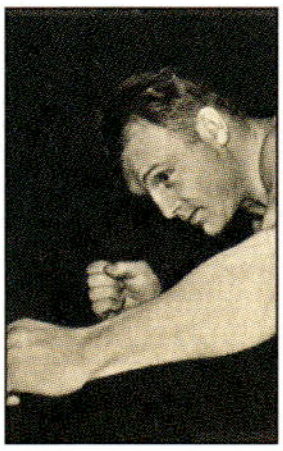

Der Amerikaner Harry Thomas (unten) verliert in New York am 15.12.37 den Boxkampf gegen Max Schmeling (oben)

Im Gegensatz zu Goebbels, der sich bei solcher Hinterhältigkeit "aufheizen" konnte und mit Beschimpfungen reagierte, meinte Göring bedauernd, aber gelassen: „Was haben Sie denn erwartet? Man wollte uns den Sieg nicht gönnen. Nehmen Sie das Ganze nicht zu ernst, das ist Politik - Sie werden Ihre Chance noch bekommen."

Zur Zeit bereite er sich auf einen Kampf gegen den Amerikaner Harry Thomas vor, fuhr Max Schmeling fort. Er solle im Dezember in New York stattfinden. Man werde sehen, wie die Karten fallen. Seine Aussichten, zu siegen, seien zumindest nicht schlecht.

Göring war im Gegensatz zu Goebbels der angenehmere Gesprächspartner, obwohl ebenfalls sehr selbstbewußt. Er redete nicht so geschwollen drauflos, schien die Beweggründe der Gegenpartei zu verstehen und vergaß bei dieser und jener Gelegenheit nicht zu lächeln.

Emmy Göring, die dem Gespräch aufmerksam zugehört hatte, wechselte das Thema. Sie gab zur Kenntnis, daß sie Schmelings Ehefrau Anny beneiden würde, die in letzter Zeit sehr emsig gewesen sei und in eine Reihe neuer Filme ("Flitterwochen", "Ein Mädel vom Ballett", "Der Hund von Baskerville", "Vor Liebe wird gewarnt", "Der Unwiderstehliche"), die meisten sogar aus eigener Produktion, gespielt habe. Ach, Frau Schmeling wäre ja eine so reizvolle und begabte Person. Die meisten dieser Filme hätte sie sich im hauseigenen Kino angesehen. Sie spüre dann immer, wie sehr sie noch an dem Schauspielberuf hinge. Doch an der Seite ihres Gatten zu sein, der ja eine Vielzahl von Ämtern bekleide und gewisse Verpflichtungen habe, sei ihr dann doch das Wichtigere gewesen. Sie gehe ebenfalls gerne mit ihrem Mann auf Jagd und begleite ihn des öfteren auf die Pirsch oder den Ansitz.

Im Gespräch mit Emmy Göring

Am späten Nachmittag chauffierte der Reichjägermeister seinen Gast persönlich ins Revier - steuerte den Wagen selbst. Dann stiegen die Jäger mit Begleitung in einen bereitstehenden Pirschwagen um und näherten sich fast lautlos den Brunftplätzen.

Göring fährt selbst

Schmeling erzählte: *Ein Hirsch begann aus vollem Halse zu röhren - ja, und dann bin ich mit dem "Dicken" abseits des Weges mitten durchs Unterholz geschlichen. Vorher hatte ein Adjutant gefragt: „Erlauben Herr Ministerpräsident, daß ich die Waffe trage." Worauf Göring selbstsicher geantwortete habe: „Ein Jäger, der seine Waffe nicht tragen kann, sollte lieber zu Hause bleiben!"*

Alles in allem, machte der Reichsjägermeister auf Max Schmeling den Eindruck eines erfahrenen und besonnenen Jägers. Beim Angehen des Hirsches bewies er Ausdauer, Geduld und Spürsinn, gerade so als ob er seinen Forstbeamten vormachen wolle, wie man einem Gast zu jagdlichem Erfolg verhilft. Vielleicht ging es ihm auch darum, dem Boxidol zu zeigen, wie sportlich er eigentlich noch war, und wählte statt des bequemen Ansitzes diese recht strapaziöse, jedoch faszinierende Jagdmethode.

Jahre zuvor war H. Göring noch in den Felsen des Hochgebirges umhergeklettert, doch jetzt fiel auf, daß er sich nicht gerne bücken mochte. Seine Fülle war ihm dabei wohl hinderlich.

Dennoch kniete er sich zwei, drei mal hin, um mit dem Fernglas unter den Zweigen der Bäume hindurch das Wild besser ausmachen zu können. Manchmal prüfte er den Wind, rümpfte schließlich die Nase und signalisierte damit dem Faustkämpfer, daß man schon dicht am brunftigen Hirsch heran sei und besonders vorsichtig sein müsse. Trat er dann versehentlich mal auf einen Ast, schien er mit sich selbst ins Gericht zu gehen. Immer wenn der Geweihte schrie, lief der Jagdherr besonders zügig voran und hielt inne, sobald das Röhren aufhörte. Dasselbe erwartete er von Schmeling, und der paßte sich natürlich an. Gast und Gastgeber führten übrigens eine Bockbüchse.

Es war ein eigenartiges Gefühl, Göring im Rücken zu wissen, von dessen Schießkünsten ja das ganze Land sprach, und gleichzeitig den Hirsch ins Visier zu nehmen. In dieser Situation Nerven zu bewahren, erforderte ungemeine Beherrschung. Kein Wunder, daß der Stachel des Absehens im Zielfernrohr umhertanzte und eine Weile benötigte, um halbwegs zur Ruhe zu kommen.

Schmeling erzählte: *„Mensch, Junge, reiß dich zusammen", habe ich gedacht. „Wenn du jetzt nicht triffst, dann ist das die größte Blamage deines Lebens."*

Erschwerend war, daß er den auf 70 Meter verhoffenden Platzhirsch anfangs freihändig ins Visier nehmen mußte, da sich keine Möglichkeit zum Auflegen der Büchse bot.

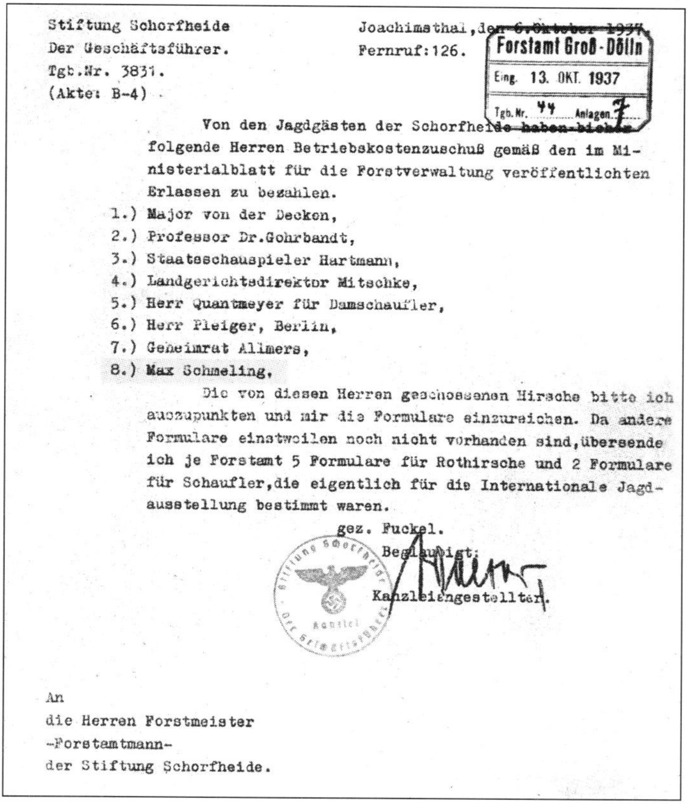
Stiftung Schorfheide
Der Geschäftsführer.
Tgb.Nr. 3831.
(Akte: B-4)

Joachimsthal, den 6. Oktober 1937.
Fernruf: 126.

Forstamt Groß-Dölln
Eing. 13. OKT. 1937
Tgb. Nr. 44 Anlagen. 7

Von den Jagdgästen der Schorfheide haben bisher folgende Herren Betriebskostenzuschuß gemäß den im Ministerialblatt für die Forstverwaltung veröffentlichten Erlassen zu bezahlen.

1.) Major von der Decken,
2.) Professor Dr.Gohrbandt,
3.) Staatsschauspieler Hartmann,
4.) Landgerichtsdirektor Mitschke,
5.) Herr Quantmeyer für Damschaufler,
6.) Herr Pleiger, Berlin,
7.) Geheimrat Allmers,
8.) Max Schmeling,

Die von diesen Herren geschossenen Hirsche bitte ich auszupunkten und mir die Formulare einzureichen. Da andere Formulare einstweilen noch nicht vorhanden sind, übersende ich je Forstamt 5 Formulare für Rothirsche und 2 Formulare für Schaufler, die eigentlich für die Internationale Jagdausstellung bestimmt waren.

gez. Fuckel.
Beglaubigt:
Kanzleiangestellter.

An
die Herren Forstmeister
-Forstamtmann-
der Stiftung Schorfheide.

Max Schmeling wurde der Betriebskostenzuschuß trotz anfänglich gestellter Rechnung erlassen, da er als Staatsgast angesehen wurde

Glücklicherweise zog der Hirsch dann ein paar Schritte weiter und verschwand aus dem Gesichtsfeld. Max setzte die Waffe wieder ab, während der Reichsjägermeister im Glas den Platzhirsch verfolgte. Man entschloß sich, abzuwarten. Fast eine Stunde verging, es begann zu dämmern, und ein regelrechtes Konzert setzte ein. Ringsherum meldeten ein Dutzend Geweihte.

Zehn Schritte von Schmelings Position bot eine recht dicke Kiefer Deckung und eine geeignete Anschlagsmöglichkeit. Der Hirsch schien bereits eine Weile mit sich selbst beschäftigt, röhrte verhalten und bearbeitete mit dem Geweih den Erdboden. Zu allem Übel begann der Wind zu drehen. Max erreichte den Baum unbemerkt, während der Reichsjägermeister im Hintergrund stehen blieb. Der Platzhirsch drehte inzwischen, kam, einem Tier folgend, einige Meter auf die Jäger zugezogen, verhoffte und äugte spitz von vorn in den dort recht lichten Bestand hinein. Jetzt begann das daneben stehende Tier plötzlich Wind zu holen - höchste Eisenbahn.

Der Kampfsportler behielt Nerven, zielte auf den Stich, der Hirsch drehte sich und zeigte Blatt. Schmeling stach die Waffe und ließ die 7x65 fliegen. Der Schuß schallte, und der Geweihte brach getroffen zusammen, erhob sich jedoch sogleich und nahm schwer krank eine bürstendichte Dickung an. Göring schrie vor Begeisterung „Hervorragend!", lief einige Meter vor, klopfte Schmeling auf die Schultern und sagte dabei in Anwesenheit von zwei Forstleuten: „Der liegt mit Sicherheit!"

Max Schmeling erinnert sich: *„Ich kam mir vor, als ob ich im Ring zum Sieger gekürt wurde, nachdem Göring auf mich zugelaufen kam und mich fast umarmte."*

Am Anschuß fand sich reichlich Schweiß, und eine deutliche Spur führte in den Jungbestand. Mehre Male war an selber Stelle ein Ast gebrochen, offensichtlich vom Hirsch, der im Wundbett in den letzten Zügen lag - dann Stille. Nun hieß es, sich durch die Dickung zu "kämpfen", voran ein Forstmann. Göring zog es nun doch lieber vor, am Bestandesrand abzuwarten, statt gepeitscht vom widerspenstigen Geäst der Wundfährte zu folgen. Es mochten 70 Schritte gewesen sein, als man auf den verendeten Platzhirsch traf.

Nach Angaben von Max Schmeling handelte es sich um einen etwa neun bis zehn Jahre alten Hirsch. Entsprechend der Höhe der ihm anfangs von der Stiftung Schorfheide versehentlich in Rechnung gestellten Betriebs-

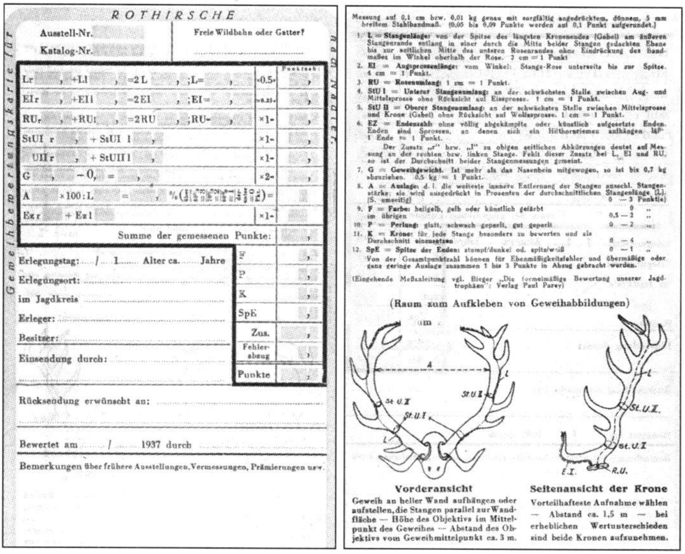
ROTHIRSCHE

Gemeinhebewertungskarte für ... Geweihe ... Nadeln

Ausstell-Nr. | Freie Wildbahn oder Gatter?
Katalog-Nr.

Lr , +Ll , =2 L , ;L= , ×0.5
Elr , +Ell , =2El , ;El= , ×0.25
RUr , +RUl , =2RU , ;RU= , ×1
StUI r , + StUI l , ×1
UII r , + StUII l , ×1
G , −0, = , ×2
A ×100 : L = %
Ez r + Ez l ×1
Summe der gemessenen Punkte:

Erlegungstag: ... / ... 1 ... Alter ca. ... Jahre
Erlegungsort:
im Jagdkreis
Erleger:
Besitzer:
Einsendung durch:

F
P
K
SpE
Zus.
Fehlerabzug
Punkte

Rücksendung erwünscht an:

Bewertet am ... / ... 1937 durch

Bemerkungen über frühere Ausstellungen, Vermessungen, Prämierungen usw.

Messung auf 0,1 cm bzw. 0,01 kg genau mit sorgfältig angedrücktem, dünnem, 5 mm breitem Stahlbandmaß. (0,05 bis 0,09 Punkte werden auf 0,1 Punkt aufgerundet.)

1. L = Stangenlänge: von der Spitze des längsten Kronenendes (Gabel) am äußeren Stangenrande entlang in einer durch die Mitte beider Stangen gedachten Ebene bis zur seitlichen Mitte des unteren Rosenrandes ohne Eindrückung des Bandmaßes im Winkel oberhalb der Rose. 2 cm = 1 Punkt
2. El = Augsprossenlänge: vom Winkel: Stange-Rose unterseits bis zur Spitze. 4 cm = 1 Punkt.
3. RU = Rosenumfang: 1 cm = 1 Punkt.
4. StU I = Unterer Stangenumfang: an der schwächsten Stelle zwischen Aug- und Mittelsprosse ohne Rücksicht auf Eissprosse. 1 cm = 1 Punkt.
5. StU II = Oberer Stangenumfang: an der schwächsten Stelle zwischen Mittelsprosse und Krone (Gabel) ohne Rücksicht auf Wolfssprosse. 1 cm = 1 Punkt.
6. EZ = Endenzahl: ohne völlig abgekämpfte oder künstlich aufgesetzte Enden. Enden sind Sprossen, an denen sich ein Hifthornriemen aufhängen läßt. 1 Ende = 1 Punkt.

Der Zusatz „r" bzw. „l" zu obigen seitlichen Abkürzungen deutet auf Messung an der rechten bzw. linken Stange. Fehlt dieser Zusatz bei L, El und RU, so ist der Durchschnitt beider Stangenmessungen gemeint.

7. G = Geweihgewicht. Ist mehr als das Nasenbein mitgewogen, so ist bis 0,7 kg abzuziehen. 0,5 kg = 1 Punkt.
8. A = Auslage: d. i. die weiteste innere Entfernung der Stangen ausschl. Stangenstärke; sie wird ausgedrückt in Prozenten der durchschnittlichen Stangenlänge (L). (S. umseitig) 0 — 3 Punkt(e)
9. F = Farbe: hellgelb, gelb oder künstlich gefärbt 0 „
im übrigen 0,5 — 2 „
10. P = Perlung: glatt, schwach geperlt, gut geperlt 0 — 2 „
11. K = Krone: für jede Stange besonders zu bewerten und als Durchschnitt einzusetzen 0 — 4 „
12. SpE = Spitze der Enden: stumpf/dunkel od. spitz/weiß 0 — 1 „

Von der Gesamtpunktzahl können für Ebenmäßigkeitsfehler und übermäßige oder ganz geringe Auslage zusammen 1 bis 3 Punkte in Abzug gebracht werden.

(Eingehende Meßanleitung vgl. Bieger „Die formelmäßige Bewertung unserer Jagdtrophäen": Verlag Paul Parey)

(Raum zum Aufkleben von Geweihabbildungen)

Vorderansicht
Geweih an heller Wand aufhängen oder aufstellen, die Stangen parallel zur Wandfläche — Höhe des Objektivs im Mittelpunkt des Geweihes — Abstand des Objektivs vom Geweihmittelpunkt ca. 3 m.

Seitenansicht der Krone
Vorteilhafteste Aufnahme wählen — Abstand ca. 1,5 m — bei erheblichen Wertunterschieden sind beide Kronen aufzunehmen.

Die für die IJA gedruckten Bewertungsbögen fanden auch Verwendung bei der Beurteilung der Gästehirsche

kostenzuschüsse, mußte es ein endenreicher Hirsch von knapp sieben Kilogramm Geweihmasse, vielleicht ein Sechzehnender, gewesen sein. Genau kann sich der in die Jahre gekommene Jagdveteran nicht mehr erinnern, da er die Trophäe bei der Flucht im hinterpommerschen Ponickel zurücklassen mußte. Seinerzeit legte er auch keinen überaus großen Wert mehr darauf, sie mitzunehmen. Verständlich, bei all dem Unglück sowie Leid, das die Nationalsozialisten und ihre Führer über ihr Volk gebracht hatten.

Es war seinerzeit schon etwas Besonders, vom ersten Jagdherrn Deutschlands, dem Reichsforst- und Reichsjägermeister sowie Vorsitzenden des Jagdverbandes, persönlich auf den Hirsch geführt zu werden - dieses Erlebnis wurde nur wenigen Leuten zuteil. Zu behaupten, es sei damals für den Faustkämpfer keine Ehre gewesen, wäre gelogen. Jedoch auch Göring schmückte sich mit Schmelings Anwesenheit und Popularität. Der Kassenklingler "Max Schmelings Sieg, ein deutscher Sieg", der noch in allen Kinos des Reiches lief, trug nicht unwesentlich dazu bei.

Gemeinsam mit dem zweiten Mann im Staate zu jagen, hieß noch lange nicht, sich mit seinem Gedankengut und seiner Politik zu identifizieren. Diesen Vorwurf müßte man sonst auch den vielen ausländischen Diplomaten, Politikern und Militärs machen, die vor Kriegsbeginn die Gastfreundschaft und Nähe des Ministerpräsidenten gesucht oder in Anspruch genommen haben. Dazu gehörten beispielsweise der amerikanische Botschafter Dodd, sein französischer Amtskollege François-Poncet, die englischen Landesvertreter Phipps und Henderson, der Botschafter Polens Lipski, der polnische Außenminister Beck, der ehemalige Präsident der USA Hoover, der englische König Edward VIII., der Herzog von Windsor, aber auch Staatsgäste wie der König von Siam.

Hermann Göring galt als der einflußreichste Mann nach Hitler, der die nationalsozialistische Politik maßgeblich gestaltete - ein gewichtiger Grund für diese Besuche.

Zwei Monate nach Max Schmelings Aufenthalt begrüßte Hermann Göring im November 1937 den britischen Außenminister Lord Halifax und kurz darauf Ungarns Ministerpräsidenten Koloman Daranyi auf dem Gelände des Waldhofes. Auch Adolf Hitler hatte sich den neugestalteten Waldhof im Oktober angeschaut.

Verblasen eines durch den Reichsjägermeister H. Göring (links) in der Schorfheide erlegten Wisents

Die Reise nach Hinterpommern

1937, als die Schmelings auf ein Landgut in Hinterpommern, nach Ponickel bei Grünwalde, Kreis Rummelsburg zogen, drehte die Lamacs-Ondra-Produktion ihren letzten Film. Damit hat sich Anny Ondra aus dem eigentlichen Filmgeschäft zurückgezogen, wirkte jedoch in Fremdproduktionen noch mit.

Der Ankauf des südlich des Trebliner Forstes gelegenen ehemaligen Rittergutes Ponickel, einschließlich des Vorhofes Oberfließhof und des Kremerbruches, erfolgte nach einem Hinweis eines Ostpommern, des Herrn Ludolf v. Alvensleben, später Chefadjutant des Reichsführers SS Himmler, der Schmeling zufällig bei einem Empfang ansprach.

Das Gut hat sich vorher schon im Besitz bekannter Persönlichkeiten des hinterpommerschen Adels befunden. Der Erstbesitzer Niklaus v. Puttkamer auf Treblin hatte im Zuge der Landnahme im 16. Jahrhundert die Scholle einst zugesprochen bekommen. Nachfolgend wechselten die Besitzer recht häufig, so gehörte das Gut beispielsweise auch den v. Massows, v. Zitzewitz, v. Flemmings, bzw. den v. Bismarcks.

„Wollen Sie ein Nachfolger von Blücher werden?" scherzte der Blaublütige und verwies auf das zu verkaufende Rittergut und seine ostpommersche Verwandtschaft. Ein gewisser Richard v. Alvensleben besaß in unmittelbarer Nachbarschaft von Ponickel, in Viartlum, quasi mitten im Forst, den Rest eines größeren Gutes, das Ende der zwanziger Jahre an die Stolper Bank gefallen war und 1931 aufgesiedelt wurde. 1937 verkaufte er das dazugehörige recht solide Gutshaus an den weiblichen Arbeitsdienst.

Mit Unterstützung seines Jagdfreundes F. Donner, der Schmeling seit Jahren in die Krümmeler Heide, nach Troja (Mecklenburg) bzw. Sewekow (Brandenburg) nördlich von Wittstock zur Hoch- und Federwildjagd eingeladen hatte, wurde der Kauf abgewickelt. Das Waldgut einschließlich des Gutsdorfes gehörte seit 1928 verwaltungsmäßig zur Gemeinde Grünwalde-Saaben (heute poln. Role). Es umfaßte nur ganze sieben Häuser.

Der häufige Besitzerwechsel hatte wohl etwas mit der geringen Fruchtbarkeit der meist sandigen Böden und des regelmäßig hohen Wildschadens zu tun. Rot- und Schwarzwild trat zur Äsung gerne in die offene Flur. Eigentlich im gesamten Kreis Rummelsburg, der hügelig, bergig und stellenweise auch wasserreich ist, finden sich fast durchweg nur arme Böden. Daraus resultiert der relativ hohe Waldanteil von 37 Prozent.

Im Rummelsburger Land

Der Kreis liegt im Bereich des pommerschen Urstromtales, für welches überwiegend mit Wald bestockte Sandterrassen typisch sind. Im Abflußtal der eiszeitlichen Schmelzwassers bildeten sich am Rande des Eises einzelne große Becken und Eisstauseen mit einem Abflußlabyrinth, z. B. das der Wipper, eines Flüßchens, welches sich z. T. durch hügliges Gelände u. a. durch die Trebliner Heide schlängelt und von mehreren Bächen gespeist wird.

Die eiszeitlichen Bewegungen schufen eine reizvolle Landschaft. Am südlichen Rand des einige tausend Hektar umfassenden Waldgebietes erstreckte sich das 581 Hektar große Waldgut Ponickel - ein Paradies für Jäger, das vom Landwirt allerdings einiges abverlangte, wenn er ausschließlich von den Einnahmen der Scholle leben mußte. Das traf für die Schmelings natürlich nicht zu. Man besaß mehrere Standbeine, darunter Immobilien in Hamburg.

Der Eigentümer des in der Nähe Ponickels liegenden Rittergutes Brotzen, der Landwirt Dr. Helmuth Hendel, der mit Schmeling in Kontakt stand, schrieb dazu folgendes:

„Das allermeiste an diesen mehr als 3.000 Morgen war Wald, guter pommerscher Kiefernwald, und wie dieser, so war alles an diesem Gut auf Sand gebaut. Vor allem auch die paar hundert Morgen rings um den Hof und dahinter. Alles reiner Sand. Auf dem Acker wuchsen Wolfbohnen (anderswo sagt man Lupinen dazu), Roggen und Kartoffeln. Aber alles wuchs nur dann, wenn der Liebe Gott oder Petrus über Sommer reichlich Regen spendeten. Taten sie das in einem Sommer einmal nicht, dann wechselte manchmal der Besitzer des Ackers und des umliegenden Forstes, des dazugehörigen etwas weitläufigen Hofes und des kleinen Gutshauses. Es war eigentlich ein recht bescheidenes Gutshaus, aber in diesem Lande maß man damals mit anderem Maß. Hier gab es viele Kiefern und noch mehr Knasterbusch (anderswo sagt man Wacholder dazu) und nur wenige Häuser"

Die Winter waren in Ostpommern strenger als in der Berliner Gegend, vor allem länger. In der dadurch kürzeren Sommerzeit drängten sich die Feldarbeit, das Wachstum des Getreides und die Ernte enger zusammen. Das bedeutete für den Landwirt Akkordarbeit. Die übereilte Ackerbestellung wirkte sich auf die Ernteergebnisse nicht gerade günstig aus. Hinzu kamen gefährliche Nacht- und Spätfröste, so daß in manchen Jahren die Hauptgetreidefrucht, genauer definiert die Blüte des Roggens, in Mitleidenschaft gezogen wurde und Mindererträge in Kauf genommen werden mußten. Diese "klimatischen Gemeinheiten", einschließlich der standörtlichen Nachteile, trieben zwar die Kaufpreise für den Landerwerb nach unten, verlangten dem neuen Besitzer doch einiges ab.

Noch bevor die Schmelings im Kreis Rummelsburg ansässig wurden, erfolgte in Treten, der zu Ponickel nächstliegenden preußischen Forstverwaltung, auf der Grundlage des von Göring 1934 erlassenen Gesetzes zur Überleitung des Forst- und Jagdwesens auf das Reich eine Umstrukturierung der Forstwirtschaft.

Der blaublütige Oberförster v. Schlebrügge, dem man eine zackige und militärische Amtsführung nachsagte, mußte mit der Umwandlung der Oberförsterei Treten zum Forstamt seinen Platz räumen. Er lebte in der Hoffnung, seinen Sohn Rembert, der die forstliche Akademie Eberswalde absolviert hatte und als Referendar in der Oberförsterei assistierte, zu seinem Nachfolger zu machen.

Das Leben seines Sohnes endete jedoch am 21. Januar 1934 infolge eines tragischen Ereignisses im Alter von 23 Jahren, an welchem die örtliche Bevölkerung große Anteilnahme zeigte.

Während die Eltern zum Besuch der französischen Verwandtschaft in Berlin weilten, wurde in Treten zur Wildjagd geblasen, da man im frisch gefallenen Schnee reichlich Schwarzwild gefährtet hatte. Als der Referendar beim Oberrat Dillges, dem Pächter der Staatsdomäne Treten, eintraf und den Jagdherren begrüßte, klagte er bereits über heftige Leibschmerzen. Dillges empfahl dem jungen Förster, lieber zum Arzt nach Rummelsburg zu fahren, und bot seine Hilfe an. „Wo denken Sie hin, das Treiben möchte ich schon noch mitmachen", erwiderte der Grünrock in Verkennung seines Zustandes und wollte auf die Jagdfreuden partout nicht verzichten. Der Tag verstrich, auf der Strecke lagen ein Dutzend Sauen und zwei Stück Rotwild.

Der Zustand des Referendars hatte sich jedoch gravierend verschlechtert. Noch am Abend brachte man Rembert ins Krankenhaus, leider zu spät. Die Ärzte diagnostizierten einen geplatzten Blinddarm - der Sohn des Oberförsters verstarb in derselben Nacht - tragische Ereignisse.

Dieser Schicksalsschlag soll den Vater heftig getroffen haben, so daß er seinen Stuhl dem Nachfolger, der über ein "sauberes" Ahnenbuch verfügte und besser in die veränderten gesellschaftlichen Verhältnisse paßte, ohne großen Protest zur Verfügung stellte.

Bezüglich der Waldwirtschaft konnten die Schmelings auf die Beratung und Hilfe des preußischen Forstamtes Treten zurück greifen, das seinerzeit eine Waldfläche von 6.172 Hektar bewirtschaftete und zu dem die Staatsforstreviere Amalienhof, Friedrichshuld, Gewiesen, Lauterbach, Neuhof sowie der forstliche Aufsichtsbezirk Wocknin gehörten.

Das Gebäude des Forstamtes Treten (vor 1945) bei Rummelsburg wurde zerstört

Willkommen in Pommern

Forstmeister Rudolf Riebeling, der Nachfolger v. Schlebrügges, hatte schon vorzeitig von der möglichen Übernahme des Rittergutes Ponickel durch das prominente Ehepaar Schmeling erfahren - der Buschfunk funktionierte schon damals reibungslos. Es hatte sich ebenfalls herumgesprochen, daß Max Schmeling ein begeisterter Nimrod sei und seine Frau diese Leidenschaft gelegentlich mit ihm teilen würde. Der Weltmeister liebe besonders die Saujagd, hieß es.

Riebeling setzte viel daran, die Schmelings nach Ponickel zu locken, zumal das Forstamt die unmittelbare Forstaufsicht über den Privatwald ausübte und persönliche Kontakte zu erwarten waren. Der akademische Forstmann wollte nichts dem Zufall überlassen und baute auf den Jagdinstinkt der Käufer. Tage vor der Besichtigung des Gutes ließ er daher das Wild durch Waldarbeiter in ausgewählten Waldteilen beunruhigen, in dem Glauben, es würde seine Sommereinstände nun mehr in Richtung Ponickel verlagern. Als das Ergebnis unbefriedigend ausfiel, griff er zu radikaleren Methoden und veranstaltete mitten im Sommer eine Art Drückjagd ohne Waffe, damit die Fährten im Sand und satter Anblick die letzten Zweifel der künftigen Besitzer zerstreuen sollten. Diese Aktion sorgte nicht nur in Treten für spaßiges Aufsehen, sondern in der ganzen Umgebung.

Sicherndes Rotwild

Die Bevölkerung freute sich in der Tat riesig, möglicherweise prominenten Zuzug aus Berlin zu erhalten. An das Ereignis kann sich die betagte, heute (2003) in Wittenberg-Apollensdorf lebende Witwe Lilie Venzke, die Ehefrau des Gutsinspektors Friedrich von der Staatsdomäne Treten, noch gut erinnern.

An einem schönen, aber recht kühlen Spätsommertag brachen die Schmelings von Berlin Dahlem in Begleitung des Trainers Max Machon mit ihrem Horch-Kabriolett nach Hinterpommern auf. Jagdspaniel "Aditta", von Max und Anny liebevoll "Ditti" genannt, ging natürlich mit auf große Fahrt.

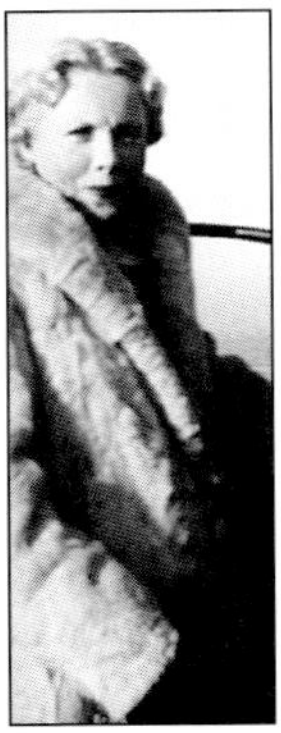

Anny im Lammfellmantel

Anny Ondra hielt es für angebracht, im Lammfellmantel zu reisen, denn am Morgen konnte es schon recht kühl sein. Wie würde wohl das neue Zuhause aussehen? Max hatte zwar immer von der herrlichen Landschaft und idyllischen Ruhe im Rummelsburger Land geschwärmt, doch betreffs des Gutshauses hüllte er sich weitgehend in Schweigen. „Na ja, es soll ja auch eine Überraschung werden", tröstete sich die junge Frau. Anny glaubte übrigens, in Ponickel ein kleines Schloß vorzufinden.

Auf dem Gut Klein-Pobloth

Der schwere Wagen brauste auf der noch neuen Autobahn Richtung Stettin, überquerte die im Sonnenlicht blau gefärbte Oder, passierte den anliegenden, fast schon herbstlich geschmückten Staatsforst Putt und nahm Kurs auf Kröslin. Kurz vor Korlin, einer kleineren Stadt, bog Max links von der Reichsstraße ab und fuhr in Richtung Groß-Jestin weiter. Man beabsichtigte, eine Tante des Grunewalder Jagdfreundes Gerd Wiese, die liebe "Tante Dolo", auf Gut Klein-Pobloth (zwei Kilometer westwärts vom Gut Groß-Pobloth, Kreis Kolberg-Körlin) aufzusuchen und dort zu pausieren.

Tante Dolo, ihr richtiger Name war Dolores Meißner, bestand darauf, nachdem sie erfahren hatte, daß die Schmelings nach Ponickel fahren würden. Diese Frau war nicht nur äußerst gastfreundlich und herzlich, sondern ein pommersches Original, resolut, gesprächig, hart im Nehmen.

Klein-Pobloth
Post Groß-Jestin
in Pommern

Wie machte die Dame das nur? Alles im Griff zu haben, das gesamte Gut, immerhin fast 500 Hektar groß, einst dem Sumpfland abgerungen, zu führen und selbst mit anzupacken. Immerhin mußten 30 Pferde, 136 Rinder, 68 Milchkühe und durchschnittlich 300 Hausschweine behütet und versorgt werden. Sie schien unverwüstlich, "abgehärtet", verfügte über einen großen Horizont und kannte sich in ihrem Metier hervorragend aus.

Das Gut hatte die Dame von ihrem Vater geerbt, einem gewissen v. Kapphengst. Sie bewirtschaftete es nach dem Tode ihres ersten Mannes, dem Kunstmaler Richard Krause Wehland, den sie 1922 geheiratet hatte und der leider allzu früh verstarb. Er war der Bruder des Obstbauern Emil Krause aus Dresden, dessen Sohn als Mitverwalter auf dem Gut Klein-Pobloth arbeitete, dann aber

Tante Dolo gemeinsam mit Gerd Wiese nach einem Jagdausflug, Pobloth 1934

mit seinem Freund, dem Dresdener Opernsänger Curt Taucher (geb. 25.10.1885 in Nürnberg), in die USA reiste.

Taucher erhielt einen Vertrag bei der New Yorker Metropolitan Opera, und Rudolf Krause managte für ihn. Der Tenor konnte ausgezeichnete Referenzen vorweisen, denn die Dresdener Staatsoper gehörte zu den führenden Opernhäusern. So sang er u. a. in "Der Barbier von Bagdad", "Würfel Walküre" und "Die Ägyptische Helena". Bereits 1925 hatte Taucher das Gut Eulenau bei Feilnbach in Oberbayern gekauft, von welchem noch an anderer Stelle in Zusammenhang mit Schmelings jagdlichen Neigungen die Rede sein wird und um das sich Rudolf Krause als Landwirt mit kümmerte.

Dolores Meißner heiratete ein weiteres Mal, gebar Töchterchen Anneliese und Sohn Rudolf. Die Gesundheit ihres zweiten Ehemannes, ein Landwirt, wurde im Kriege ruiniert, auch er verstarb allzu früh. Der Witwe blieb daraufhin nichts anderes übrig, als das "Ruder" selbst zu übernehmen.

Ein Pommern-original

Durch und durch auch Jägerin, außerdem eine hervorragende Schützin, wurde sie weit und breit hoch geschätzt. Es machte Spaß, sich mit ihr zu unterhalten, ihr zuzuhören, wenn sie über das Leben auf dem Lande, pommersche Neuigkeiten, alte Zeiten oder ihre Erlebnisse in Wald und Flur berichtete. Die Gutsherrin frönte schon Jahrzehnte dem Weidwerk, kannte die Wildbewegungen auf ihrer Scholle im Wechsel der Jahreszeiten - beeindrukkend. Das gehöre einfach mit dazu, wenn man weit ab vom Schuß wohne, gab sie zu verstehen.

An den hohen Zimmerwänden ihres etwas groß geratenen "Eigenheims" kündeten zahlreiche Trophäen vom Weidmannsheil, viele Böcke, einige Keiler, ein paar Hirsche. Seit Anfang der zwanziger Jahre wechselte auch

D. Meißner mit erlegtem Rothirsch

Rotwild im Revier. Im Jahre 1928 erlegte Tante Dolo z. B. zur Hirschbrunft einen Achter, kein starker Hirsch, aber immerhin. Meist zogen die Geweihten zum Kahlwild in die größeren Waldungen und tauchten vereinzelt im November bis Januar im 91 Hektar umfassenden gutseigenen Forst wieder auf, der Äsung wegen. Mit ein wenig Glück bekam man sie dann im Treiben vor. Und das Aufbrechen! Kein Thema für Tantchen, geschickt beherrschte sie die rote Arbeit.

Max und Anny hatten sie bald in ihr Herz geschlossen, denn sie zeigte ihnen, wie schön, aber auch wie hart es auf dem Lande zugehen konnte. Selbst Jagdspaniel "Ditta" bellte vor Freude, wenn sie Tantchen und ihre vierbeinigen Wächter begrüßten.

Der Jagdfreund aus Grunewald, Kaufmann Gerd Wiese

Max Schmeling hatte Dolores Meißner über seinen Berliner Jagdfreund Gerd Wiese kennen gelernt, der des öfteren zum Jagen auf dem Gut weilte. Manchmal schwärmte er von den herrlichen Jagdgründen, dem pommerschen Gut und seiner Hausherrin, zu der verwandtschaftliche Beziehungen bestanden.

1937 folgten die Schmelings schließlich der Einladung zum Erntefest nach Klein-Pobloth und verbanden damit die Besichtigung von Ponickel.

Tante Dolo hieß die Prominenten auf ihrem Gut herzlich willkommen, gerade so, als ob es ihre Kinder wären. Nach einem Begrüßungstrunk, den ersehnten deftigen Gaumenfreuden und einem Plausch ging es erst einmal in die Ställe zum lieben Federvieh, den Pferden, Rindern und Schweinen, keineswegs langweilig für die künftigen "Landwirte".

Jawohl, ähnlich wollte man in Ponickel auch wirtschaften. Was die Größe des Viehbestandes und den Anteil der landwirtschaftlichen Nutzfläche betraf, ähnelten sich die Güter weitgehend.

Ländliche Idylle - "Ditti" schließt Bekanntschaft mit dem Hofhund, Klein Pobloth 1934

Tantchen hatte alles Erdenkliche getan, um den Berlinern das Leben zu versüßen. Für den Weltmeister war ein Bock bestätigt worden, wie er noch keinen zuvor erlegt hatte. Die Überraschung schien perfekt.

Auf den Bock

Max reiste des Festes wegen im Anzug, konnte ja nicht ahnen, daß es vorher noch auf Rehbockjagd gehen sollte. Nicht so schlimm, die Hose schnell gegen eine Knickerbocker getauscht, das Fernglas sowie Frau Meißners Drilling umgehangen, und ab ging's in die "Walachei".

In der Nähe eines abgeernteten Haferfeldes erholte sich auf einem saftigen Wiesenstreifen der Auserwählte gerade von den Strapazen der Blattzeit, döste in der Sonne und äste zwischendurch hier und da ein Gräslein. Der lauernde Jäger genoß eine Weile das Naturschauspiel - ließ sich Zeit für die Ansprache. Ein eingegrautes Gesicht, Brillenbildung, aufgelöster Stirn- und Muffelfleck, ein starkgeperltes und massiges Gehörn mit angesetzten Dachrosen, breites Haupt und starker, kurzer Träger, kräftiger Wildkörper - ein abschußreifer Rehbock, wie er im Buche steht. Der Begleiter von Max bestätigte, daß es der Richtige sei.

Als der Sechser verhoffte, nahm ihn der ansitzende Faustkämpfer in das Absehen des Zielfernrohres, stach den Drilling und ließ fliegen. Ein sicherer Schuß mit Kugelschlag peitschte durch die pommersche Einsamkeit, brachte den Roten ins Schwanken. Kurze Zeit später stand Max mit "Ditta" vor der Jagdbeute, mit zufriedener Miene wie nach einem Sieg im Ring. Welch ein prächtiges und massiges Gehörn besaß doch der pommersche Rote! Jetzt mußte auch der Spaniel zu seinem Recht kommen, zerrte knurrend am verendeten Stück. Schließlich riefen ihn die mahnenden Worte seines Herrchens zur Räson.

Begeistert fotografiert der Champion seine Strecke

Max Schmeling mit seinem ersten hinterpommerschen Rehbock

Jagdfreund Gerd Wiese aus Grunewald freute sich gemeinsam mit Max über den jagdlichen Erfolg, als er vom Geschehen per Telefon erfuhr. Endlich konnte er sich für die vielen angenehmen Jagdstunden in Müncheberg revanchieren.

Dieses erhebende Geschehen mußte im Foto festgehalten werden. Max sprühte vor Begeisterung, fotografierte von allen Seiten, bemühte sich, Bock und Hund ins rechte Licht zu setzen. Tante Dolo, Ehefrau Anny und Max Machon beobachteten das Gehabe von weitem, beglückwünschten den stolzen Erleger mit einem kräftigen „Weidmanns Heil".

Eine tolle Gegend, dieses Pommern. Wer weiß? Vielleicht hat dieses emotionale Erlebnis mit dazu beigetragen, daß die Schmelings Ponickel kauften.

Präparierwerkstatt Leim & Hornstetter

Man entschied sich, den Bock, d. h. nur Träger und Haupt, in der Präparierwerkstatt, Firma Leim & Hornstetter, die berühmt durch ihre Demoplastiken für internationale Ausstellungen war, aufsetzen zu lassen.

Das Wetter lud zu einer Kutschfahrt ein. Tantchen hatte alles organisiert, eine hervorragende Einstimmung auf Pommern. Bald fuhr die Gesellschaft in einer weich gefederten Kutsche durch Fluren und Wälder, gut gelaunt und schon jetzt voller Vorfreude auf den künftigen Landsitz. Tantchen verstand es, einem den Mund wässrig zu machen und zu motivieren.

Abends ließ man bei Musik, Tanz und Gesang den wunderschönen Tag auf dem Entefest ausklingen. Viele Leute waren gekommen, um das prominente Ehepaar zu begrüßen, eine Sensation für Klein-Probloth und Umgebung.

Erntefest in Klein-Pobloth, 1937

Dolores Meißner hat in Gottvertrauen 1945 ihre Scholle nicht aufgegeben. Sie blieb in Klein-Pobloth, bis die Sowjets einmarschierten. Tantchen hatte von ihrer in Großbritannien verstorbenen Mutter eine Million Goldmark geerbt. Das Testament ist den Sowjets in die Hände gefallen, Grund genug, sie so zu mißhandeln, daß sie aus dem Leben schied. Auch der Verwalter des Gutes namens Rüsch wurde kurzerhand erschossen.

Weiter gehts nach Ponickel

Nach einer freundlichen Verabschiedung fuhren die Gäste bei heiterem Wetter weiter, so daß sie am frühen Vormittag in Rohr, Saaben, Grünwalde und schließlich in Ponickel eintrafen.

Oh je, Annys gute Laune schlug in jenem Moment um, als sie vor dem Herrenhaus stand, dem vermeintlichen Schloß. Das sollte also das versprochene Paradies sein? Schockiert betrachtete sie das heruntergekommene Gebäude und den verlotterten Hof. Was nützte unter solchen Umständen die reizvolle Umgebung? Sie schaute Max betroffen und vorwurfsvoll an, hoffte bei Gott, daß er dem

Ankunft am Gutshaus in Ponickel. Max sichtet die Umgebung

Kauf nicht zustimmen würde. Warum hatte er ihr nicht sofort "reinen Wein" eingeschenkt?

In einem an ihren Mann gerichteten Brief aus dem Jahre 1955 erinnert sich Anny wie folgt:

„Denk nur daran, wie ich geweint habe, als Du das Gut in Hinterpommern kauftest. Drähte hingen von der Decke des Gutshauses, überall Fliegenschwärme und im Garten Haufen von Gerümpel, alte Zylinderhüte und verrostete Fahrräder. Du hattest mich getröstet und gemeint, Du würdest das Boxen aufgeben und Landwirtschaft studieren."

Angst vor Kreuzottern

Des weiteren mußte die Weggefährtin feststellen, daß es um Ponickel reichlich Kreuzottern gab, die sich selbst unmittelbar am Gutshaus, welches am Fuße des Südhanges einer mit Fichten bestockten Anhöhe lag, gerne sonnten und umherkrochen.

Ein paar hundert Kilometer westwärts auf dem Darß schien der "größte Nimrod dieser Zeit" die gleiche Sorge und Angst zu haben. Einer hatte dem Reichsjägermeister

Ponickel, eine Waldsiedlung am Rande des Trebliner Forstes. Weg zum Gutshaus

Göring, dem u. a. fünf Landesjäger-, 36 Gaujäger- und 759 Kreisjägermeister unterstanden, weis gemacht, daß es im Strandbereich, wo sein rustikales Jagdhaus zwischen Windflüchtern, d. h. bizarr geformten Kiefern im Seewinde stand, besonders viele Kreuzottern gäbe. Das hatte den "Dicken" so schockiert, daß er durch den zuständigen Forstamtsleiter Mueller eine Igel-Aktion ins Leben rufen ließ und sich aus ganz Deutschland die stachligen Kreaturen schicken ließ. Die Tierchen, natürliche Feinde der Kreuzotter, setzte man nachfolgend zur Beruhigung des Hitlerstellvertreters im Darßwald aus.

Anny mit der Leica

Zeitweise wurden die Schlangen im Bereich der Trebliner Heide in den Sommermonaten zu einer regelrechten Plage. Überall fand man die Reptilien totgefahren auf den Straßen und Wegen, zischend im Ginster, unter dem Wacholder oder im Blaubeerkraut, selbst unter den Halmen des abgemähten Getreides auf den Feldern. In manchen Jahren, so auch 1937, zahlte das Forstamt gezwungenermaßen sogar eine Prämie in Höhe von 50 Pfennigen für

Der künftige Besitzer beim Prüfen. M. Machon schaut von hinten zu

jedes getötete Reptil, wenn der Kopf der Schlange als Beweis vorgelegt werden konnte. Dazu erteilte man eine Sondergenehmigung, denn das neue Reichsnaturschutzgesetz von 1936 stellte an sich Kreuzottern deutschlandweit unter Schutz. Mehrere Leute sind bei den Erntearbeiten gebissen worden. Besonders die Frauen auf den Schlägen klagten bei der Bergung des Strohs über giftige Schlangen, gerieten in panische Angst.

Anny war der Aufenthalt beim ersten Anschein also nicht ohne Grund vergällt, doch handelte es sich bei der Schlangenplage nur um ein zeitweiliges und nicht alljährlich wiederkehrendes Naturereignis, welches die Vorzüge des Landstriches nicht trüben konnte.

Letztendlich zeigte sich, daß Ponickel ganz nach dem Herzen des sich für das Landleben entschiedenen Jägers Max Schmeling und nach einiger familieninternen Überzeugungsarbeit auch seiner Frau Anny war. Irgendwie

Besichtigung des Besitzes. Gut gelaunt geht es mit der Kutsche durch Wald und Flur

erinnerte alles ein wenig an Saarow-Pieskow, jedoch waren die Dörfer von angenehmer Schlichtheit, das Land weiträumig und die Stille faszinierend.

Das Leben der Dörfler gestaltete sich einfach und relativ anspruchslos, der Umgang miteinander freundlich. Hier störten weder selbstbewußte Ausflügler noch Urlauber, nationalsozialistische Fanatiker, Spitzel, geschweige denn sensationslustige Medienvertreter. Hier fehlte es an Leuten, die ihrem Ergeiz zuliebe ihre eigenen Familien opferten. Frei von bisherigen Umgangszwängen, ver-

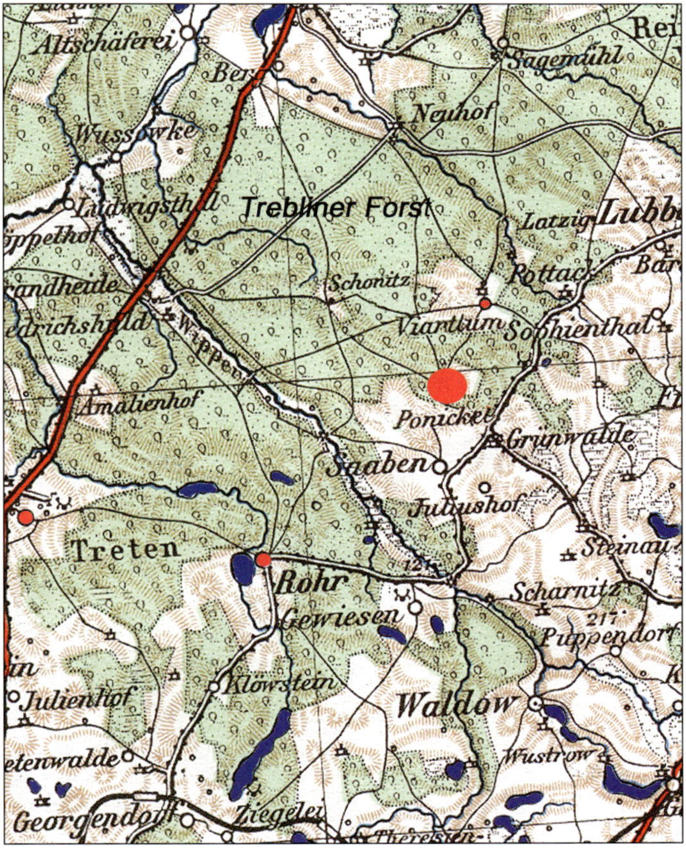

Karte des Trebliner Forstes, jetzt polnisches Hoheitsgebiet

Der strahlende Besitzer von Ponickel

pflichtenden Besuchen, von abtrünnigen Freunden und judenfreundlichen bzw. -feindlichen Bezichtigungen, konnte man in der Abgeschiedenheit der Provinz weitaus besser nach seinen Idealen und Vorstellungen leben, dem Trubel und propagandistischen Streß wenigstens zeitweise entfliehen, ohne jedoch auf den Kontakt mit der "Welt" vollends verzichten zu müssen. Immerhin hatte man noch eine Wohnung und eine Menge Freunde in und um Berlin sowie ein Jagdhäuschen mit paradiesischer Jagdmöglichkeit bei Müncheberg. Ponickel lag zwar "weit ab vom Schuß", doch durch eine Bahnlinie vom 14 Kilometer entfernten Rummelsburg bestand eine gute Zugverbindung in die Hauptstadt und damit dem "Rest" der Welt.

Die Fahrt mit Pferd und gut gefedertem Kutschwagen durch den Forst genossen die Schmelings sichtlich, ließen die satte, beeindruckende Natur auf sich wirken.

Unter schlanken und ranken, manchmal mit Birken durchsetzten Kiefern wuchs Fichtenanflug. Der Waldboden war stellenweise mit Moos überzogen. An den trockeneren Stellen eroberte Wacholder das Terrain, während die Wegeränder und Schneisen inselartig mit Besenginster, aber noch mehr mit blühendem Heidekraut umsäumt waren. Stellenweise oder vollflächig lockte die Blaubeere mit prallen Früchten und zierte mit einem grünen Teppich den Waldboden. Dazwischen Inseln von rot lackierten Preiselbeeren.

Im weichen Sand des tief durchfurchten Weges spürte sich Hochwild. Dann sah man ein Rudel Junghirsche durch den Bestand ziehen und eine die idyllischen Waldwiesen passieren.

Erlen umsäumen das Bett eines Bachs, der aus Richtung Viartlum gurgelnd Wasser für die Wipper spendete und Gräser sowie Kräuter besonders üppig gedeihen ließ. Kla-

Gutshaus Ponickel nach seiner Instandsetzung

res Wasser plätscherte hörbar in ihm, ungestört vom Lärm der Zivilisation. Fließendes Naß formte einem Waschbrett ähnelnde Wellen in den sandigen Untergrund.

Das Gelände gestaltete sich hügelig, manchmal sogar bergig, was der Landschaft seinen besonderen Reiz verlieh und an Müncheberg erinnerte. An einigen Stellen hatte sich der Bach tiefer ins Gelände gespült, dort erreichte die Sonne, abgeschirmt von stattlichen Fichten, kaum den Boden. Tief beastet reckten sie sich am Ufer und Hang dem Himmel entgegen, bis sie von breitkronigen Eichen oder im flachen Gelände von stachligem Wacholder verdrängt wurden.

Sauen noch und nöcher

Ein Malbaum an einer Erle und beschmutztes Gras in der Umgebung einer Suhle weckten Jägerträume - hier gab es Sauen noch und nöcher, hier herrschte Betrieb. Bis zum deutschlandweit berühmten Schwarzwildrevier Pü-

stow derer v. Zitzewitz, mit Strecken von 120 Stück Schalenwild, war es ja nicht allzu weit. An einigen Stellen wich der Wald kärglichem Kiefernanflug sowie lückiger Schmiele und Brombeere - vergessene Kahlschläge, die unbedingt in Kultur gebacht und an denen ein Hochstand errichtet werden mußte.

Ein großer Schwarzspecht erhob sich vom Ameisenhaufen, schickte seinen schrillen Ruf den Besuchern entgegen und verschwand in ruckweisem Flug zwischen den ranken, rotbraunen Kiefernstämmen.

Im Wald gab es nicht nur viele, sonder auch relativ große Blößen. Offensichtlich hatte der verarmte Vorbesitzer, in Not geraten, das hiebreife Holz zwecks Begleichung irgendwelcher Schulden einschlagen lassen. Für die notwendige Aufforstung reichte das Geld nicht mehr aus.

Max erinnerte sich an seinen Freund, den Müncheberger Oberförster. Unabhängig davon bräuchte man einen örtlichen Forstmann, der die Sache in Ordnung brächte. „Hoffmann müßte sich die Geschichte einmal ansehen", sinnierte der künftige Gutsherr, während sich Anny vom blühenden Heidekraut fasziniert den Gram vertreiben ließ.

Für die Koordinierung und Realisierung der forstlichen und jagdlichen Aufgaben stellten die Schmelings einen ausgebildeten Forstmann, für die landwirtschaftlichen Maßnahmen sowie die Gesamtverwaltung einen Gutsinspektor ein.

Ehepaar Schmeling in ihrem neuen Heim in Ponickel, 1938

Privatförster Reinholt Below erwies sich als eine emsige und treue Seele. Er sorgte für den reibungslosen Ablauf der Waldarbeiten, für die Eigennutzung und den Verkauf des anfallenden Rohholzes, darunter reichlich Kiefernstammholz für den Tischler, Fichtenholz für die

Eigennutzung und den wachsenden Bedarf an Generatorholz. Der tüchtige, allerdings auch autoritäre Förster vergab Sammelscheine für Beeren und Pilze, vermarktete das anfallende Wild, setzte die Trophäen auf, bestellte den Wildacker, beschickte die drei Kirrungen und die Fütterung, baute Hochstände, plante den Abschuß und informierte seine Arbeitgeber über die Wildbewegungen. In der Erntezeit packte er selbst mit an und trug zum reibungslosen Ablauf der anfallenden Arbeiten bei. Im Winter setzte er die Gutsarbeiter im Holzeinschlag ein und hielt enge Verbindung zu den Holzhändlern und Sägewerken. Gleichzeitig stand er in Verbindung zur Forstverwaltung in Treten und zur zuständigen Kreisbauernschaft.

Die Schmelings schätzten seine Dienste und Erfahrungen auch beim Aufbau der Wirtschaft nach 1948 im niedersächsischen Hollenstedt, jedoch gab es später aus erwähntem Grunde Differenzen.

Förster Below begleitete seinen großzügigen Arbeitgeber manchmal zur Jagd nach Müncheberg, wo er sich mit seinem Forstkollegen Georg Hoffmann bestens verstand und beim Skat über waldbauliche oder jagdliche Sachverhalte austauschen konnte.

Im Gegenbesuch kehrten die Hoffmanns zur Freude des Gastgebers mehrmals im pommerschen Ponickel ein, regelmäßig zum Erntefest, der Blattzeit des Rehwildes. Hoffmann pflegte dann stets einen pommerschen Bock zu erlegen, der Gastgeber revanchierte sich so für die gute Betreuung in Vorheide.

Zu Gast im deutschen Elchwald

1938 reiste Max Schmeling zur Elchbrunft nach Ostpreußen, um auf einen vom Reichsjagd-Amt freigegebenen Elchhirsch zu jagen. Als das Angebot kam, konnte er als passionierter Jäger natürlich nicht nein sagen. Ein Schaufler war nicht drin, denn die wurden von 1937 bis 1940 streng geschont. Für den Faustkämpfer war das Erlebnis ohnehin das Wichtigere, vor allem wollte er auch das Waldgebiet und das Elchwild in seiner natürlichen Umgebung erleben. Obwohl im eigenen Revier die Rothirschbrunft begonnen hatte, entschloß sich der Nimrod zum Ende der ersten Septemberwoche für einen Abstecher nach Ostpreußen.

Der Elchwald gehörte damals zur Provinz Ostpreußen, Regierungsbezirk Königsberg, einem herrlichen, abwechslungsreichen Waldgebiet von fast 100.000 Hektar. Von Ponickel über Stolp nach Labiau und von dort bis nach Leipen ist es nicht allzu weit. Die Landschaft ist reizvoll, aber typisch für ein Feuchtgebiet - viele Gräben, versumpfte Blößen, Bestände aus Birke, Erle und häufig unterständiger Fichte, oft auf nassen Böden, einer "grünen Wand", ein Biotop, wie es dem Elch zusagt. Der Wald bietet beste Deckung und ist in Gestelle aufgeteilt, weil seit langem eine geregelte Forstwirtschaft betrieben wird. Und auch dort ist das Elchwild gegenüber dem Menschen nicht allzu scheu. Wenn man den Hirsch erst einmal vor hat, klappt es meistens. Doch man muß ihn erst einmal finden. Wenn der mit seinen langen weißen Läufen in einer Gruppe von Birken verhofft, ist er nahezu unsichtbar. Er versteht, sich den Blicken des Jägers fabelhaft zu entziehen, reagiert nicht so sensibel und prompt wie das Rotwild.

Max Schmeling ist erst am dritten Tag im Revier Nikkelsdorf auf einen Stangenelch, einen Zehner vom sechsten Kopf, zu Schuß gekommen.

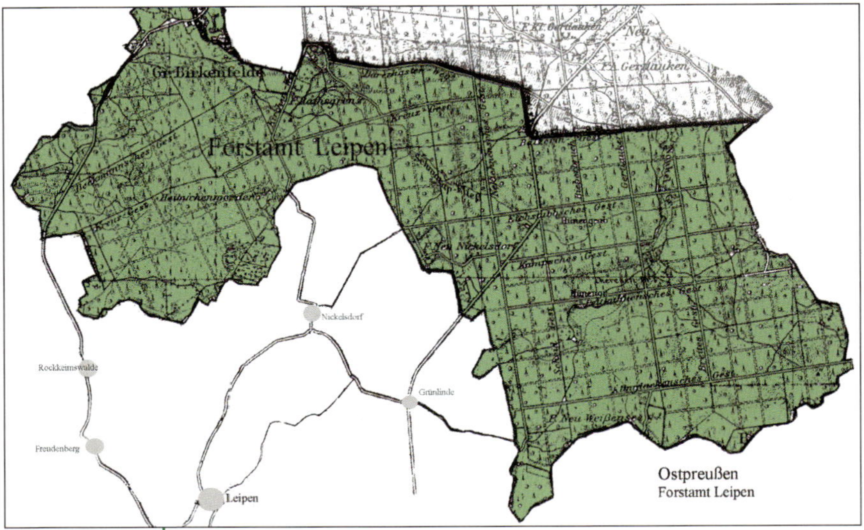

Übersichtskarte des ostpreussischen Forstamtes Leipen

Der Veteran erinnert sich: *Die Forstbeamten mußten sich reichlich Mühe geben, den Elch auf die Läufe zu bringen. Zuvor haben wir stundenlang angesessen, immer den Wind im Gesicht. Der brachte zwar hin und wieder typischen Brunftgeruch in unsere Nasen, das war es aber auch, ansonsten kein Anblick.*

Ich fand die Sache sehr spannend, wie einen Boxkampf, in dem der Gegner auf einen Fehler seines Rivalen lauert. Von einer Kanzel aus fiel mein Blick immer wieder auf eine Brunftkuhle, die der Elchhirsch an einer staubtrockenen Stelle zwischen verbissenem Birkenausschlag und halbmeterhohem Gras angelegt hatte. Dann hörte ich Äste krachen, doch statt eines Elches kam plötzlich ein Rothirsch zum Vorschein und begann verhalten zu röhren. Ich fand das toll, doch mein Begleiter schien verunsichert. Ich fühlte, daß es ihm fast ein wenig peinlich war, er stand unter Erfolgsdruck. Auch er hatte felsenfest mit dem bestätigten Stangenelch gerechnet und mich mit sei-

nen Vorhersagen stimuliert. So zeigte er mir, nachdem wir vom Hochsitz heruntergeklettert waren, die riesigen Fährten an der Brunftkuhle, die eindeutig vom Elch stammten.

Am nächsten Morgen setzten wir uns im Morgengrauen an einer breiteren, vernäßten Wiese an, die nach Angaben des Försters von mehreren Gräben entwässert wurde. Ich sah nur Nebelschwaden und vernahm ein leises Gurgeln aus einem der Rinnsale. Das Gelände stieg zu den Seiten leicht an und wurde von Birkenhorsten und stellenweise bürstendichter Fichtennaturverjüngung umsäumt.

Auf Ansitz im Morgengrauen

Nach geraumer Zeit brach ein Ast, dann wechselte ein Elchtier mit starkem Kalb heran und tauchte bis zur Rückenlinie in den Nebel ein, beide verhofften vor einem Wassergraben. Einen Moment später erschien aus dem Unsichtbaren ein Stangenelch, hielt zwischen der Naturverjüngung inne und äugte auf gut 120 Meter zu uns herüber. „Fertig machen, Herr Schmeling, das ist der Rechte", flüsterte der Förster. Ich brachte meinen Drilling in

Gebäude des Forstamtes - 1934

Anschlag, zwang mich zur Ruhe, stach die Waffe und schoß - dann noch einmal mit dem zweiten Kugellauf. Mein Führer starrte durchs Glas und rief erfreut „Treffer". Der Hirsch zog, meiner Ansicht nach ohne zu zeichnen, einige Meter in Richtung Tier, welches verunsichert aushielt. Dann brach er zusammen, tauchte in den Dunstschwaden ab und erlöste mich von meinen Zweifeln.

Das Geweih sowie meine anderen Jagdtrophäen habe ich 1945 in Ponickel zurücklassen müssen, schade, doch das ist das kleinere Übel. Viel schmerzlicher ist für mich der Verlust meines herrlichen hinterpommerschen Reviers, meiner Weltmeisterschaftsgürtel und der Telegrammsammlung, die ich bei der Flucht nicht mitnehmen konnte. Geblieben ist die Erinnerung, die jedoch mehr und mehr im Nebel der Zeit schwindet.

Mit fünf Jahren galt der Elchhirsch in Deutschland als reif, und Stangenelche ohne Schaufelbildung zählten zu den Abschußnotwendigen. Meiner mag aufgebrochen 370 Kilogramm gewogen haben. Auf jeden Fall war es ein Höhepunkt in meinem jägerischen Leben.

Max Schmeling macht Furore!

Im Zusammenhang mit Max Schmelings Erscheinen in Labiau bzw. Pfeil (Ostpreußen) und seinem Pirschgang in Leipen, schrieb der 1937 zum Elchjägermeister ernannte Leiter des Oberforstamtes Elchwald, Hans Kramer, in seinem Buch "Der Elchwald": *„Noch viele Gäste hatte ich in diesen Jahren zu betreuen. In der Bevölkerung machte am meisten, mehr als Staatsoberhäupter und 'die Großen des Reiches', 'Maxe' Schmeling Furore ..."* Das Buch steht heute noch in Schmelings nicht mehr genutztem Büro in der Wandsbeker Straße wie früher stets griffbereit im Wandregal. Hin und wieder blätterte der Geschäftsmann in dem Werk, suchte Entspannung und erinnerte sich an seinen Aufenthalt im deutschen Elchrevier.

Der glückliche Jäger mit seinem erlegten Elchhirsch - FA Leipen, September 1938

Oberforstmeister Hans Kramer übte bereits seit 1925 in verschiedener Position den Forstberuf in dem 1937 zum Reichsnaturschutzgebiet erklärten Territorium von 46.550 Hektar südlich und östlich des Kurischen Haffs aus. Im Zuge der Ausweisung des Naturschutz- und späteren Staatsjagdgebietes ist der Begriff "Deutscher Elchwald" geprägt und Kramer die Hege des Elchwildes im gesamten Reich anvertraut worden. In seiner Funktion als Elchjägermeister betreute er auch Max Schmeling, wobei 1938 das 4.833 Hektar große Forstamt Leipen noch nicht in das Oberforstamt "Elchwald" eingegliedert war. Die Führung des Jagdgastes auf den Elch übernahm daher der zuständige Forstamtsleiter, an dessen Namen sich Schmeling allerdings nicht mehr erinnern kann. Leipen wurde erst 1941 mit der gleichzeitigen direkten Unterstellung des Oberforstamtes an das Reichsjagd- und Reichsforst-

Amt in den Elchwald eingegliedert und gehörte von seinen standörtlichen Verhältnissen her zu den sogenannten Lehmrevieren.

1938 umfaßte der Elchwald einschließlich der angepachteten Schutzjagd ein Territorium von annähernd 87.000 Hektar Jagdfläche. Mit der kontinuierlichen Erholung des Elchwildbestandes auf sechs Stücken pro 1.000 Hektar und dem betriebenen Ausbau zum Staatsjagdgebiet vergrößerte sich das Areal auf fast 100.000 Hektar Größe. Im Jagdjahr 1935/36 haben die Jäger in Deutschland 69 männliche und 68 weibliche Elche erlegt. Der Abschuß des gutveranlagten als Zuchttier geeigneten männlichen Wildes ist zunehmend abgestoppt worden, so daß sich das Abschußverhältnis in den Folgejahren zugunsten des weiblichen Elchwildes verschob. Der Bestand wird von Kramer, der die Elchstatistik des gesamten Reiches erarbeitete, 1938 mit 1.300 Stücken und im Jahre 1945 mit 1.500 Stücken angegeben.

Ostpreußische Elche erreichten ein Lebendgewicht bis zu 500 Kilogramm, wobei der Durchschnitt eines reifen Elchhirsches bei 420 bis 440 Kilogramm lag. Die überwiegende Zahl der Hirsche neigte jedoch zur Stangenbildung, so daß bei der Hege großer Wert auf die Veranlagung zum Schaufelgeweih gelegt wurde.

Elchwild im Winter

In Vorheide (Müncheberg), manchmal abends nach der Jagd, beim Abendbrotessen oder Skatspielen ist es im Plausch mit dem Oberförster bzw. mit Schmelings Trainer und Jagdfreund Max Machon zuweilen zu einem politischen Meinungsaustausch gekommen. Ilse, die Tochter des Hauses, inzwischen zu einer jungen Frau herangewachsen, machte sich ernsthaft Sorgen um den alten "neuen" Duzfreund.

Max hatte anfangs der nationalsozialistischen Bewegung etwas Positives abgewinnen können. Die Ereignisse trugen jedoch dazu bei, daß sich seine Auffassung zu diesen Dingen bis Ende der dreißiger Jahre gravierend veränderte, d. h. er die Politik des Staates längst nicht mehr billigte. Irgendwie stand er in der Zwickmühle.

In der Zwickmühle

Sobald Adolf Hitler ins Gespräch kam, fing Schmeling im internen Kreis an zu schimpfen. Jener Mann, der ihn einst in Ehren empfangen hatte, war ihm nach und nach zuwider geworden. Er versuchte, einem Widerspruch zu entfliehen, Sport und die Politik streng auseinander zu halten, geriet aber, ohne es zu wollen, in das politische Ränkespiel, das ihn nach Belieben zum Opfer oder Täter machte. Spätestens 1938 mußte er diese schlimme Erfahrung machen.

Die eskalierende Judenverfolgung, die gesinnungsfeindliche sowie undemokratische Innenpolitik und das Großmachtstreben beunruhigten ihn zunehmend, zumal einige seiner Bekannten und Freunde unter der Brutalität des Regimes arg litten. Max litt mit ihnen, obwohl er es äußerlich nicht zeigte. Politik und Sport waren für ihn getrennte Angelegenheiten, er dachte nicht daran, sie zu vermengelieren.

Im engsten Kreise jedoch ließ der Boxchampion ab und zu seinen Frust ab, Äußerungen verlautbaren, die ihm, wenn sie ins falsche Ohr gelangt wären, große Schwierig-

Ein "wildgewordener Hund"

keiten bereitet hätten. Hitler trug gerne einen Velours-Hut, und so gehörte z. B. der Standardspruch: „... dem Hitler kommt doch das Gehirn zum Schwitzen, wenn er seinen Velours-Hut nicht auf hat ...", zum Vokabular Schmelings. Auch bezeichnete er den Führer ganz weidmännisch als einen "wildgewordenen Hund", dem man "die Kugel antragen" müsse - ganz schön gewagt!

Nach heutigen Maßstäben der Meinungsfreiheit eigentlich unproblematisch, jedoch unter den Bedingungen des faschistischen Deutschlands durchaus eine staatsfeindliche und damit verbrecherische Handlung.

Kein Wunder also, daß Ilse des Abends, bis sich die Gemüter beruhigt hatten, um den Forsthof schlich, Wache hielt und danach sah, ob nicht irgendein Schnüffler und Denunziant mithörte.

Das gestörte Verhältnis zum cleveren Paul Damski und seiner Frau Sonja, dem Mann, der die Liaison mit Anny in die Wege geleitet hatte, bereitete Schmeling besonderen Kummer. Immerhin hatte der vergrämte Freund zahlreiche Boxkämpfe verantstaltet, die Max nicht unwesentlich zu sportlichen Erfolgen verholfen hatten.

Emigration und Frust des Boxpromoters Paul Damskis

1933, im Jahr von Schmelings Heirat, war der jüdische Boxpromoter nach England emigriert. Damskis Haß auf die Deutschen steigerte sich noch, nachdem die Nazis im Zuge ihrer Ausrottungspolitik seine zwei Schwestern und Brüder samt Familien umgebracht hatten. Diese bitteren Ereignisse bestimmten zwangsläufig auch das Verhältnis zu Max. Schon im Mai 1934, als sich die beiden zufällig in London begegneten, zeigte Damski die kalte Schulter und ließ Schmeling wortlos stehen. In den Augen des gebürtigen Litauers war der Faustkämpfer ein Vorzeigeidol des Regimes, ein Deutscher und damit die Ausgeburt eines Nazis. Im Jahre 1937 hat er dank seiner Beziehungen sogar einen Kampf platzen lassen, der in London zwischen Max Schmeling und Tommy Farr ausgetragen werden sollte. Der Emigrant wollte damit verhindern, daß die Börse in Höhe von 90.000 Dollar dem ihm verhaßten "Nationalsozialisten" zugute kam.

Im Laufe der Jahre versuchte Max Schmeling mehrere Male, Kontakt zu dem in die USA umgesiedelten Damski und seiner Frau aufzunehmen, vergeblich. Selbst Sonja, die ihn einst so mochte, ließ sich verleugnen. Bei der Niederlage Schmelings im Kampf gegen Joe Louis im Jahre 1938, wo man den deutschen Athleten schon vor Kampfbeginn erniedrigte und beim Erscheinen in der Arena demoralisierend mit "Nazi, Nazi" empfing, umarmten sich die Damskis nach Schmelings Niederlage im Freudentaumel. Die Zeit hatte Freunde zu Feinden gemacht. Wie unrecht man Max Schmeling tat, ahnte zu dieser Zeit keiner.

Die Reichskristallnacht 1938

Im November 1938, als Nazihorden jüdische Geschäfte zerstörten, Synagogen niederbrannten und Juden drangsalierten, nahm der Sportler die zwei vierzehn- und fünfzehnjährigen Söhne des jüdischen Mode-Händlers David Lewin in seine Obhut.

Der Inhaber des Geschäftes "Prince of Wales", eines vornehmen und führenden Herrenausstatters in Berlin, hatte Max Schmeling nach einem Boxkampf im April 1928 kennen gelernt und in Sachen Bekleidung beraten. Der beschäftigte Mann genoß das Leben in vollen Zügen und zählte lange Zeit zu den Stammgästen der "Roxibar", der prominentesten Begegnungsstätte der oberen Gesellschaft, viele davon seine Kunden. Als Manager Joe Jacobs 1935 nach Berlin kam, übernahm D. Levin dessen Betreuung und ging mit ihm in die jüdische Synagoge.

Zum Zeitpunkt, als er die Hilfe des Faustkämpfers in Anspruch nahm, war Levin infolge der durch die Nazis inszenierten Kaufblockade in jüdischen Geschäften bereits ruiniert, d. h. vollkommen mittellos. Als er erfuhr, daß das Regime eine judenfeindliche Aktion plante, rief er verzweifelt am Vorabend der in die Geschichte eingegangenen Reichskristallnacht Max Schmeling an und bat ihn darum, seine Kinder Henri und Werner solange in Obhut zu nehmen, bis er die Voraussetzungen für eine Ausreise der Familie anrangiert habe.

Für den Athleten gab es kein Zögern. Er wußte, was man mit den Juden machte. Trotz persönlichem Risiko reagierte er umgehend, stellte die eigenen Belange hinten an und holte die Jungs mit seiner Luxuslimousine, von der es damals nur vier in Berlin gab, vom verabredeten Ort ab. Jedem konnte auffallen, wer da fuhr. Dessen ungeachtet schleuste Max die Brüder in ein angemietetes Appartement ins Hotel "Excelsior". Bei der Rezeption ließ er ausrichten, daß er auf keinen Fall gestört werden wolle und sehr beschäftigt sei. Drei Tage spielten die Kinder mit ihrem Gastgeber Karten. Dann brachte Max sie einen weiteren Tag im eigenen Haus unter.

Vor der Flucht ins Exil bedankte sich Levin Senior für die lebensrettende Tat. Max soll daraufhin in seiner bescheidenen Art zu ihm gesagt haben: „Es gibt keine größere Erfahrung, als einem die Hand zu reichen, und es gibt niemals eine falsche Zeit, um das Richtige zu tun."

In einem Statement, welches Henri Levin zu Ehren von Max Schmelings 90. Geburtstag veröffentlichte, schloß er den Bericht über seine Rettung in der Reichskristallnacht am 9. November 1938 mit den Worten ab: „Schmeling ist mein Held, und Schindler gilt meine Bewunderung."

Schmeling was never a Nazi. He was an amazing athlete and an incredible man. He was and is one of a kind. He is my friend forever. Schmeling was never anything but a man of class and a perfect human being. A Mensch among Menschen. ♣

Henri Lewin spent 22 years with Hilton Hotels, retiring in 1985 as an executive vice president of the company. He currently operates a hotel/gaming consulting firm, Aristocrat Hotel, based in Zephyr Cove, Nev.

Auszug eines ganzseitigen Artikels von Henri Lewin im "Casino Journal" - April 2002

Ehrenpokal - überreicht von Henri Lewin anläßlich einer Festveranstaltung zu Ehren Max Schmelings am 6. Dezember 1989 in Las Vegas, Nevada

In Las Vegas trifft Max Schmeling 1989 mit Henri Lewin (rechts), Jack Welsh (Mitte) und Boxchampion Mike Tyson (links) zusammen

Wie sehr sich die ideologischen Fronten zwischen freier Welt und Hitlerdeutschland inzwischen zugespitzt hatten, zeigte sich bei Schmelings Revanche gegen den "Braunen Bomber" am 22. Juni 1938.

"Kampf der Rassen"

Dieses propagandistisch in Deutschland zum Kampf der Rassen hochstilisierte Ereignis ist in Amerika nicht ohne Echo geblieben. Die öffentliche Meinung war nicht mehr die von 1936, wo man den deutschen Profiboxer gefeiert und umjubelt hatte. Die Situation wirkte schon im Ansatz auf Max Schmeling demoralisierend.

Bei seiner Ankunft in New York mußte er die "Bremen" unter Polizeischutz auf Schleichwegen verlassen, um der aufgebrachten Menge auszuweichen. Tausende demonstrierten damals am Kai und forderten den Boykott des Boxkampfes. Beschimpfungen übelster Art folgten, ergänzt vom höhnischen Nazigruß bis zu gemeinen Drohbriefen. Vor dem Hotel hielten empörte Bürger Schilder hoch und schrien im Chor „Nazi, Nazi Schmeling!" Max wurde, ob er es wollte oder nicht, zum Aushängeschild Hitlerdeutschlands - er war geradezu verzweifelt. Daher zog er sich schnellstens ins Trainingscamp nach Speculator zurück. Doch auch dort fand er keine seelische Ruhe.

Sein Kontrahent, Weltmeister Joe Louis, wurde inzwischen zum Symbol von Freiheit und Gleichberechtigung aller Rassen und in den Medien zum Kämpfer gegen die nazistische Gefahr glorifiziert. Unabhängig von der politischen Propaganda wollte Joe den Ausrutscher in seiner Boxkarriere ausgleichen, und seine "Rahmenbedingungen" schienen dieses Mal zu stimmen. Es fieberte ihn regelrecht, Schmeling vor die Fäuste zu bekommen, nachdem man ihm weisgemacht hatte, daß der bevorstehende Kampf die Überlegenheit der Weißen gegenüber den

WORLD'S HEAVYWEIGHT CHAMPIONSHIP

20th CENTURY SPORTING CLUB, Inc.

MIKE JACOBS, Promoter

YANKEE STADIUM

WED. JUNE 22, 1938 - 8:15 P. M.

JOE LOUIS

MAX SCHMELING

15 ROUNDS

Joe LOUIS

CHAMPION vs MAX

SCHMELING

Challenger

OTHER STAR HEAVYWEIGHT BOUTS

Reserved Seat Tickets

$30.00 · $20.00 · $16.50 · $7.75 · $5.75 Incl. Tax

Schwarzen demonstrieren solle. Kein anderer als Präsident Franklin D. Roosevelt persönlich hatte ihm vor dem Kampf seine Hand auf den Bizeps gelegt und gesagt: „Solche Muskeln braucht man, um die Deutschen zu besiegen!" Durch eine Zeitung ließ Louis wissen, daß er sich gegen die "vernichtende" Rechte von Schmeling mittlerweile zu schützen wisse.

Die ganze Welt fiebert

Die ganze Welt wartete mit großem Interesse auf den Kampf. Zwei Stunden vor seinem Beginn war das Yankee-Stadion bis auf den letzten Platz ausverkauft und von Hunderten von Polizisten gesichert. 75.000 Menschen, darunter die Damen und Herren der gehobenen Gesellschaft, fieberten dem Ereignis entgegen.

Bei der Wiegezeremonie mußte sich Schmeling im Gegensatz zu Louis nackt ausziehen. Später saß er allein in der Kabine, da sein Manager Joe Jacobs wegen eines Reklame-Gags von der Kommission sowohl aus der Ringecke wie auch der Kabine verbannt worden war. Selbst der betreuende Sportarzt Doc. Casey zog es auf Grund von Einschüchterungen vor, Schmelings Gesellschaft zu meiden. Schmelings Wegbegleiter, Trainer Max Machon, mußte indes das Wickeln der Bandagen in der Kabine von Joe Louis mitverfolgen.

Alleingelassen, ohne seelischen Beistand, spürte Max Schmeling um so mehr die Last der letzten Tage.

Als er aus der Kabine gerufen wurde, brach mit seinem Erscheinen auf einmal die Hölle los. Zwischen einem Spalier von Polizisten mit Maschinenpistolen lief er unter ohrenbetäubendem Geschrei, den Kopf unter einem Handtuch, bis zum Ring. Unterwegs trafen ihn allerlei Wurfgeschosse, angefangen von der Zigarettenschachtel bis zur Bananenschale.

Nach dem Gong stürzte Louis ohne Zögern entgegen Schmelings Erwartungen auf ihn los. Der Angegriffene konnte sich dem Hagel der Schläge nicht entziehen. Schließlich verlor er sogar die Übersicht, empfing einen Treffer nach dem anderen, schwankte vor Erschöpfung, brach zusammen, richtete sich wieder auf, präsentierte sich erneut den heftigen Hieben.

Die schmerzlichste Niederlage

Max Machon hielt es vor Sorge für seinen Schützling nicht mehr am Platze, er kletterte in den Ring, warf das Handtuch als Zeichen der Aufgabe, erzwang regelrecht den Abbruch. Unter den Zuschauern brach ein Jubel aus, es war "ein Sieg über Nazi-Deutschland".

Manager Joe Jacobs, Max Schmeling und Trainer Max Machon - über viele Jahre ein Erfolgsteam

Der unterlegene, lädierte Max Schmeling hingegen wurde auf schnellstem Wege ins Krankenhaus gebracht.

Dort besuchte ihn ein Herr namens Hans Heinrich Dieckhoff, von 1937 bis 1938 deutscher Botschafter in Washington, und erkundigte sich, ob Louis Treffer in den Rücken nicht ein verbotener Nierenschlag gewesen sei.

Schmeling gab ihm zu verstehen, daß es sich nach amerikanischen Boxregeln nicht um ein Foul handle. Dennoch forderte ihn der Botschafter auf, "zur Sicherheit", wie er sich auszudrücken pflegte, Protest einzulegen. Auch das kam für den fairen Boxer absolut nicht in Frage. Offensichtlich hatte Dieckhoff nicht aus eigenem Ermessen gehandelt, es ging wohl mehr um politische Schadensbegrenzung.

Auch der Präsident der New Yorker Boxkommission, General Phelan, ließ sich im Krankenhaus blicken, allerdings nur um den Arzt zu konsultieren und zu erfragen, ob Schmelings Aufgabe eventuell nur eine Finte gewesen sein könnte. Es ging immerhin um 250.000 Dollar (ca. 1.000.000 Reichsmark) abzüglich 75.000 Dollar für das amerikanische Finanzamt. Wenn dem so gewesen wäre - eine Wirbelverletzung sprach dagegen - hätte der Besiegte nämlich ohne Börse nach Hause fahren müssen.

Max Schmeling erlitt die schmerzlichste und bitterste Niederlage seines Lebens. Im ersten Moment schien ihm alles wie ein böser Traum, er fühlte sich elend, alleingelassen, ja als Versager. Hitler und Goebbels ließen ihn nach diesem Ereignis wie eine heiße Kartoffel fallen, weil diese sportliche Niederlage nicht ihren politischen Wunschvorstellungen entsprach.

Gut, daß es so kam!

In späteren Jahren meinte Max Schmeling, wenn er bezüglich der Ereignisse im Jahre 1938 befragt wurde, es sei, rückwirkend betrachtet, eigentlich gut gewesen, daß er damals gegen Joe Louis verloren habe. Was wäre passiert - auch wenn er nichts mit den Parteigenossen am Hut hatte - wenn man ihm nach seiner Rückkehr nach Deutschland das "Bonbon", d. h. Goldene Parteiabzeichen, einfach angeheftet hätte? Wahrscheinlich wäre er dann arg belastet gewesen, vielleicht sogar als Kriegsverbrecher herumgelaufen.

Gefährliches Spiel - Max handelt im Verborgenen

In seiner Funktion als Gefangenenbetreuer nach seiner Genesung im Anschluß an den Kretaeinsatz, was ihm den Weg in Gefängnisse und Krankenhäuser öffnete, hat Max Schmeling einem gewissen John Braude, einem Freund Damskis, das Leben gerettet. Er holte ihn aus einem Lastwagen, der ihn ins Vernichtungslager bringen sollte. Ein Herr Friedmann entrann dem Tod, weil es Max unter Lebensgefahr gelang, im Gestapohauptquartier seine Akte in einen anderen Ordner umzuheften. Schließlich warnte er einen ehemaligen Geschäftspartner Damskis, Marvin Koslowsky - führendes Mitglied der polnischen Sportbehörde -, in Brüssel vor einem Zugriff der Gestapo auf die Juden. Nicht zuletzt trug Schmeling auch dazu bei, daß es einigen jüdischen Zwangsarbeitern im Müncheberger Forst gelang, die Schreckensjahre zu überleben. Diese Aufzählung ließe sich noch weiter fortsetzen.

Bei all den Aktionen halfen ihm weitreichende Verbindungen oder Kontakte zu nicht oder nicht mehr linientreuen Offizieren in den hohen Führungsebenen des militärischen Apparates, oft passionierte Jäger. Zu diesen Leuten gehörten Philipp Bouhler, verantwortlich für Gnadengesuche in Hitlers Reichskanzlei, der Polizeipräsident von Berlin, Graf Wolf-Heinrich v. Helldorf - ein großer Nimrod vor dem Herrn und regelmäßig gemeinsam mit Ernst Udet sowie Willy Sachs zu Gast bei Staatsrat Dr. Kurt Herrmann am Ostufer der Müritz - gehenkt am 15. August 1944. Des weiteren der am 19. Juli 1940 vom Reichskanzler zum Generalfeldmarschall ernannte und am 8. August 1944 wegen Hoch- und Landesverrats im Zusammenhang mit dem 20. Juli 1944 in Berlin Plötzensee als ranghöchster Offizier hingerichtete Erwin v. Witzleben.

Letzteren kannte der Box-Champion nicht nur von Empfängen sondern auch von der Jagd bei Bärwalde (Neumark). Von Witzleben hat einige Male an den Wildjagden des Film-Schauspielers Karl Ludwig Diehl teilgenommen - u. a. bekannt durch die Filme “Der Zinker” (1931), “Rasputin” (1932), “Ein Mann will nach Deutschland” (1934), “Der höhere Befehl” (1935), sowie der Effi-Briest-Verfilmung “Der Schritt vom Wege” (1939), der dort ein Jagdgebiet gepachtet hatte.

Schauspieler Karl Ludwig Diehl

Diehl frönte in Fichtheide (Neumark) seit 1929 gemeinsam mit seiner Frau dem Weidwerk. Man kannte v. Witzleben demnach sehr gut, zumal man gemeinsam die Sauen auf die Läufe gebracht hatte und die Diehls ein gemütliches Jagdhäuschen in unmittelbarer Nähe des Forsthauses (Revierförsterei) Fichtheide besaßen. Dort haben die Hobbyjäger in angenehmer Runde mit interessanten Leuten den Jagdabend verbracht und man konnte ungezwungen über die Dinge der Welt reden. Zu den Jagdgästen gehörte auch die Fliegerlegende Ernst Udet, die ebenfalls über gewisse Leinwanderfahrung verfügte.

Karl Ludwig Diehl und Erwin v. Witzleben verstanden sich bestens. Beide hatten im ersten Weltkrieg als Offiziere gedient, der eine als Leutnant, der andere als Hauptmann im Generalstab der preußischen Armee.

Hin und wieder anwesend auch Max Schmeling in Begleitung seiner Anny oder später des Grunewalder Jagdfreundes Gerd Wiese. Beide waren im Staatsforst von Alt Lietzgöricke zu Schuß gekommen.

Der auf den Höhepunkt seiner Karriere hinsteuernde Faustkämpfer hielt sich in Fichtheide für gewöhnlich zwei bis drei Tage auf und nutzte die Jagdpausen, wie könnte es anders sein, für das Konditions- und Krafttraining. So pflegte er, mit seinem Jagdspaniel um den

Margarethensee, auch Förstersee genannt, zu laufen, der mit seiner hügeligen, mit Kiefern bestandenen Uferzone beste Voraussetzungen für das aktive Training bot. Zum allgemeinen Erstaunen pflegte der Champion eine mit Steinen schwer beladene Karre bis zur Erschöpfung eine Anhöhe hinauf und wieder herunter zu schieben. Desweiteren hat der Champion fleißig beim Stubbenroden geholfen, wie er meint, um auf diese Weise seinen Körper zu stählen.

Durch die Massenvermehrung des Nonnenfalters im Jahre 1932/33, einem Forstschädling, waren viele Kiefernbestände arg geschädigt worden und mußten eingeschlagen werden.

In Erinnerung ist Max ein handzahmes Rottier geblieben, welches das Jagdpächterpaar Diehl mit Beratung und wohl auch Unterstützung des Revierförsters Wilhelm Möhler - bewirtschaftete das umliegende Forstrevier von 1928 bis 1945 - groß zogen.

Jäger Diehl bekam 1944 arge Probleme, da man von seinen Verbindungen zu Erwin v. Witzleben wußte. 1939, als man K. L. Diehl zum Staatsschauspieler ernannte, war v. Witzleben Befehlshaber der 1. Armee geworden. Nach dem Frankreichfeldzug kürte ihn Hitler zum Oberbefehlshaber der Heeresgruppe D. Dann sickerte durch, daß er mit oppositionellen Kreisen in der Wehrmacht verkehre, was prompt zu einer Entlassung aus dem aktiven Kriegsdienst führte.

Das Attentat vom 20. Juli 1944

Schließlich baten ihn die Verschwörer, nach dem Sturz Hitlers den Oberbefehl über die Wehrmacht zu übernehmen. Er stimmte zu und erarbeitete Frontbefehle.

Karl Ludwig Diehl gehörte glücklicherweise nicht zu den über 4.980 Personen, die im Zusammenhang mit Stauffenbergs mutigem Anschlag in der Wolfschanze ihr Leben verloren.

Für Hitler war das nur „... ein ganz kleiner Klüngel verbrecherischer Elemente, die jetzt unbarmherzig ausgerottet werden" (22.07.1944 "Völkischer Beobachter").

Der Todeskampf des vierundsechzigjährigen, aufgehängten Erwin v. Witzleben dauerte laut Augenzeugenberichten bei laufender Filmkamera qualvolle fünf Minuten. Der nach Schmelings Einschätzung "wildgewordene Hund" Adolf Hitler hat sich diesen Rachefilm in aller Ruhe zu Gemüte geführt.

Generalfeldmarschall v. Witzleben auf der Anklagebank

Das Urteil

DNB. Berlin, 8. August.

Der Volksgerichtshof des Großdeutschen Reiches verhandelte am 7. und 8. August gegen acht der aus dem Heere ausgestoßenen Verräter, die an dem Verbrechen des 20. Juli führend beteiligt waren. Die Angeklagten

Erwin von Witzleben,
Erich Höppner,
Hellmuth Stieff,
Albrecht von Hagen,
Paul von Hase,
Robert Bernardis,
Friedrich-Karl Klausing und
Peter Graf York von Wartenburg

wurden als eidbrüchige, ehrlose Ehrgeizlinge wegen Hoch- und Landesverrates zum Tode verurteilt. Ihr Vermögen verfällt dem Reich.

Das Urteil wurde zwei Stunden nach Verkündung an sämtlichen Verurteilten durch Erhängen vollstreckt.

Der "Völkische Beobachter" meldet am 9. August 1944 die Vollstreckung des Urteils

Zu den Besuchern des Jagdpächterpaares gehörten natürlich auch viele Film-Schauspieler, wie beispielsweise Heinz Rühmann oder Otto Wernicke, bekannt durch den Fliegerfilm "D III/8". In dem Streifen "Es leuchten die Sterne" (Tobisfilm 1937/38) findet sich der Bekanntenkreis in Haupt- und Nebenrollen oder Einblendungen im wesentlichen wieder. Dazu gehörten Willi Forst (Schmelings ehemaliger Nachbar vom Sachsenplatz), Luis Trenker, Olga Tschechowa, La Jana, Heinrich George, Paul Hartmann, Jenny Jugo, Paul Kemp, Jupp Hussels, Hans Moser, Wolfgang Liebeneiner, Theo Lingen, Sybille Schmitz, Hans Söhnker, Luise Ulrich, Ida Wüst, Grete Weiser, das Massenidol Max Schmeling mit Anny Ondra, die Rennfahrer Manfred v. Brauchitsch, Rudolf Caracciola und Hermann Lang.

Nach 1945 widmete sich der leidenschaftliche Hobbyjäger Diehl weiterhin der Filmkunst, nachdem er mit dem Vorrücken der Sowjets seinem Jagdhaus in Fichtheide mit Tränen in den Augen hatte "Adieu" sagen müssen.

Revierförster Wilhelm Möhler, der über viele Jahre Dienst an Wald und Wild geleistet hatte, traf es härter. Er ist von den Besatzern auf Nimmerwiedersehen verschleppt worden.

Überzeugend spielte K. L. Diehl 1955 in dem Film "Es geschah am 20. Juli" von G. W. Pabst die Rolle des Generaloberst Beck - vielleicht gerade deshalb, weil ihn die tragischen Ereignisse im realen Leben um ein Haar mitgerissen hätten. Im gleichen Jahr lief über die Leinwände der Film "Des Teufels General", dem man ebenfalls einen realen Bezug unterstellen kann.

Am 8. März 1958 ereilte den inzwischen auf einem Berghof im Karwendelgebirge lebenden Künstler des Schauspiels der Tod.

Kein Blatt vor dem Mund

Schmelings Mut, im Verschwiegenen zu handeln und ab und zu seine Meinung auch gegenüber anderen Zeitgenossen kund zu tun, verdient uneingeschränkte Hochachtung. Nach Kriegsbeginn nahm Max Schmeling gemeinsam mit Anny an einem Empfang im Haus der Kameradschaft der Deutschen Künstler teil. Anwesend u. a.

Drehbuchschreiber Zerlett und zahlreiche Nazigrößen. Obwohl ihm wohl bekannt war, daß die von Goebbels geschürte Propaganda den amerikanischen Präsidenten Franklin Delano Roosevelt als "Judenknecht", "Whiskysäufer" oder "Kriegshetzer" verunglimpfte, legte Max Schmeling ein Foto auf den Tisch, welches ihn in herzlicher Pose gemeinsam mit dem US-Präsidenten darstellte. Dessen nicht genug, machte er aus seiner Meinung keinen Hehl, einem Mann von Welt und mit Charakter begegnet zu sein.

1936 hatten die Präsidentschaftswahlen in den Vereinigten Staaten mit einem überwältigenden Sieg für den amtierenden US-Präsidenten und Demokraten F. Roosevelt geendet, der seit 4. März 1933 das Präsidentenamt innehatte. Rund 27,8 Millionen US-Bürger gaben ihm die Stimme.

Begegnung mit Franklin Delano Roosevelt

Das Zusammentreffen Schmelings mit dem Gouverneur Franklin D. Roosevelt geschah zu einer Zeit, in der dieser noch als Präsidentenanwärter kandidierte und im Rahmen einer Wahlcampagne gemeinsam mit seiner Gattin Eleanor das Trainingscamp des Weltmeisters in Greenskill bei Kingston besuchte. Der Champion bereitete sich gerade auf eine Begegnung mit Jack Sharkey vor, der auf eine Revanche drängte, um sich den Weltmeistertitel zurückzuholen, was ihm am 21. Juni 1932 auch gelang.

Max absolvierte einen Sparringskampf, die Familie Roosevelt schaute zu, man sprach miteinander deutsch. Arrangiert hatte die Begegnung Jim Farley, Mitglied der amerikanischen Boxkommission und inzwischen, auf der Karriereleiter emporgestiegen, Chef der Wahlkampagne der Partei der Demokraten.

Coca-Cola in Deutschland?

Letztere Bekanntschaft sollte für den mittlerweile in den Staaten populären Schmeling noch von großer Bedeutung sein. Schon in den dreißiger Jahren hatte ihn Farley aus spontaner Eingebung einmal beim Golfspielen gefragt: „Max, können Sie sich Coca-Cola in Deutschland vorstellen?"

Die Intrige des Reichsportführers

Fakt ist, daß die Sympathieerklärungen und andere Äußerungen bzw. Vorkommnisse bei einigen einflußreichen und regimetreuen Leuten des faschistischen Staates nicht gerade gut ankamen, man die Schmelings auf Grund der überaus großen Popularität und eingedenk ihrer früheren oder auch noch bestehenden Kontakte zu Führungsgrößen des Reiches jedoch nicht anzurühren wagte. Andererseits fühlte man sich aber auch geschmeichelt, wenn man dem Massenidol Schmeling einen Gefallen tun konnte, wenn es zum Beispiel um Judenfragen ging, und damit bewies, welchen Einfluß man auf gewisse Dinge hatte.

Die fehlende Linientreue und das fehlende Bekenntnis des Boxsportlers zum Nationalsozialismus stießen jedoch einigen Funktionären mächtig auf.

Als einziger Leistungssportler erhielt Max Schmeling 1939 einen Einberufungsbefehl, obwohl er mit dreiunddreißig Jahren das Einberufungsalter überschritten hatte. Warum?

Reichssportführer H. v. Tschammer u. Osten

Die Boxlegende glaubt heute noch, daß es vor allem eine geschickt inszenierte Intrige des 1933 zum Reichsportführer und Staatsekretär aufgestiegenen Hans v. Tschammer u. Osten - ein Akt der Disziplinierung - gewesen sein mußte. Selbst wenn es so wäre, sahen weder Adolf Hitler noch Joseph Goebbels in diesem Zusammenhang Handlungsbedarf, was darauf schließen läßt, daß sie die Maßnahme für "angemessen" hielten und damit offensichtlich auch die sportliche Niederlage gegen Joe Louis im Jahre 1938 "honorierten".

Am liebsten hätte der nachgerückte Präsident des Nationalen Olympischen Komitees Hans v. Tschammer u. Osten mit seiner gelähmten Hand auf den Tisch gehauen, nachdem ihm Schmeling seinen Brief nicht beantwortete und ihn über Vorgesetzte wissen ließ, daß er sich unter keinen Umständen von seinem jüdischen Manager Joe Jacobs trennen werde. Um noch eins drauf zusetzen, hatte ihm der Faustkämpfer bei einer vorangegangenen Unterredung gesagt, indem er absichtlich ein wenig übertrieb, daß es hierfür keinerlei finanziellen Anreiz gäbe. Es sei ihm nicht zuzumuten, auf eine Million Mark Börse, wie beim Kampf gegen Sharkey, zu verzichten. Dieses Argu-

Auf dem Weg zum Golfspielen - Joe Jacobs (rechts) verhalf seinem Schützlling in den USA zu sportlichem Erfolg ment ließ den redegewandten und leicht reizbaren Bonzen verstummen, er zeichnete wie ein Bock nach dem Blattschuß und verließ sprachlos das Büro.

Um seinen Entschluß, den Manager Joe Jacobs zu behalten, absegnen zu lassen, bat Max nach reichlicher Überlegung über Hitlers Adjutant Brückner um ein Gespräch beim Führer persönlich. Der empfing das Ehepaar Schmeling freundlich, reagierte, wie Anny es prophezeit hatte, jedoch ziemlich undurchsichtig, als Max sein Anliegen bei Kuchen und Tee vortrug.

Eine verzwickte Situation für den Reichskanzler, einerseits, weil der Bittende in New York hohes Ansehen genoß und für die Beteiligung der amerikanischen Mannschaft an den Olympischen Spielen in Berlin werben sollte, anderseits die Trennung von Joe Jacobs zum gegebenen Zeitpunkt in den USA als undemokratischer Akt mit unangenehmen Folgen gewertet werden konnte. Hitler stand gewissermaßen in der Pflicht. Spontan fragte er: „Sind Sie eigentlich Parteigenosse?" Hörte, obwohl er

Max Schmeling vor seinem Haus in Berlin Dahlem, Föhrenweg 16

keine Antwort auf seine Frage erhielt, der einsetzenden Argumentation von Max Schmeling eine Weile zu, entzog sich dann aber der Thematik, indem er zur großen Verblüffung der Anwesenden mit Anny über zusammenhanglose Sachen, nämlich den gereichten schmackhaften Kuchen, einen "Gugelhupf", palaverte. Die Angelegenheit schien zumindest, wenn auch ohne klare Worte, geklärt. Eine absagende Reaktion blieb aus, Max Schmeling durfte somit als einziger deutscher Sportler einen jüdischen Manager besitzen.

Verzicht auf den Ehrendolch

Erwähnt sei in diesem Zusammenhang auch, daß Schmeling im Gegensatz zu anderen populären Spitzensportlern des Reiches ungeachtet möglicher ärgerlicher Konsequenzen und zur Verblüffung des überbringenden Standartenführers die Empfangnahme des Ehrendolches der SA verweigerte. Mit der Begründung, ein unpolitischer Mensch zu sein und daher etwas Bedenkzeit zu brauchen, wimmelte er den plötzlich erschienenen Besuch ab und bat später den Obergruppenführer Dietrich v. Jagow - nahm sich nach dem Krieg auf der Flucht vor den Alliierten in Meran das Leben - um Verständnis.

Im Nachhinein holte er sich dennoch Rückendeckung, indem er den Leibfotografen Hitlers, Heinrich Hoffmann, ebenfalls Mitglied im Motorklub von Deutschland, anrief, der sich gerade beim Führer auf dem Obersalzberg aufhielt und dessen Toleranz einholte. Die Begründung, hauptsächlich in Amerika sportlich tätig zu sein, schien dem Diktator wohl einleuchtend.

Generalfeldmarschall (ab 1940) Wilhelm Keitel unterzeichnete am 9. Mai 1945 in Berlin Karlshorst die Kapitulation der Wehrmacht

Als eines Tages die Frau des Chefs des Oberkommandos der Wehrmacht (O.K.W.) Keitel in Ponickel anrief und darum bat, Schmelings Haus im Dahlemer Föhrenweg 16 übergangsweise nutzen zu dürfen, da ihre eigene Villa bei einem Luftangriff beschädigt worden war, stimmte der Boxer zu - es wäre ohnehin beschlagnahmt worden. Im gleichen Zuge ließ er aber über Anny ausrichten: „Aber nur, wenn von Herrn Generalfeldmarschall die englischen und amerikanischen Kriegsgefangenen vernünftig behandelt werden!”

Das O.K.W. war nämlich in einem Gefechtsstand in Berlin Dahlem im Föhrenweg untergebracht, so daß sich diese Notlösung anbot.

Auch Generalfeldmarschall Wilhelm Keitel gehörte zum Kreise der Jäger und somit dem Reichsbund “Deutsche Jägerschaft” an, weilte auf Empfängen und auf Einladung Görings u. a. im Jägerhof Rominten.

Max Schmelings Jagdschein für das Jagdjahr 1941

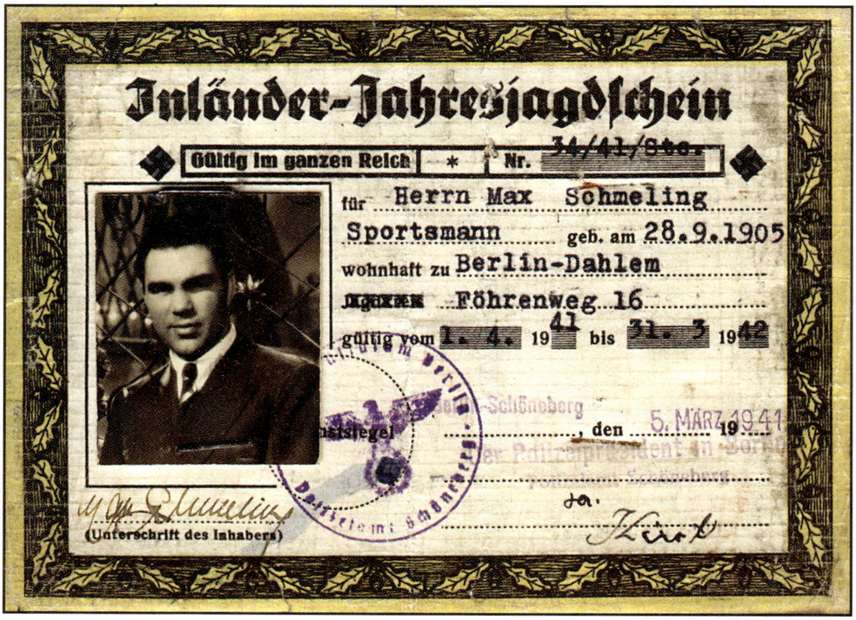

Inländer-Jahresjagdschein

Gültig im ganzen Reich * Nr. [redacted]

für Herrn Max Schmeling

Sportsmann geb. am 28.9.1905

wohnhaft zu Berlin-Dahlem

Föhrenweg 16

gültig vom 1. 4. 1941 bis 31. 3 1942

Dienstsiegel ..., den 5. MÄRZ 1941

(Unterschrift des Inhabers)

Oberbayrische Jagdgründe

Im Frühjahr 1939 fuhr Max Schmeling gemeinsam mit seinem Grunewalder Jagdfreund Gerd Wiese nach Oberbayern, um u. a. auf dem Gut Eulenau bei Rosenheim, in der Nähe der Autobahn München/Salzburg, auf den Spielhahn zu jagen.

Der Gastgeber Rudolf Krause, ehemals Inspektor auf dem Gut Klein Pobloth in Hinterpommern und seit geraumer Zeit auch Verwalter im oberbayrischen Eulenau, sowie der Kammersänger Curt Taucher begrüßten die beiden Berliner auf ihrer Scholle. Der ehemalige Agent Tauchers, Rudolf Krause, hatte gerade einen Teil des Gutes für einen fairen Preis vom Tenor übereignet bekommen, so daß ihm nun ca. 50 Hektar eigener Boden zur Verfügung standen. Mit dem Verkauf von Gebäuden und Land beabsichtigte der Opernsänger, seinen gestandenen, hoch geschätzten Freund, der seit 1933 mit Helene, der Köchin des Hauses, verheiratet war und sich zu verändern gedachte, in Eulenau zu halten. Verständlich, denn Krause war ein belesener, erfahrener und intelligenter Mann, der neben land- und jagdwirtschaftlichen Kenntnissen ökonomischen Verstand besaß. Bevor er im hinterpommerschen Pobloth das Gut mitverwaltete, hatte er in Dresden als

Kammersänger Curt Taucher (links) und Freund Rudolf Krause mit dem Ergebnis einer Hasenjagd, Ober-Eulenau, 1929

R. Krauses Diplom für Rinderzucht

Bankangestellter gearbeitet und sein Organisationstalent anschließend in den Staaten bewiesen. Er kannte demnach "Land und Leute", verfügte über einen großen Erfahrungschatz.

In Ober-Eulenau beschäftigte man sich vor allem mit Rinderhaltung. Zusätzlich hatte Krause eine Pferdezucht aufgebaut, die sich auf in Bayern geschätzte Arbeitspferde der Rasse "Noriker" aus Pinzgau, auch "Pinzgauer" genannt, stützte. Auch diesbezüglich war sein Rat gefragt.

Es gab demnach außer der Jagd eine Menge Gemeinsamkeiten, die den Aufenthalt für Max Schmeling, der zu dieser Zeit selbst einen land- und forstwirtschaftlichen Betrieb unterhielt, interessant gestalteten. Das mag auch der Grund gewesen sein, daß der Champion nach seinem ersten Besuch fast regelmäßig in Ober-Eulenau, oft gemeinsam mit Anny und manchmal auch mit dem Künstler Josef Thorak, vorbeischaute. Er schätzte die Gastfreundschaft der Krauses, liebte das im Steinofen gebackene, deftige Landbrot, den selbstgeräucherten, herzhaften Schinken und die euterfrischer Milch, alles auf bayrische Art.

Der Bildhauer Josef Thorak hatte sich einen neuen Hauptwohnsitz in der Nähe von Rosenheim in Bad Endorf (Oberbayern), ca. 10 Kilometer vom Chiemsee entfernt, gesucht und dort 1938 ein großes Gundstück mit einem kleinen Schloß (Hartmannsberg) gekauft. Anlaß war die Verlegung seines künstlerischen Wirkungskreises von Berlin nach München. In Baldham, nicht weit von der Metropole, ließ ihm der Architekt Albert Speer ein Staatsatelier erbauen.

Gut Ober Eulenau

Das Gut Eulenau liegt im Voralpenland auf einer Höhe von ca. 500 Metern über dem Meeresspiegel, d. h. in subalpiner Lage im Rosenheimer Becken. Einst hatte der Inn-

Ober-Eulenau; Vorderansicht des Gebäudes

gletscher dieses geologische Gebilde mit tonigen Ablagerungen einschließlich des Chiemsees geschaffen. In den Senken entwickelten sich auf wasserundurchlässigem Seeton im Laufe von Jahrtausenden vielerorts Hochmoore, die sogenannten Filze. Im 18. Jahrhundert begann die menschliche Zivilisation auf Initiative des dortigen Kurfürsten mit der Urbarmachung der vernäßten Flächen und ihrer landwirtschaftlichen Nutzung. Das im Vergleich zum Hochgebirge milde Klima glich die Nachteile des moorigen Bodens aus, so daß zunehmend rentables Weideland entstanden war. Dennoch sind einige weiträumige Moore erhalten geblieben, in denen das Birkwild seit jeher heimisch war und beste Bedingungen vorfand.

Moorlandschaft am Fuße der Berge

So erzählte Rudolf Krause seinen Jagdgästen, bezugnehmend auf Überlieferungen, von Treibjagden auf die gefiederten Bewohner, welche die ansässigen Bauern vor nicht allzu langer Zeit, nämlich vor dem ersten Weltkrieg, in den Filzen und ihren Grenzbereichen, im "Moos", veranstalteten. Es wimmelte nur so von den heute rar gewordenen Rauhfußhühnern, so daß man sich damit begnügte,

M. Schmeling mit den Jagdfreunden Prof. J. Thorak (links) und R. Krause am oberbayrischen Chiemsee, 1939

R. Krauses am Wendelstein erlegter Auerhahn

In Bayern waren die Birkhähne auch wegen ihrer Federn, besonders des Stoßes, begehrt, der gerne als Hutschmuck getragen wurde.

Im Innerren des Gutshauses, ein farbenprächtiges bayrisches Ambiente

die Beute nur dort aufzusammeln, wo man ihrer bequem habhaft werden konnte. So mancher geschossene Hühnervogel verluderte in dichtem Gesträuch und Beerkraut.

Doch der Lebensraum des begehrten, weil wohlschmeckenden Federwildes am Fuße des 1.864 Meter hohen Wendelsteins, der graziös aus den Voralpen herausragt und in Richtung Süden ein malerisches Hinterland zeichnet, schrumpfte stetig. Man besann sich des Torfes und seines tonigen Untergrundes. Ziegeleien schossen aus dem Boden, und die braune Erde diente als willkommener Brennstoff. Durch Entnahme von Tonerde entstanden Weiher. In den Mooren zog dadurch zunehmende Unruhe ein, doch in den Randgebieten, dem Moos, d. h. Übergangsmoor, fand das Birkwild einen geeigneten Einstand mit ausreichender Deckung und Nahrung.

In jener Zeit, als Max Schmeling Eulenau das erste Mal besuchte, existierte in den zum Gut gehörenden bzw. dazu gepachteten Waldflächen von 260 Hektar Größe, dem Auer Moos sowie der Panger- und Eulenauer Filze, noch ein jagdbarer Birkhuhnbesatz. An den Balzplätzen ertönte im April das "Gurgeln" der spielenden Hähne und erfreute die Jägerseelen. Nur stellenweise war die ursprüngliche Vegetation dem Wirtschaftswald gewichen. Aus den Bergforsten wechselte immer wieder Rotwild in die Moore ein, da einige finanzstarke Pächter mit Rückendeckung der nationalsozialistischen Jagdpolitik und auch "Kraft ihrer Wassersuppe" hohe Wildbestände herangehegt hatten, leider oft zum Gram der Bauernschaft. Die Hauptwildart stellte jedoch das Rehwild dar, welches im Vorland günstige Lebensbedingungen vorfand und in relativ hoher Wilddichte geduldet wurde.

Rudolf Krause kannte sein Jagdrevier bestens, besaß die erforderliche Ortskenntnis, um die Gäste zu den wahrscheinlichen Balzplätzen des Birkwildes führen zu kön-

Gast M. Schmeling und Gutsherr R. Krause im Gespräch, Eulenau, 1939

nen. Im Auer Moos war die Aussicht auf jagdlichen Erfolg am größten. Dort begann in der morgendlichen Dämmerung das Spiel der Birkhähne, angekündigt durch ein lebhaftes Gurgeln. Schon im Dunkeln, eine Stunde vor Büchsenlicht, mußten die Jägersleute in den Schirmen sitzen, um mit einer gehörigen Portion Glück und der notwendigen Ausdauer zu Schuß zu kommen. Wo der Hahn zu balzen anfangen würde, stand keinesfalls fest - einmal hier, einmal dort. Außerdem sagte man dem Hühnervolk nach, auf jeder Feder ein Auge zu haben, und das schien sich auch in Oberbayern zu bewahrheiten. Nur mit Geduld, nicht mit Gewalt ist dem "schwarzen Ritter" beizukommen, lautet die Regel. Eine falsche oder zu hastige Bewegung zum falschen Zeitpunkt, und der Hahn streicht ab. Oft ist die Chanche dann vertan.

Morgenansitz auf den Spielhahn

Am frühen Morgen des 15. April im Jahre 1939 fuhren Max Schmeling und Rudolf Krause hinaus ins Auer Moos, um beizeiten, noch vor der Dämmerung, im Schirm zu sein. Erst einmal passierte nichts. In der Ferne schreckte ein Stück Rehwild, genau dort wo Gerd Wiese unterwegs sein mußte. Oben am Himmel zogen sanft die Wolken. Zwischen ihnen leuchteten hin und wieder die Sterne hervor. Ein gutes Zeichen, eine klare Frühe hatte sich angekündigt.

Und tatsächlich, mit dem ersten Licht der Morgendämmerung ertönte auch das "Kollern" des Hahns, weit weg vom Schirm, aber immerhin. Irgendwo zwischen den Birkenhorsten, mindestens 100 Schritt entfernt, meldete der Vogel. Ein Blick durchs Jagdglas brachte keinen Aufschluß, zwecklos. Die Optik zeichnete noch schwarz, lediglich gegen den Horizont hob sich die Kulisse des bizarren Moorwaldes mit seinen Überhältern, vorwiegend Birken, ab. Nach einer weiteren halben Stunde wurde es spannend. Auf einem der Birkenbäume entdeckte der Gutsherr drei Vertreter des begehrten Federwildes, die sich ohne erkennbaren Grund mit lautem Flügelschlag erhoben und in flachem Flug in den deckenden Unterwuchs abglitten. Das erinnerte Max an plötzlich auffliegende Rebhühner, die sich nach wenigen Metern Gleitflug erneut niederlassen.

Wenige Minuten später flatterte es auf einmal im Rücken der Ansitzenden. Irgend etwas war in der Nähe eingefallen. „Das war einer - und nicht weit weg!" meinte Rudolf überzeugt. Doch dann, nachdem alles still blieb: „Vielleicht auch nur eine Henne." Als sich der Jagdherr vorsichtig erhob und sich umsah, entdeckte er ein schwarzes Knäuel und glaubte, dort den verstummten Ritter vor sich zu haben. Als es jedoch heller wurde, entpuppte sich der vermeintliche Hahn als ein Grasbüschel.

Linkerseits, im vorjährigen Schilf, bewegte sich plötzlich etwas und kam langsam näher. Rudolf tippte seinen Gast an, worauf der sich langsam erhob. Doch statt eines Birkhahns hoppelte vertraut Meister Lampe am Schirm vorbei. Ein kurzes Lächeln, und die Jäger setzten sich wieder.

Spiel der Hähne

Unsichtbar kollerten wenige Minuten später zwei Hähne im Verborgenen. Dann, in etwa 50 Metern Entfernung, in der Nähe einer Binseninsel, bewegte sich etwas. Im Fernglas erkannte Max einen Hahn, der immer wieder bewegungslos verharrte, um die Umgebung aufmerksam zu mustern. Ein zweiter "Ritter" mit einem prächtigen, dunkelleuchtenden Gefieder strich nun heran, einer von den guten alten. Beide prahlten einander an, begannen ihre Balzarie, sprangen auf dem Boden umher, entfalteten ihre Stöße und zogen alle Aufmerksamkeit auf sich. Die Rauhfußhühner steigerten sich nun vollends in ihr Balzritual, bedrängten sich zunehmend mit ihrem eifersüchtigen Gehabe. Für einen Schrotschuß war es noch mindestens zehn Meter zu weit entfernt. Es wäre eine Sünde gewesen, den Schuß zu wagen und damit zu riskieren, daß der stolze Vogel irgendwo im bürstendichten Unterwuchs für immer verschwindet, unwürdig in die ewigen Jagdgründe einwechselt. Das kam für den weidgerechten Rudolf Krause ohnehin nicht in Frage. Jagdherr und Gast behielten die Nerven.

Max genoß das Naturschauspiel, spürte jedoch, wie ihn mehr und mehr das Jagdfieber packte. Plötzlich strich einer der Hähne ab. Der ältere, prächtigere blieb sitzen und lief aus nicht nachvollziehbaren Gründen mit schnellen Tippelschritten einige Meter auf den Schirm zu - sein Pech. Jetzt hieß es reagieren. Max spürte, daß es nun Zeit war für den Schuß. Seine Adern spannten sich, das Blut begann in ihnen zu pulsieren, als ob er sich im Ring be-

Seitenanscicht des Gutshauses Ober Eulenau

fände und einem unberechenbaren Gegner gegenüber stünde. Trotz der Anspannung brachte er in Zeitlupentempo die Doppelflinte in Anschlag. Ein Knall brach durch den Morgen, und die Schrotgarbe raste, gebündelt vom Vollschock des Flintenlaufes, auf den Hühnervogel zu.

„Weidmanns Heil!" rief da R. Krause. Der Faustkämpfer sprang sichtbar zufrieden aus dem Schirm und lief zum gestreckten Birkhahn. Dann standen die beiden Jäger beeindruckt vor dem schwarzen Ritter mit den feurigroten Balzrosen, im Hintergrund Schilf, Gesträuch, eine rotbraune Wasserlake, ein Birkenhorst und schließlich das Bergmassiv der Voralpen mit dem Wendelstein, der sich kontrastreich über allem erhob. Eine passendere Kulisse für das erhebende Ereignis hätte es nicht geben können, sie hat sich für immer in die Seele des Champions eingeprägt.

Birkhahn ganz nach Bayernart

Zwei Tage später wurde der Birkhahn von Frau Krause exzellent zubereitet und den Gästen, natürlich mit bayrischen Knödeln und Rotkraut, wie es sich gehört, serviert. Das Federwild mundete trotz seines Alters köstlich, nicht zu vergleichen mit einer wilden Gans, auf die man gegebenenfalls lieber verzichten sollte.

Der Volgelbalg ist von einem Präparator für Max Schmeling meisterhaft aufbereitet worden. Er hing fünf Jahre an der Trophäenwand im hinterpommerschen Ponickel und erinnerte ihn an angenehme Jagdstunden in Oberbayern.

Ein Herz für Kinder

Wie angenehm es in der Familie zugeht, wenn Kinder da sind, erlebten Anny und Max im Hause Hoffmann. Sehr gerne spielten sie mit den beiden Söhnen des Oberförsters, schließlich mit dem 1941 geborenen Nachkömmling Gerhard.

Max brachte für die Knirpse immer ein Geschenk von seinen Reisen mit und führte die Spielsachen auch gleich vor. Das eine Mal war es eine Kinderarmbrust, die einen Pfeil auf eine bunte Zielscheibe katapultierte, das andere Mal eine Flinte mit Zündplätzchen oder ein Automobil. Beim Spielen verstand er es, die Knaben so zu begeistern, daß selbst die Eltern gerührt zusahen.

Besonders mit dem kleineren Hans Friedrich hat sich der Faustkämpfer gerne beschäftigt. Der Junge wollte nämlich Jäger werden.

Eines Tages schlich Schmeling mit seinem Lieblingskind um die Hausecken der Försterei, vorbei an den Sträuchern und Bäumen des Gartens. Eine "wilde Sau" sollte angepirscht werden, die sich schließlich in Lebensgröße im Stall eingeschoben hätte. „Feuer frei", rief er zum Knaben, während Muttchen, Gertrud Hoffmann, herbei lief und in Sorge um das liebe Hausvieh die Emotionen der Spielenden dämpfte. Damit bewahrte sie die Sau vor einem "Blattschuß". Alles lachte und Max wohl auch über sich und seine spontanen Einfälle.

Ein anderes Mal ließ er sich im Boxkampf in der "Jugendklasse" so richtig verprügeln. Das war natürlich etwas, den Box-Weltmeister aller Klassen zu besiegen. Stolz wie die Könige, zogen die Buben los, um den "Steppkes" der Nachbarn von ihrem Sieg zu berichten.

Als sich Anny einmal am Spiegel schminkte, stand der kleine Hans Friedrich neben ihr und fragte neugierig: „Tante, was machst du da?" „Ach weißt du, ich schmiere mir Marmelade um den Mund", gleichzeitig drehte sie

Foto links: Der Boxer und die Schauspielerin - ein Traumpaar sich um und setzte dem verwundert zuschauenden Dreikäsehoch mit dem Lippenstift einen Punkt auf die kleine Nase.

In Ponickel stand die Tür für die Knirpse des Dorfes immer offen, besonders für jene, deren Väter mit Beginn des Krieges eingezogen wurden und den "Heldentod" gestorben sind. Darüber hinaus beherbergten die Schmelings lange Zeit im Rahmen der Kinderlandverschickung die Mädchen und Jungen ihrer Freunde aus Berlin und Kiel, boten ihnen eine sichere Zuflucht vor den Gefahren des Luftkrieges.

Sommerfest bei den Mädchen des RADwJ in Viartlum. In der Mitte M. Schmeling, links daneben Gerd Wiese; ganz rechts Förster Reinholt Below

Frau Schmeling engagierte sich insbesondere für die Mädchen, die gemäß einem Gesetz vom 26. Juni 1935 ihren halbjährigen, ab 1941 einen ganzjährigen um den Kriegshilfsdienst erweiterten Arbeitsdienst (weibliche Jugend bis 1939 auf freiwilliger Basis), abzuleisten hatten. In der Nähe des Gutes, in Viartlum, Grünwalde und Tretenwalde, befanden sich Lager des weiblichen Reichsarbeitsdienstes (RADwJ).

Im Viartlumer Lager, im Bereich eines 1931 aufgesiedelten Gutes, hielten sich ca. 30 Jugendliche auf. Die blau-weiß gekleideten Arbeitsmaiden wurden bei Bauern und Siedlern im Dorf Viartlum, auf Einzelgehöften sowie in Neuhof, Latzig, Pottack, Pottacker Mühle und Ponickel eingesetzt und stellten für die Landwirte eine große Hilfe dar. Nach der Arbeit, die meist einschließlich dem Weg zum Einsatzort sieben Stunden betrug, folgte eine Stunde Bettruhe, dann bis zur Nachruhe Unterricht, Sport und Singen. Den Sonntag nutzten die Maiden zum Wandern in die schöne Umgebung.

Anny und Max kosten den Kuchen der Maiden

Anny Schmeling hat mit dazu beigetragen, daß es den Mädchen nicht langweilig wurde. Sie beteiligte sich mit Rat und Tat an Theatervorführungen, gab Regieanweisungen, erzählte über das Leben beim Film und ihren eigenen schauspielerischen Werdegang, organisierte Filmvorführungen. Innerhalb des praktischen Unterrichtes brachte sie den Mädchen das Drum und Dran der artgerechten Hühnerhaltung bei.

„Sie zeigte z. B., wie man die Nester für das Gelege vorbereitet", wußte mir Lilie Venzke aus Lutherstadt Wittenberg, die gemeinsam mit der Ondra die Maiden ausbildete, zu berichten.

Und wieder ruft die Schauspielkunst

Hin und wieder ging Anny auf große "Reise", befriedigte ihr Geltungsbedürfnis als Schauspielerin. Während Max den Wehrdienst absolvierte, fuhr sie 1940 zu den Dreharbeiten des Films "Der Gasmann", in dem Heinz Rühmann die Hauptrolle spielte. 1942 lief "Wir erben ein Schloß", der letzte Streifen, in dem die Ondra eine Rolle übernommen hatte, über die Leinwand der Kinos.

Außer der Waldwirtschaft galt es in Ponickel, den Feldbau anzukurbeln und den Weide- bzw. Stallbetrieb rentabler zu gestalten, eigentlich das gesamte Anwesen wie-

Das Land der braunen Knollen

der "auf Vordermann zu bringen", was den neuen Besitzern unter Einsatz von Kapital, Fachkräften und kluger Vorgehensweise zunehmend gelang.

Max ging die Sache gemeinsam mit dem Gutsverwalter mit aller Gründlichkeit an, studierte Fachliteratur, hielt Kontakt zu erfahrenen Leuten und ließ sich von Spezialisten beraten. Das betraf z. B. Maßnahmen zur Erhöhung der Bodenfruchtbarkeit, der Berieselung und den verstärkten Hackfruchtanbau in Form der Kartoffel, die vorerst die Grundlage für die Schweinehaltung darstellte. Später sollten auch Saatkartoffeln produziert werden, denn Pommern war das "Land der braunen Knollen".

Mit Schmelings Studium der Landwirtschaftswissenschaften wurde es allerdings nichts, weil er schon frühzeitig den Gestellungsbefehl erhielt. Ein Gutsinspektor half daher, den reibungslosen Betriebsablauf zu gewährleisten. Er sorgte u. a. für Ordnung und Sauberkeit auf dem Besitz. An Wegen und Schneisen warnten Schilder vor Seuchengefahr: "Betreten verboten, Maul- und Klauen-Seuche", eine Maßnahme, die vor allem neugierigen Besuch (Medienvertreter) oder allzu eifrige Fans vom Halse halten sollte, d. h. ein Leben in Ruhe garantierte.

Landwirt Max Schmeling bei seinen Sauen in Ponickel

Die vorhandenen Ställe ließen Schmelings instand setzen und modernisieren. Dazu wurden gewaltige Auffangbehälter für Stallmist und Gülle aus Beton errichtet bzw. modernisiert, um die anfallenden wertvollen Düngestoffe für die ärmlichen Böden optimal aufarbeiten und effektiver nutzen zu können. Zur Verbesserung der Stromversorgung entstand ein eigenes Umspannwerk.

Der Traum vom Leben auf dem Land hat sich erfüllt

170 Schweine, 51 Stück Rindvieh, davon 20 Milchkühe, und 10 Pferde, der überwiegende Teil Ackerpferde, zählten 1939 zum Bestand des Gutes. 21 Hektar Wiesen und weitere Zupachtungen bei Viartlum dienten der Heuproduktion für die Wintermonate bzw. zur Weide. Die 174 Hektar Ackerland lieferten hauptsächlich Kartoffeln, Roggen-, Gersten- und Haferkorn. Die Braugerste fand Verwertung in der Kornbrennerei des Domänen-Gutes Treten. Das Vieh schlachtete man zwecks der besseren Vermarktung in der eigenen modernisierten Schlachterei. Neue landwirtschaftliche Technik, darunter ein Traktor der Firma Lanz mit Zapfwellenantrieb einschließlich Mähmaschine, wurde angeschafft. Auch die Molkerei erhielt eine neue Ausrüstung.

Die Nutriazucht

Gleichzeitig verwirklichte Schmeling eigene Ideen, befaßte sich mit Pelztieren und baute eine Nutriazucht auf. Die Anregung dazu stammte aus den USA, wo der Champion die Trainingspausen nicht nur zum Fischen, sondern auch für einen Besuch auf den Farmen genutzt hatte. Am Abfluß eines ca. 90 Quadratmeter großen Teiches, der sich unmittelbar an der Einfahrt zum Gutshof befand, ließ

Überreste der Nutriaställe in Ponickel, 2003

er im abschüssigen Gelände für die aus Südamerika stammenden biberartigen Tiere, mitten im ca. drei Hektar großen Garten, drei Flachställe aus Beton mit insgesamt 21 Boxen errichten. Dort hielt er bis zu 130 dieser pflanzenfressenden Geschöpfe mit den orangenen Zähnen.

Neben angenehm schmeckendem Fleisch, das im Geschmack dem von Enten und Gänsen ähnelt, lieferten die Nutria im Jahr bis zu 150 Felle von mehr oder weniger hoher Qualität.

Die Haltung der Sumpfbiber und vor allem die Erzielung hoher Pelzqualitäten braucht längere Erfahrung. Maßgeblich sind die Güte des Futters, der rechtzeitige Zeitpunkt der Pelzung und die Haltungsbedingungen, wie Pflege, Selektion, Sauberkeit, Wasserqualität und auch das Klima. Das weibliche Tier wirft zweimal im Jahr sechs bis acht Jungtiere, die nach etwa einem viertel Jahr die Pelzreife erreichen. Viermal im Jahr wechselt die Qualität des Felles, auf gute Grannenhaare und Unterwolle kommt es an. Schmeling mußte rechtzeitig erkennen, wann die Tiere gepelzt werden müssen.

Und auch hier bot sich analog wie bei der Hausschweinehaltung an, Kartoffeln als nährstoffreiche Hackfrucht in gedämpfter Form in den Wintermonaten zu verabreichen. Des weiteren fütterte man Heu als Raufutter und in Ergänzung Mohrrüben.

Nutria überstehen zwar bei guter Nahrung den europäischen Winter, ziehen sich jedoch auf Grund ihrer südlichen Herkunft auch schnell Erfrierungen bei sehr frostigem Wetter, wie man es in Hinterpommern erwarten kann, zu. Um tatsächlich gute Ergebnisse zu erzielen, bedarf es, wie bereits angedeutet, einer gehörigen Portion an Wissen, Beobachtungsgabe und Erfahrung. In Kenntnis dieser Vorrausetzungen "backten" die Schmelings erst einmal "kleinere Brötchen".

Während Max sich besonders seinen Lieblingen, den Nutria, widmete, kümmerte sich Anny um die Pekingentenzucht. Penibel, wie die Gutsherrin einmal war, sah auch das Federvieh stets schneeweiß aus. Der Restaurantbesitzer Otto Horcher bot seinen verwöhnten Gästen in Berlin diese Enten aus prominenter Herkunft, gut genährt und fettarm, als edlen Braten an.

Gutsherr Schmeling im fachlichen Gespräch, Anny hoch zu Roß

Im Frühjahr fanden sich Anny und Max per Pferd, das zweitwichtigste Transportmittel nach dem Auto, zum alljährlich stattfindenden Stutenfest in der Domäne Treten ein, einem Treffpunkt für Pferdehalter, Verkäufer, Gutsbesitzer, Tierärzte und Leute, die Pferde mochten oder davon etwas verstanden. Außerdem ein geselliges Beisammensein für die Dörfler.

Den Gutspächter Dillges kannten die beiden Ponickler schon von der Jagd recht gut, seinen Inspektor Friedrich Venzke schätzten sie als Pferdespezialisten.

Ponickel bot beste Voraussetzungen für die Pferdehaltung. Anny vor dem Ausritt

Außer zwei Reitpferden und einem zeitweise dazugehörigen Fohlen besaßen die Schmelings acht Ackerpferde. Für die entgeltliche Nachzucht benötigten sie außer dem fachlichen Rat die in Treten stehenden Zuchthengste Norweger und Altensee.

Über Stock und Stein

Max und Anny waren in Ponickel recht häufig hoch zu Roß unterwegs, ritten gerne durch Wald und Flur, sahen nach dem Rechten und genossen die Natur.

Jährlich Ende August luden Gutsherr und -herrin die Ponickeler und einige Gäste von den Nachbargütern zum Erntefest ein. Dieses Dorffest erfreute sich größter Be-

Erntefest 1938 in Ponickel, Festumzug der Einwohner zum Gutshaus

Auf zum Erntefest

liebtheit, zumal sich die Gutsleute spendabel und bei der Gestaltung dieses ländlichen Höhepunktes als einfallsreich erwiesen. Anny ließ eine Leinwand aufbauen und den Feiernden Filme der Lamac-Ondra-Produktion oder die von Hitchcock vorführen. Die Kinder konnten sich währenddessen beim Karussellfahren vergnügen. Ein gegrilltes Wildschwein verbreitete verlockende Düfte und machte Appetit. Es gab außerdem pommersche Kartoffelpuffer, die auch der Erntekönig mit Vorliebe aß.

Anny und Max Schmeling empfangen die Erntekronen. Hinter Anny, Oberförster G. Hoffmann aus Müncheberg

Die Feier begann stets mit einem Umzug der Ponickeler Einwohner, voran ein kleiner Spielmannszug. Groß und Klein strebten dem festlich geschmückten Guts-

Das erste Erntefest der Schmelings 1938 auf dem Gut Ponickel, Fortsetzung einer langjährigen Tradition

Nach der Zeremonie wurde im Speicher getanzt und gefeiert (Foto 2003)

haus zu, an dessen Eingang sich das Ehepaar Schmeling, der Gutsverwalter, die Förster, das Zimmermädchen, die Küchenmamsell und einige Gäste postiert hatten. Dann wurden unter Beifall der Anwesenden je eine Erntekrone an Anny und Max überreicht. Der Gutsherr ließ es sich nicht nehmen, einige Worte des Dankes zu sagen, und lud anschließend zum geselligen Beisammensein ein. Im mehrstöckigen backsteinernen Speicher, der heute noch existiert, unmittelbar links neben dem inzwischen zerstörten und abgetragenen Herrenhaus, konnte gespeist, getrunken und getanzt werden. Die Kapelle spielte bei Freibier lustige Weisen, alle amüsierten sich - auf Standesunterschiede wurde kein Wert gelegt. Irgendwie sprach sich das Ereignis herum, so daß sich, geladen oder nicht, stets die Presse einfand.

Mit dem Motorrad fuhr Paul Schwuchow, seinerzeit Mitarbeiter bei dem zweitgrößten Medienblatt, der "Zeitung für Ostpommern", ungeachtet sandiger Spurrinnen quer durch den Wald nach Ponickel und mischte sich unter die Festumzügler, keiner bemerkte etwas. Um so größer das Erstaunen der Schmelings am nächsten Tage beim Zeitunglesen.

Max Schmeling hatte dem Medienvertreter seinen Eifer längst verziehen, als sie sich 1945 in Winterhude, einem nicht vom vernichtenden Feuersturm heimgesuchten Stadtteil Hamburgs, wiedersahen. Dort bewohnte der Flüchtling Schmeling ein einziges, wenn auch sehr großes Zimmer.

Max hatte gerade eine dreimonatige Gefängnisstrafe wegen des angeblichen Verstoßes gegen alliierte Baugesetze hinter sich. Abgemagert, jedoch überglücklich, wieder auf freiem Fuß zu sein, traf er den inzwischen beim Ernährungsamt Nr. 114 der Stadt Hamburg in der Butterblumenstraße 5 angestellte P. Schwuchow, der dafür sorgte, daß der Entlassene Lebensmittelkarten erhielt.

Paul Schwuchow verdanke ich die Fotos, welche er 1938, bei einem heimlichen Besuch des Erntefestes aufnehmen und bei der Flucht aus Pommern retten konnte.

Erinnerung an Ponickel - Max Schmeling erhält 1954 von einem polnischen Förster das Geweih eines kapitalen Hirsches (Zwanzigender), der im Trebliner Forst gestreckt wurde

Vor dem Krieg das letzte Mal im Ring

Am 2. Juli 1939 stand Max Schmeling vor dem Krieg das letzte Mal im Ring. Der amerikanische Boxpromotor Mike Jacobs empfahl ihm nach seiner Niederlage in den USA, zuerst in Deutschland einige Kämpfe zu absolvieren, sich aufzubauen und anschließend in die Revanche mit Louis zu treten.

Schmeling kämpfte in dem Stuttgarter “Adolf-Hitler-Stadion” (Neckar-Stadion) gegen den ersten Mann in Deutschland, den favorisierten Bonner Adolf Heuser. Er beförderte den Offensivboxer schon nach einundsiebzig Sekunden unter dem Beifall von sechzigtausend Zuschauern in die Bewußtlosigkeit. Zum Glück wachte der besinnungslose Heuser wieder auf, nachdem ihn ein Arzt künstlich beatmet hatte. Sowohl der Sieger wie auch die Ehefrau des Geschlagenen wurden von ihren bangen Befürchtungen erlöst.

1940 in Wittstock an der Dosse

Im Frühjahr 1940 lud den Faustkämpfer ein Redakteur des Berliner “12 Uhr-Blattes” zu einer Stippvisite auf den am 11. August 1939 eröffneten Militärflugplatz Wittstock ein. Der Weltmeister sagte zu, da er die Stadt bereits von seinen Jagdeinladungen und einem Besuch mit Anny recht gut kannte.

Bereits im Herbst 1936 hatte der noch jungvermählte Max Schmeling ein Wochenende mit seiner bildhübschen Frau in Wittstock verbracht, um bei der Gelegenheit eine Einladung zur Jagd wahrzunehmen. Die Großen dieser Welt, die gekrönten Häupter, bedeutende Persönlichkeiten aus Kunst, Wissenschaft und Sport, fanden nur selten in die Prignitzstadt. Kein Wunder also, daß man dem unverhofften Besuch große Aufmerksamkeit zollte.

Zum Empfang erschien der Bürgermeister in Begleitung der Stadtpersönlichkeiten, umringt von begeisterten Wittstockern. Das prominente Paar hatte sich im “ersten Haus am Platze" Ecke Kirchgasse, dem "Deutschen Haus", einquartiert, eine großartiges Ereignis für die Stadt an der Dosse.

Das Ausbildungsflugzeug Ju 52 auf dem Flugplatz in Wittstock -1940

Max Schmeling konnte damals noch nicht ahnen, daß er sich vier Jahre später die Stadt und ihr Flüßchen, die Wälder und Fluren, aus der Vogelperspektive anschauen und Anny einen Soldaten in Wittstock besuchen würde. Nun war es so weit.

Mit dem Redakteur auf dem vor einem Jahr eröffneten Flugplatz angekommen, empfing die Gäste Oberst Walter Primus, der Flugplatzkommandant (am 11.11.1954 in Wittstock verstorben). Nach der Besichtigung der Flugzeughallen, Landebahnen und der Unterkunftsgebäude aß man mit den Rekruten und unterhielt sich über ihre Ausbildung. Am Nachmittag bestieg der Boxchampion eine JU 52, erhob sich mit in die Lüfte und beobachtete, wie sich die Fallschirmspringer in die Tiefe gleiten ließen.

Nach der Landung erkundigte sich Oberst Primus bei Schmeling, wie ihm die Sache denn gefallen hätte, und fragte weiter, ob er auch selbst zu einer solchen Mutprobe bereit wäre. Lachend meinte der Faustkämpfer dazu, daß er schon Schlimmeres durchstehen mußte.

Flugplatzkommandant Oberst W. Primus (vorne rechts) in Begleitung auf dem Weg zur Rollbahn

Wenige Zeit später, auf einem Empfang für prominente Sportler, suchte ein Luftwaffengeneral das Gespräch mit dem Weltklasseboxer. Offensichtlich hatte er den Artikel von Schmelings Wittstockbesuch gelesen und bot seinem

Das deutsche Boxidol als Fallschirmjäger in Ausbildung

Gesprächspartner nunmehr an, den Militärdienst bei den Fallschirmjägern zu absolvieren. „Was soll's, lieber dort als bei der Wehrmacht", dachte Max Schmeling damals.

Bald darauf flatterte ein Gestellungsbefehl in Ponickel ein, worauf sich der Gutsherr wohl oder übel von seinem Schweizer, mit Kurzaufenthalt in Berlin, zur Fallschirmjägerausbildung nach Stendal fahren ließ. Dort nahm er an einer "schonenden" Grundausbildung teil, bevor er von Dezember bis Januar zu einer hastig durchgezogenen Fallschirmspringerausbildung nach Wittstock abkommandiert wurde.

Auf dem Flugplatz

„Man sieht sich also wieder", meinte Oberst Primus freundlich bei der Begrüßung Schmelings im Dezember 1940, der nunmehr der 3. Schülerkompanie der Fallschirmschule angehörte. In der Kompanie ebenfalls Soldat Busse, der Max Schmeling 1970 in Hamburg besuchte und an alte Zeiten erinnerte.

Max konnte gut abschätzen, was er konnte und was ihm nicht lag. Es zeigte sich, daß er für das Fallschirmspringen nicht geschaffen war. Seine Körpergröße, sein Gewicht und die angeschlagene Wirbelsäule bereiteten ihm

Trauerfeier zu Ehren des verunglückten Oberst Freiherr v. Grazy - 1941

Probleme, dazu der zu dieser Jahreszeit gefrorene harte Boden. Äußerst beliebt bei Offizieren und Soldaten, nahm der populäre Soldat indes auch diese Hürde des Lebens.

Erinnerung an alte Zeiten - 1970 besucht Fallschirmjäger Busse Max Schmeling

Daß der Job sehr gefährlich sein kann, beweist das Schicksal des Österreichers Oberst Freiherr v. Grazy, der im Rahmen einer Lehrvorführung am 12. Januar 1941 aus einer JU 52 in 3.000 Meter Höhe in den Tod stürzte, weil dessen Fallschirm sich nicht, wie vorgesehen, in 300 Meter Höhe öffnete. Nach dem Aufprall soll der seinerzeit bekannte Fallschirmspringer nur 87 Zentimeter groß gewesen sein.

Primus freute sich über die Anwesenheit Schmelings, erwartete man doch eine hochkarätige Militärdelegation aus dem verbündeten Japan. Da konnte eine populäre Persönlichkeit unter den auszubildenden Fallschirmspringern dem Image und Ego außerordentlich dienlich sein.

Weihnachten 1940 feierte Max Schmeling in Wittstock gemeinsam mit Kumpels der 3. Schülerkompanie enthaltsam ohne einen Tropfen Alkohol.

Besichtigung des Flugplatzes durch eine hohe Militärdelegation aus dem verbündeten Japan

Irgendwann erhob sich die JU 52 ein letztes Mal mit dem Soldaten Schmeling zu den Wolken über Wittstock. Max Schmeling schaute hinab auf das Dorf Sewekow, die Krümmeler Heide und den schillernden Nebel- und Langhagensee - welch herrliche Landschaft. Erinnerungen an die schönen Stunden im Revier und Erlebnisse mit den Jagdfreunden passierten Revue. Von oben sah alles so klein, so friedlich aus. Was würde die Zukunft bringen? War es vielleicht ein Abschiedsblick, der letzte Gruß?

Nach Beendigung der Springerausbildung im Januar 1941 hielt sich der Champion in einem Einsatzregiment in Wolfenbüttel auf, absolvierte militärische Übungen in der Lüneburger Heide und wurde schließlich Anfang Mai des gleichen Jahres nach Griechenland verlegt.

Der Kreta-einsatz

Im November 1940 bat die griechische Regierung Groß Britannien um militärische Hilfe. Bereits im April hielten sich 42.000 Soldaten - Griechen, Engländer, Australier und Neuseeländer - für die Verteidigung der Insel Kreta bereit. Trotz anderweitiger Empfehlungen von Militärexperten bestand Adolf Hitler auf die Einnahme der Insel und erhielt das Einverständnis des italienischen Diktators Mussolini.

Noch ahnte Max Schmeling nicht, daß er an der größten Luftlandeoperation der Geschichte teilnehmen würde, der Besetzung der griechischen Mittelmeerinsel Kreta.

Knapp 500 JU 52-Flugzeuge standen u. a. für den Kampfeinsatz zur Verfügung, und eine dieser Maschinen bestieg im Morgengrauen in Topolia der sich übel fühlende Fallschirmjäger "Maxe". Ohne Rücksicht auf seine Magenverstimmung, in Wirklichkeit eine lebensgefährliche Ruhrinfektion, schickte man ihn mit der ersten Welle in die Schlacht. Im Niedrigflug näherten sich die vollbesetzten von Jagdfliegern eskortierten Transport-Flugzeuge einer Verteidigungsstelle der Engländer im Süden Kre-

Ausbildung auf dem Flugplatzgelände bei Wittstock, Winter 1940/41

tas bei Chania. Auf Kommando sprangen die Fallschirmspringer in die Tiefe, die von unzähligen Flakgeschossen und Maschinengewehrgarben durchsiebte Luft. Die Verluste waren hoch, feindliche Kugeln durchbohrten oft Menschen und Material, bevor sie am Boden angelangten. Schmeling indessen landete unglücklich an einem Berghang zwischen den Weinreben, verletzte sich dabei beide Beine. Er vermochte nicht, auf felsigem Grund die Wucht des Aufpralls abzufangen. Alte Verletzungen forderten ebenfalls ihren Tribut. Kampfunfähig schleppte sich der Soldat Schmeling voran und fand erst in der Nacht Anschluß zur Truppe. Man brachte den Verwundeten vorerst in ein Feldlazarett und schließlich nach Athen.

Boxer Max Schmeling gefallen?

Obwohl Kreta nach zehn Tagen genommen wurde, schienen die Verluste mit 2.500 Toten, 2.600 Verwundeten und 1.900 meist auf See Vermißten unvertretbar hoch. Unter den Toten auch Max Schmeling?

So konnte man es zumindest am 30. Mai 1941 Pressemeldungen des In- und Auslandes entnehmen. Die Nachrichtenagentur United Press meldete z. B., daß das deutsche Boxidol bei einem Fluchtversuch aus der Gefangenschaft erschossen worden sei. Reuters dagegen berichtete, Max Schmeling sei bei den Kämpfen auf Kreta gefallen.

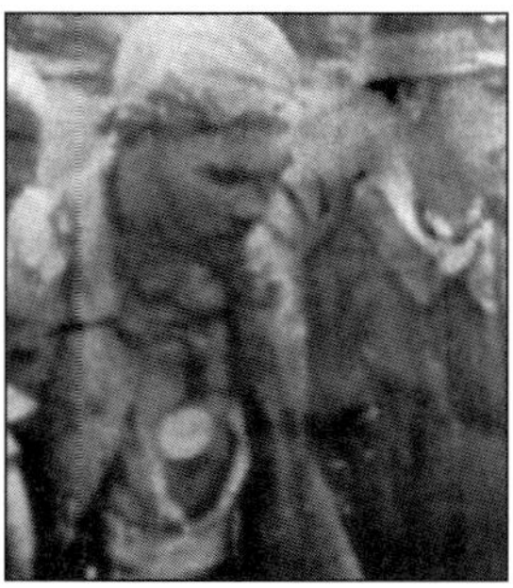

Der verwundete Faustkämpfer, gestützt von zwei Soldaten, auf dem Weg zum Lazarett

Anny wußte weder vom Fronteinsatz ihres Ehemannes, noch von den Nachrichten seines angeblichen Todes. Bei einem Anruf, der sie diesbezüglich erreichte, erschrak sie, erfuhr jedoch, daß Max lebe, aber verwundet im Lazarett läge.

Schlachtenlärm in Müncheberg

In Hoppegarten, dem kleinen Dorf mitten in Schmelings märkischem Jagdrevier bei Müncheberg, begann das Jahr 1945 noch vergleichsweise ruhig. Zwar diente der idyllische Maxsee schon seit geraumer Zeit den von den Flugplätzen in Fürstenwalde und Eggersdorf startenden Kampfmaschinen als Zielgebiet, doch flogen die nun hauptsächlich an die Front. Der See war aus besagtem Grund daher schon längere Zeit gesperrt und auch für den Jagdpächter nicht zugänglich, d. h. jagdlich nicht nutzbar.

Außerdem hatten mehrere Behörden ihren Sitz wegen der zunehmenden Bedrohung aus der Luft von Berlin in den Wald zwischen Hoppegarten und Müncheberg in die Talheide verlegt. Dort schossen in der Stille des Waldes häßliche, tarngestrichene Baracken in die Höhe.

Überall traf man auf Flüchtlinge, die im Walde kampierten. Die Arbeit auf den Höfen war auf ein Mindestmaß reduziert. Fremd- und Zwangsarbeiter schufteten in den Wirtschaften und mußten Väter und Söhne ersetzen, die an der Front kämpften oder ihr Leben für Führer, Volk und Vaterland, wo auch immer, im Kessel von Stalingrad oder in den Wüsten Afrikas, bereits geopfert hatten.

Die Nachricht vom "bolschewistischen Großangriff" am 13. Januar schien man anfänglich kaum zu registrieren. Keiner ahnte, daß es die größte sowie verlustreichste Schlacht des zweiten Weltkrieges auf deutschem Boden werden sollte.

Erst als am 16. des Monats der auf Ost drehende Wind den Schlachtenlärm von den Seelower Höhen herantrieb, wurde den meisten Menschen unheimlich zumute. Plötzlich rückten verstärkt deutsche Truppen nach, insbesondere auf der strategisch wichtigen Reichsstraße. Der Müncheberger Forst wurde nach und nach zum Aufmarschgebiet des Militärs. Aus Leipzig trafen Volkssturmeinheiten ein, hauptsächlich alte oder zu junge Leute, halbe Kinder, die weder über Fronterfahrungen, geschweige denn eine ausreichende militärische Ausbildung verfügten - "Kanonenfutter".

Als örtlichen Oberförster verpflichtete man Georg Hoffmann, die an- und abrückenden deutschen Truppen durch den teilweise verminten Wald zu geleiten. Eine wichtige Versorgungsader mußte betreut werden, ein zentraler Forstweg, der den Müncheberger Stadtforst mit dem Hangelsberger Waldkomplex verband und Richtung Berlin führte. Zahlreiche Waldwege waren gesperrt, weil vermint. Außerdem konnte man auf die Ortskenntnis des Forstmannes nicht verzichten, wenn es um das Löschen von Bränden nach Bombenangriffen oder Beräumungsmaßnahmen ging. Für Hoffmann stand damit fest, daß er einer der Letzten sein würde, die, wenn überhaupt, den Rückzug antreten durften - Scheiß-Spiel. Ausgerechnet er, dem dieser verdammte Krieg schon immer gegen den Strich gegangen war, sollte sich hier im einst so friedlichen Wald opfern.

Sorge um Ponickel

Max Schmeling hielt sich seit März 1945 ebenso wie sein "Schatten" Max Machon hauptsächlich in Berlin auf, wo er die Gastfreundschaft von John Jahr, der am Roseneck eine Villa besaß, in Anspruch nahm.

An einem Vormittag, der Oberförster erledigte gerade seinen Bürokram, hörte dieser Motorengeräusche. Ein Blick aus dem Fenster, alles klar, der DKW von Max Schmeling stand auf dem Hof. Schon längere Zeit war der Freund in Vorheide nicht gesichtet worden, so daß man sich freudig begrüßte. Es gab nichts Gutes zu berichten. Die Ereignisse hatten sich überschlagen, und der Verlust Ponickels lag dem willkommenen Gast schwer im Magen.

Vergeblich hatte Max Schmeling vor geraumer Zeit versucht, auf Seitenstraßen ein zweites Mal zum Gut zu gelangen, um wenigstens die verbliebenen wichtigsten Habseeligkeiten zu retten, die gebundene Telegrammsammlung, die Meisterschaftsgürtel usw.

Die Erinnerungsstücke seiner Sportkarriere und seine Jagdtrophäen könne er nun entgültig abschreiben, vielleicht stünde Ponickel gar nicht mehr und wenn, dann sicherlich ausgeplündert. Ein Alptraum war zu Realität geworden - fast alles schien verloren. In dem Glauben, wenigstens das Sparguthaben noch zu besitzen, sprach Schmeling von seinem Vorsatz, Ponickel nach dem Wahnsinn sofort wieder aufzubauen - verdammter Krieg.

Nicht weit von Stettin sei er auf eine Wehrmachtskolonne gestoßen. Ein Obergefreiter habe ihm erzählt, daß die Russen Rummelsburg umstellt und so gut wie eingenommen hätten. Da habe er kehrt gemacht.

Das Gutshaus Ponickel wurde ausgeplündert und im Laufe der Jahre als herrenloser Bau nach und nach zum Zweck der Baustoffgewinnung abgetragen, 1974

Ponickel
im Verfall

1938

1974

1978

2003

Anny und seine Mutter seien erst einmal in Rostock untergekommen, und er würde ihnen demnächst folgen. Voraussichtlich ist das auch sein letzter Besuch, zumindest, wenn die Ereignisse so weiter liefen. Das Gequatsche von Wunderwaffen gehe ihm auf den Nerv. Angeblich verhandle man ja mit den Alliierten, und dies sei wohl unter den gegebenen Umständen auch die einzige Chance, um aus dem Dilemma herauszukommen.

Irgendwann würde er nach Ponickel zurückkehren und alles wieder aufbauen, meinte Schmeling optimistisch. Zur Zeit requiriere man gerne Fahrzeuge, und er müsse auf der Hut sein, sich etwas einfallen lassen, damit er wenigstens seinen DKW behielte - Räder und Batterie abbauen oder so.

Im Forst sei der Teufel los, gab Hoffmann zur Kenntnis. Viel zu unruhig, man treffe mehr Militär als Wild an, schmiede Pläne zur Verminung. Das Wild sei inzwischen so vergrämt, daß man es noch kaum vorbekäme. Überall werde gegraben, es würden Unterstände und Schützengräben geschaffen, und er sei in den ganzen Firlefanz eingebunden. Da mache die Jagd keinen Spaß mehr. Wenn nicht gewisse Auflagen beständen, würde er die Büchse lieber im Schrank stehen lassen, auch er mache sich große Sorgen um das, was da noch kommen werde. Seine Frau Gertrud sei mit den Kindern inzwischen im Harz. Nur die Älteste, Ilse, und ein Ausbildungsmädchen hielten die Stellung und führten den Haushalt. Auch die jüdischen Waldarbeiter sind noch im Einsatz - weil man sie noch braucht - ergänzte Hoffmann besorgt.

Für die Erledigung der Arbeiten bzw. Maßnahmen stand dem Oberförster eine Brigade von mehreren zwangsverpflichteten Juden zur Verfügung, denen bisher der Abtransport in die Vernichtungslager erspart geblieben war.

Welch ein Glück für diese im eigenen Land Gefangenen und Geknechteten, bei einem Forstmann zu arbeiten, der sie entgegen verordneter Repressalien wie Menschen behandelte und sie trotz strengsten Verbotes mit Lebensmitteln und Kleidung versorgte. Dieses Verhalten verband ihn auch mit seinem Jagd- und Familienfreund Max Schmeling. Als Sportler auf internationaler Tribüne mißfiel dem jeglicher Rassenhaß.

Der Stadtforst wird zum Kriegsschauplatz

Der Flüchtlingsstrom wuchs von Stunde zu Stunde an. Schreckliche Nachrichten verunsicherten die Gemüter. Schon längst standen die wichtigsten Utensilien der Dörfler zusammengepackt in der Stube. Jetzt rechnete man mit dem Schlimmsten, der Preisgabe und dem Verlust von Heim und Habe, wenn nicht sogar dem Tod. Die dumpfen Explosionen der einschlagenden Geschosse der schweren und weitreichenden Artillerie der Sowjets in Müncheberg und auf dem Bahnhof Dahmsdorf gaben Grund dazu. Sie vertrieben das letzte Fünkchen Hoffnung, daß sich alles noch zum Guten wenden könnte.

Mit dem Schwinden des Morgennebels starteten vom benachbarten Flugplatz Eggersdorf, in der Nähe, wo Max Schmeling und seine Freunde einst den Wildkaninchen nachgestellt hatten, die Maschinen des IV. Jagdgeschwaders 51 "Mölders" in pausenlosem Einsatz gegen den vorrückenden Feind. Ihr Ziel: die Oderübergänge bei Küstrin und die durchgebrochenen sowjetischen Panzerspitzen bei Gusow und Platkow. Die Anstrengungen, den Vormarsch der "Roten Armee" zu bremsen, blieben jedoch erfolglos.

In der Nacht des 17. April fielen sowjetische Bomben auf wichtige Verkehrsknotenpunkte, vermutete Gefechtsstände und Gebäude im Wald. Betroffen ebenfalls der Flugplatz im Südosten der Heide. Das Forsthaus in Waldsieversdorf, wo ein gewisser General Weidling seinen Gefechtsstand bezogen hatte, stand ebenfalls unter Beschuß. Panik und Chaos nahmen sprunghaft zu. Die lodernden Flammen der Phosphorbomben markierten die Ziele für weitere brutale Schläge. Oberförster Hoffmann geleitete währenddessen die weit überforderten Löschtrupps zu den Brandstellen. Bei Bienenwerder loderte der Wald, außerdem mehrere der provisorischen Wirtschafts- und Wohnbaracken. Ausgerechnet dort standen die Flugzeuge der schrumpfenden Luftwaffe in Splitterboxen - die letzte Reserve.

Die durch den pausenlosen Nachtbeschuß ermüdeten Piloten der Luftwaffe gaben in ihren Focke-Wulf Fw-190 A-9 ihr Bestes, schossen über der Hoppegartener und Eggersdorfer Gemarkung 13 gegnerische Maschinen ab. Getroffen, von einer Rauchfahne begleitet, stürzten Flugzeuge von beiden Seiten ab und bohrten sich in den sandigen Wald- oder Feldboden sowie den Maxsee.

Am 18.04. schienen die Messen endgültig gesungen. In der Nacht vom 18. zum 19. April erfolgte ein Luftangriff auf Müncheberg, bei dem vornehmlich Brandbomben abgeworfen wurden. Während deutsche Nachrichten noch von Abwehrkämpfen an der Oder berichteten, standen die Truppen der weißrussischen Front, nachdem sie opferreich die Seelower Höhen genommen hatten, schon vor den Toren Münchebergs. Die 8. Gardearmee unter Führung ihres Oberbefehlshabers W. I. Tschuikow, bzw. konkret die ihr unterstellte 82. Gardeschützendivision, begann um 12.30 Uhr mit dem Sturm auf die Stadt und ging dabei mit List vor. Nachdem die Sowjets auf starke Verteidigungsanlagen gestoßen waren, zogen sie sich mit den Hauptkräften nach Osten zurück, umgingen Müncheberg von Norden und griffen im Rücken im Schutz des Waldes bzw. von den Flanken die Verbarrikadierten, d. h. die Soldaten des Volkssturms und der neuaufgestellten Panzerdivision "Müncheberg", an. Stalinorgeln, Katjuschas, heulten pausenlos. Einige der Geschosse bohrten sich in den altertümlichen Müncheberger Pulverturm, der mit seinen drei Meter dicken Wänden allen Attacken standhielt.

Inferno in Müncheberg

Das Inferno von Müncheberg währte, einschließlich des Beschusses mit weitreichenden Waffen, vier Tage. Innerhalb dieser Zeit verwandelte sich eine Stadt, für die Generationen über 700 Jahre gearbeitet, gelebt und gelitten hatten, in eine Trümmerwüste. In der Innenstadt blieb kaum ein Stein auf dem anderen, kein Haus mehr ohne Beschädigungen. 95 Prozent aller Geschäfte und 85 Prozent der Wohnhäuser waren total vernichtet, das Rathaus, die Marienkirche, das Museum. Der Wettlauf mit den Amerikanern um Berlin trieb die Sowjets zur Hast. Die Reichsstraße Nr. 1, der kürzeste Weg nach Berlin, diente als Ausgangspunkt für einen Keil, der in die Front getrieben werden sollte.

Am Morgen des 19. April 1945 schien der Gefechtslärm im märkischen Hoppegarten aus allen Richtungen zu kommen. Bisher war das Dorf noch halbwegs verschont geblieben. Am Himmel kreisten Flugzeuge mit rotem Stern, suchten unberechenbar ihre Ziele und fanden eines im Wiesenweg der Ortschaft. Ein abgestelltes Munitionsfahrzeug der Wehrmacht erhielt einen Treffer, explodierte mit unvorstellbarer Wucht und legte drei umliegende Häuser in Schutt und Asche.

An die Bürger erging nun die Aufforderung, ihren Ort bis spätestens 19 Uhr vollständig zu räumen. Sie versammelten sich zum Treck auf der Dorfstraße - die 2003 laut Beschluß der Müncheberger Stadtabgeordneten in Max-Schmeling-Straße umbenannt wurde. Während sich die einen mit dem Nötigsten auf bepackten Pferdewagen bzw.

mit ihren Handwagen umgehend in Richtung Potsdam auf den Weg machten, suchten die anderen im Wald, in der Nähe des Maxsees im sogenannten Ziegenhals, Unterschlupf.

In Berlin setzte Max Schmeling inzwischen seinen Wagen wieder instand, der in einem Keller untergestellt und, wie beschlossen von Rädern und Batterie befreit, nicht beschlagnahmt worden war. Hoffmann hatte ihm u. a. inzwischen telefonisch mitgeteilt, daß nun Hopfen und Malz verloren seien und er sich recht bald aus dem Staub machen müsse.

Kurz bevor Berlin endgültig eingekesselt wurde, verließ Schmeling die Hauptstadt in nordwestliche Richtung und steuerte seinen fahrbaren Untersatz nach Kiel, wo er sich schließlich mit seiner aus Rostock eintreffenden Frau und seiner Mutter wiedertraf. Auch John Jahr war es gelungen, Berlin zu verlassen und sich vorerst auf der Nordseeinsel Sylt niederzulassen.

Eine durchgehende Front gab es zu diesem Zeitpunkt nicht mehr. Während man an einigen Stellen erbitterten Widerstand leistete, rollten sowjetische T34 Panzer auf der Reichsstraße Nr. 1 unter den Kronen der Straßeneichen mitten durch Schmelings Jagdrevier Richtung Berlin. Am Chausseehaus und der Gaststätte Neubodengrün stießen sie auf eine Panzersperre, die Anlaß für ein heftiges Gefecht gab. Im Visier schwerer Panzergeschütze versank das einstige beliebte Ausflugsziel der Müncheberger und der Treffpunkt der Jagdgesellschaft in Schutt und Asche.

Am 20. April trafen dann die ersten russischen Truppen, aus Schönfelde und Neu Mühle kommend, in Hoppegarten ein.

In Vorsorge hatte Oberförster Hoffmann seine Ehefrau Gertrud und seine beiden Söhne bereits vierzehn Tage vorher unter Ausnutzung eines Wehrmachtskonvois in den Harz zu einem Verwandten, ebenfalls Förster, bringen lassen. Dort schienen sie vorerst in Sicherheit.

Auf der Flucht

Tochter Ilse und eine Arbeitsmaid hielten die Stellung, sollten später folgen. Sie machten sich erst am 20. April, d. h. am Tage des Einmarsches der feindlichen Truppen, mit dem Fahrrad im Schutz des Waldes auf den Weg. Zu diesem Zeitpunkt waren die Dörfler längst auf der Flucht. Vater Hoffmann verabschiedete sie in großer Sorge, drückte Tochter Ilse eine Pistole in die Hand - für alle Fälle - und mahnte sie zur Vorsicht. Er rechnete betreffs seines Schicksals mit dem Schlimmsten.

Die beiden Mädchen bewegten sich auf einem unverminten Waldweg bis Hangelsberg und von dort aus in Richtung Westthüringen, stets in der Angst, es könnte ihnen wie vielen ostpreußischen Frauen und Mädchen ergehen. Zu allem Übel stellte sich heraus, daß die Arbeitsmaid kein Fahrradfahren konnte, was das Vorankommen erheblich erschwerte.

Im thüringischen Öhna sind die in Hosen gekleideten jungen Frauen von den Sowjets eingeholt worden. Ilse spielte nun mit dem Gedanken, ihrem Leben ein Ende zu setzten, zumal einer der anwesenden deutschen Flüchtlinge damit drohte, sie wegen des Waffenbesitzes bei den Okkupanten zu denunzieren. Der Arbeitsmaid gelang es, die Förstertochter von ihren selbstmörderischen Absichten abzuhalten.

Ilse riß sich zusammen, trat nun die Flucht nach vorne an, indem sie schnurstracks in die russische Kommandantur lief und um einen Passierschein für den Rückweg bat. Sie erhielt erstaunterweise das Dokument, so daß sich die Mädchen wenig später in Richtung Berlin absetzten konnten. Schon bald erkannte sie, daß es unter den “Bolschewisten” nicht nur schlechte, sondern auch gute Menschen gab.

Georg Hoffmann geriet in Hoppegarten in die Fänge der Roten Armee. Nach mehreren Verhören und kurzzeitiger Gefangennahme entließ man ihn dank der Fürsprache einer Hoppegartener Jüdin wieder auf freien Fuß. Sie stellte den Oberförster als einen Menschen dar, der die Juden, seinem Gewissen folgend, trotz persönlicher, ja lebensgefährlicher Risiken, stets moralisch unterstützt, gut behandelt und versorgt habe. Außerdem sei es ihm gelungen, die jüdischen Forstarbeiter vor der Deportation zu bewahren. Diese humanitäre Hilfe sollte ihn jetzt aus einer verzwickten Lage befreien und vor der Gefangenschaft retten.

Rückkehr nach Vorheide

Ausgemergelt und erschöpft traf die Förstertochter nach mehreren Tagen Marsch wieder in der Müncheberger Vorheide ein. Ein Schild mit der Aufschrift “Kommandantur” ignorierend, trat sie in die Wohnstube der Oberförsterei und stand unverhofft in einer Runde sowjetischer Offiziere, dem Stab, die überrascht, sicher auch erschreckt von den Stühlen sprangen. Ein Posten, der das operative Kommandanturgebäude bewachen sollte, hatte sie, weil sie aus einem Nebenweg kam, nicht bemerkt.

Nach ein paar klärenden Worten landete die junge, hübsche Frau wieder vor der Tür und machte sich auf den Weg nach Hoppegarten.

Außerhalb des Hofes traf sie auf einen Posten, einen Asiaten, der sie mit freundlicher Miene empfing. Der Soldat zog ein Foto aus seiner Jackentasche, auf welchem die gesamte Familie Hoffmann zu sehen war. Mit einem Finger zeigte er auf das Bild: „Das du? Das Papa?” Ilse nickte. Indem er dreimal den Daumen erhob, versuchte er ihr deutlich zu machen, daß sie noch dreimal schlafen müsse, bevor sie in die Försterei zurückkehren könne. Die Kommandantur sollte nach Hoppegarten in die Dorfstraße verlegt werden.

Nach dieser Frist erschien Ilse erneut vor ihrem Heim. Der hilfsbereite Kasache erspähte sie schon von weitem und winkte ihr freudestrahlend zu. Als sie heran war, gab ihr der junge Mann Schokolade und etwas zu essen, deutete nachfolgend mit den Fingern an, daß sie weitere vier Tage abwarten müsse. Dann sicherte er ihr in seinem "Kauderwelsch" zu, den Schlüssel für die Tür zu hinterlegen.

Ganz nebenbei erhielt Ilse noch einen Heiratsantrag, worüber sie kräftig schmunzeln mußte. „Das hat mir bei allem Übel noch gefehlt, einen 'Mongolen' zu heiraten!" sinnierte die Förstertochter, während sie der Soldat mit enttäuschtem Gesicht anschaute. Soweit ging der "Spaß" nun auch wieder nicht! Sie schüttelte mit dem Kopf.

Eines der Fotos, die Ilse Herrmann, geb. Hoffmann, 1945 im Walde aufgesammelt hatte, zeigt Max Schmeling und den Oberförster, seinen DD "Raudi" mit einem erlegten Rothirsch in Vorheide

Alles verlief wie verabredet, die Schlüssel lagen tatsächlich an ausgemachter Stelle - ein guter Mensch. Die Sowjets hatten zwar einiges mitgehen lassen, doch wenigstens die Möbel, die Jagdtrophäen, darunter der herrliche Intarsientisch und ein wenig Hausrat, waren noch in der Försterei verblieben. Einiges fand sich auf dem Hof, anderes, darunter die Fotos mit Max Schmeling, im Walde verteilt. Ilse hat alles aufgesammelt.

Eines der im Wald aufgesammelten Fotos zeigt den Pächter Scholz aus Waldsieversdorf, mit dem M. Schmeling im jaglichen Austausch stand. Stolz präsentiert er vier gestreckte Keiler

Endlich kehrte auch der Vater zurück. Er stieg erst einmal in den Heuboden. Dort oben lagen in einem raffinierten Versteck seine Jagdwaffen - unberührt. Von einigen hat er sich wohl oder übel trennen, d. h. sie an die Russen übergeben müssen. Sie hätten ihm sonst nie geglaubt, daß er als Förster weder Büchse noch Flinte besäße.

Glück im Unglück

Nach geraumer Zeit traf die restliche Familie wohlbehalten in Vorheide ein, alle umarmten sich - welch ein Glück im Unglück. Glück im Unglück auch deswegen, weil sich die Rote Armee ausgerechnet den Wald zwischen Schönfelde und Hoppegarten für die Einrichtung eines riesigen Lagers ausgesucht hatte und sich dies auf die Lebensumstände der Einheimischen positiv auswirken sollte. Eine Weile lebten die Hoffmanns mitten zwischen den Sowjets.

Mitten unter den Sowjets

Der Platz an der Südseite des Maxsees schien besonders geeignet, da neben der günstigen Waldlage und dem See in der Nähe bereits mehrere Baracken existierten. Sie waren, wie schon erwähnt, im Zuge der Berliner Evakuierungsmaßnahmen (Lager Thale) zwischen 1943 und 1945 entstanden, dienten dem Reichsnährstand bzw. Teilen des Reichsernährungsministeriums als provisorische Niederlassung. Kurzerhand demontierte man sie und baute sie im Süden des Sees wieder auf. Die noch fehlende Einrichtung wurde von den Russen in Hoppegarten und den umliegenden Ortschaften requiriert.

Im stetigen Wechsel hielten sich im Militärlager bis zu 20.000 Soldaten auf. Die waren von den strapaziösen Kampfeinsätzen vollkommen erschöpft und teilweise so abgerissen, daß man sie erst mal neu einkleiden mußte. Nachdem sie neu ausgerüstet waren, verlegte man sie an andere Standorte oder führte sie in die damalige Sowjetunion zurück.

Für die Unterhaltung der Truppen sorgten u. a. zehn Freilichtkinos und drei Freilichtbühnen, die sich in den Hügeln am südlichen Ufer des Maxsees im Jahns-Winkel befanden. Hier standen auch mehrere aus Holz errichtete Wohnhäuser, die höheren Offizieren als Unterkunft dienten. Für die Veranstaltungen auf den Freilichtbühnen wurden u. a. in Berlin lebende Künstler, darunter auch Bekannte Max Schmelings, herangezogen. Beispielsweise der deutsche Komponist Franz Dölle, der seit Jahren in Hoppegarten wohnte und als Schöpfer zahlreicher Filmmusiken bzw. von Schlagern z. B. "Wenn der weiße Flieder wieder blüht" Bekanntheit erreicht hatte. Die bescheidenen Gagen für die Künstler bestanden meist aus Fleisch- und Wurstkonserven, Restbeständen der Deutschen Wehrmacht - aber immerhin, in dieser Zeit überlebenswichtig.

Die Lagerversorgung erfolgte unter Einbeziehung der Hoppegartener, wobei die russische Kommandantur alle Fäden in der Hand hielt und die Arbeitskräfteeinteilung vornahm. Die Jungen des Dorfes hatten z. B. an die 1.000 Rinder und 3.000 Schafe zu hüten, die der Versorgung der Truppe dienten. Der Bestand schrumpfte täglich um sechs Rinder und 20 Schafe, welche dem Schlachtbeil zum Opfer fielen.

Die Frauen des Ortes arbeiteten nach Norm, die vorschrieb, mindestens 50 Unterhemden und 60 Unterhosen ordentlich per Hand zu waschen. Auch die Schneider-, Schuhmacher- und Tischlerei schufen ausschließlich für die Rote Armee. Laut Auskunft des Generalleutnants N. A. Antipenko, dem Chef der Rückwärtigen Dienste der Sowjetarmee, brauchte man 400.000 neue Uniformen, 1.000.000 neue Garnituren Unterwäsche und 400.000 neue Koffer, um die Soldaten ordentlich in ihre Heimat zurückschicken zu können. Dazu mußten auch die Hoppegartener ihren Beitrag leisten und erhielten als Gegenleistung Brot, Gemüse und Fleisch.

Oberförster Georg Hoffmann kümmerte sich indes wieder um seinen Wald und Getrud mit ihrer Tochter Ilse um die Flüchtlinge, die sich in der Försterei aufhielten. Von den Russen relativ gut versorgt, teilten sie das Essen mit ihren befristeten Gästen.

Trotz Verbotes wurde gewildert, was das Zeug hielt - Russen, Einheimische und Fremde. Immer wieder fand Hoffmann Schlingen, verwertete selbst, was sich darin gefangen hatte, meist Hasen und Rehe.

Ein weiteres Foto, das Ilse Herrmann über die Zeiten retten konnte, zeigt den Sportprofi in seiner aktiven Zeit nach erfolgreicher morgendlicher Jagd mit großer Strecke, 1935

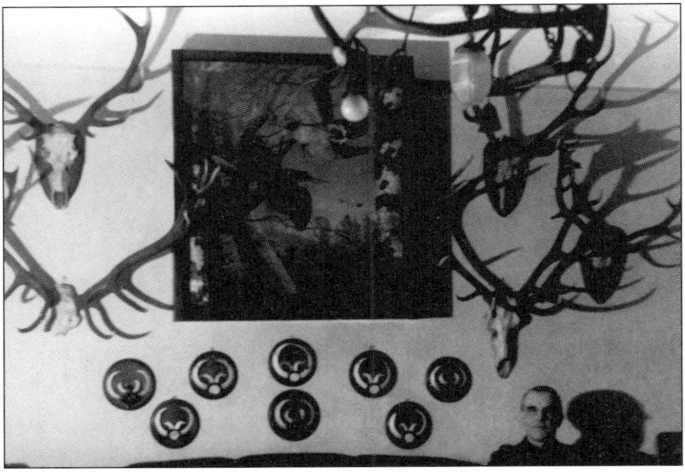

Blick auf die Wohnstubenwand in der Försterei Vorheide. Rechts unten der Hausherr

Wer konnte es einem in diesen schwierigen Zeiten verdenken, den Speisezettel mit ein wenig Wildfleisch aufzubessern, es ging ums Überleben. Mit Ausnahme des Schwarzwildes sank die Wilddichte erheblich ab. Das Rotwild zog sich in ruhigere Gefilde zurück.

Leichen über Leichen

Auf den Kontrollgängen durch den Wald, manchmal im Beisein von Tochter Ilse, fand er immer wieder Leichen, erschütternde Bilder. Viele der leblosen Körper waren vom Wildfraß bis zur Unkenntlichkeit verstümmelt.

Unter den Toten auch bekannte Gesichter, Leute vom Volkssturm, oft in den Wald geführt und hingerichtet mit einem Genickschuß. Bestialischer Gestank der Verwesung wies den Weg. Da lagen sie nun, die Opfer eines verwerflichen Krieges, Menschen, für die das eigentliche Leben erst begonnen hätte, irregeführt von einer menschenfeindlichen Ideologie, noch zum Schluß in den Tod geschickt, liegengelassen unter den Kronen der märkischen Kiefern.

Im Mai 1945 fuhr ein russischer Jeep auf den Forsthof Vorheide. Ihm entstieg ein russischer Offizier, im gesetzten Alter, mit gepflegtem Äußeren, ein rothaariger Schopf. Allem Anschein nach müßte es ein KGB-Mann gewesen sein. Nicht nur weil er gut Deutsch sprach, sondern wegen seiner guten Detailkenntnisse.

Unangenehmer Besuch

Nach einem anfänglich harmlosen Gespräch mit dem Oberförster nahm er die Papirossi aus dem Mund und kam zum Kern der Dinge.

Junger Rothirsch - Rotwild gehörte im Müncheberger Stadtforst zur Hauptwildart

„Herr Hoffmann, mir ist bekannt, daß Sie über Jahre engen Kontakt zu Max Schmeling hatten oder noch haben. Ich weiß, daß er seit 1931 hier jagte und sich gegenwärtig in der britischen Besatzungszone aufhält.” Der Oberförster zeigte sich von der jähen Wende des Gespräches überrascht und meinte: „Wieso interessiert Sie das? Max ist und war kein Faschist!” „Nun gut”, meinte der Rothaarige, „immerhin war er ein Aushängeschild des deutschen Sports, hat mit den ganz Großen des Reiches, Adolf Hitler, Hermann Göring und Joseph Goebbels, persönlich verkehrt. Auch andere Kontakte sind uns nicht verborgen geblieben!” „Er ist ein feiner Mensch, ein guter Sportler, kein Nazi und hat wie ich den Juden geholfen. Außerdem haßt er Hitler, sprach in meinem Beisein von einem ‘wildgewordenen Hund’.” „Möglich - die Zeit wird das Urteil über ihn fällen, unser Genosse Josef Wissarionowitsch Stalin hat dazu seine eigene Auffassung”, antwortete in ruhigem Ton der Russe. „Sagen Sie mal, wenn Schmeling bei Ihnen gejagt hat, dann muß er doch auch seine Jagdwaffen hier gelassen haben, den Drilling, die Bockbüchse und den Repetierer?” führte der ungebetene Gast das Verhör fort. Schließlich nannte er sogar Typ und Herstellungsjahr der Gewehre. Hoffmann zeigte sich verwirrt: Woher wußte der Kerl das alles?

„Als er das letztemal hier war, hat Herr Schmeling die Jagdwaffen mitgenommen!” antwortete der Oberförster dennoch überzeugend. „So, so, mitgenommen! Wann war das denn?” „Im Dezember”, gab der Oberförster selbstsicher zu Kenntnis. Der lästige “Gast” überlegte einen Moment. „Ich hoffe nur in Ihrem eigenen Interesse, daß Sie mir die Wahrheit gesagt haben?”

Dann sah er sich in der Stube um und meinte, als das plastische Bild mit den Schnepfen und schließlich den Tisch bemerkte: „Sie haben aber einen schönen Tisch, können Sie den nicht für eine Weile entbehren?" Nun mischte sich Ehefrau Gertrud in das Gespräch ein und sagte energisch: „Den brauchen wir selbst!" „Er ist von unserer Großmutter", bestätigte Ilse.

„Vielleicht sehen wir uns noch einmal", sprach der unheimliche Typ, machte kehrt, bestieg den Jeep und brauste mit seinem Fahrer davon.

Max Schmeling stand inzwischen wieder in Kontakt zu John Jahr, den es auf die Insel Sylt verschlagen hatte. Der wußte jedoch auch nicht, wie es weiter gehen sollte. Man war sich jedoch einig, nach Hamburg zu fahren und dort als erste mitzumischen, wenn das Leben wieder erwacht. Max holte mit seinen DKW John in Niebüll ab und gemeinsam schlugen sie sich ganze zwei Tage lang bis nach Hamburg durch. Auf der Fahrt in die Großstadt gerieten die beiden immer wieder in langwierige Kontrollen. Bei einer dieser Razzien beschlagnahmten die britischen Soldaten zu allem Übel Schmelings "Leica", einen hochwertigen Fotoapparat - gerade jetzt, wo man Pläne für einen gemeinsamen Verlag mit Axel Springer schmiedete, ein herber Verlust. John Jahr bangte um seine Schreibmaschine, die ebenfalls dem o. g. Zweck dienlich sein sollte.

Ein britischer Offizier, der in der Nähe eines Panzers stand und die beiden deutschen Männer musterte, rief auf einmal: „Bist du ein Boxer?" „Yes", erwiderte der Champion. Das Gesicht des Fragenden erhellte sich: „You are Max Schmeling?" Der Angesprochene bestätigte: „Yes, i am." Nun lief der Offizier freudestrahlend auf den Kampfsportler zu, schüttelte ihm kräftig die Hand und begann ein munteres Gespräch über den Boxsport. Dann sorgte er dafür, daß der Fotoapparat zurück gegeben wurde und die beiden Kontrollierten einen Passierschein mit Gültigkeit für den gesamten Raum Hamburg erhielten.

Schmelings hoffnungsvolle Initiativen in der Großstadt scheiterten vorerst an der Intoleranz der Besatzer. Die Engländer sahen in ihm wider Erwarten den ehemaligen Repräsentanten des Dritten Reiches, das Vorbild der Hitlerjugend, was schließlich auch seine Pläne von einem gemeinsamen Verlag mit John Jahr und Axel Springer zum Platzen brachte. Erst nachdem sich der Champion aus dem Gründungskollegium des Verlages verabschiedet hatte, erhielten letztere eine Lizenz - wie demütigend und verletzend für den ehemaligen Weltklassesportler. Doch es sollte noch schlimmer kommen.

Max im Gefängnis

Eine noch fehlende Teilgenehmigung der britischen Militärverwaltung für den begonnen Hausbau im Hamburger Maienweg, Ecke Alsterkrugchaussee, brachte Max Schmeling vors Militärgericht und schließlich in die Haftanstalt Fuhlsbüttel. Wegen Verstoßes gegen die gültige Bauverordnung sperrte man Max Schmeling bei karger Nachkriegskost drei Monate ins Gefängnis und verpflichtete ihn zu 10.000 Mark Geldstrafe. Damit waren auch die letzten finanziellen Reserven der Schmelings aufgebraucht. Zu recht verbittert, reichlich abgeklappert, überstand der willensstarke Mann diese Hürde seines Lebens, ohne zu Kreuze zu kriechen und damit eine vorzeitige Entlassung zu erwirken.

Neue Strukturen

Die Zeit verrann, und auch die Verhältnisse im russischen Sektor stabilisierten sich langsam. In Müncheberg hatte die Sowjetische Militärverwaltung einen Bürgermeister bestimmt, einen mit fortschrittlicher, d. h. kommunistischer Weltanschauung.

Einige hundert Kilometer weiter, in der Hamburg-Winterhuder Butterblumenstraße 54, überlegten indessen Max und Anny Schmeling, in ihrem einzigen Zimmer auf dem Metallbett sitzend, wie sie in Zukunft ihren weiteren

Lebensunterhalt bestreiten sollten. Sie hatten sowohl ihr geliebtes pommersches Gut und nach der Schlappe mit dem Hausbau ihre gesamten Ersparnisse verloren, lebten von der Hand in Mund. Wen wundert's, daß sie nach diesen Schicksalsschlägen und Entäuschungen, alle Möglichkeiten ins Kalkül zogen.

Die Idee von der Wildvermarktung

Vielleicht könnte man in diesen schwierigen Zeiten, in denen es an Lebensmitteln mangelte, Wild vermarkten, kam es dem passionierten Jäger in den Sinn. „Wer zuerst kommt, malt zuerst!" meldete sich sein unternehmerischer Instinkt.

Oberförster Hoffmann ermutigte Max Schmeling in Verkennung der Lage, mit Beginn des Jagdjahres 1946 einen Antrag auf Verlängerung der Jagdpacht in Müncheberg zu stellen. Er gedachte wie in früheren Zeiten, sich mit dem Boxveteranen um die Belange des Wildes zu kümmern.

Der optimistische Schmeling schrieb daraufhin einen Brief an den Bürgermeister. Wer konnte schon ahnen, wie sich die gesellschaftlichen Verhältnisse, geschweige denn die der Jagd, im Osten entwickeln würden.

Jedenfalls fiel die Antwort nicht gerade schmeichelnd, sondern für den Antragsteller geradezu beleidigend aus - ein Schlag mitten ins Gesicht. Mit solchen Leuten wie ihm, Sympathisanten des Naziregimes, wolle man in Müncheberg nichts mehr zu tun haben. Es brächen nun andere Zeiten an, usw. stand sinngemäß in dem Antwortschreiben. Der Schuß war voll nach hinten losgegangen.

Zwischen dem Faustkämpfer und dem Oberförster herrschte augenblicklich Funkstille, glücklicherweise nur kurzzeitig.

Ilse ist als erstes nach Hamburg gefahren, um die Wogen des Mißverständnisses zu glätten. In ihrem Gepäck befanden sich zur Freude der Schmelings ein paar Hochzeitsbilder der beiden. Ihre eigenen Fotos waren bei der Flucht verloren gegangen. Herzlich wurde Ilse von Max und Anny am Hamburger Hauptbahnhof in Empfang genommen, und ab ging's nach Winterhude.

Nach all dem Dilemma und in geradezu auswegloser Situation sah Max nur noch eine Möglichkeit. Er fuhr zu seinem Freund und Trainer Max Machon nach Berlin.

Dank der Verbindungen zu den Russen ist Georg Hoffmann sein Försterberuf in verschiedenen Funktionen zumindest bis 1956 erhalten geblieben.

Im Müncheberger Forst mußten laut Auflage der Sowjetischen Militäradministration Unmengen von Reparationsholz im Rahmen der Wiedergutmachung für den Abtransport in die Sowjetunion eingeschlagen werden. Ungeachtet der Abgänge durch Kriegseinwirkungen (Schäden) ist ihnen der Großteil der Altbestände zum Opfer gefallen. Riesige Kahlschläge wurden geführt, die Flächen mit vorhandenem Pflanzenmaterial aufgeforstet, so daß sich das Waldbild gravierend veränderte.

1952 erfolgte mit der Bildung des Staatlichen Forstwirtschaftsbetriebes Straußberg mit Sitz in Müncheberg schließlich die Verstaatlichung des Müncheberger Stadtwaldes. Die Forstwirtschaft mußte an die gesellschaftlichen Verhältnisse angepaßt werden. Georg Hoffmann arbeitete von nun an in der Verwaltung des Forstbetriebes als Waldbauer, später nannte man diese "Planstelle" Mitarbeiter oder auch Abteilungsleiter für Rohholzerzeugung und Forstschutz.

Im gleichen Jahr verabschiedete die Bundesrepublik ein Jagdgesetz, welches auf der Grundlage des Reichsjagdgesetzes von 1934 aufbaute und die Jagd im Westen regelte.

Angesichts der entstehenden Jungwüchse und Dickungen sowie der eingeschränkten Bejagung, wuchsen die Wildbestände im Müncheberger Stadtwald auf ein unerträgliches Maß an, was regelrecht zur Selbsthilfe stimulierte. Die stiefmütterlich geführten Gesellschaftsjagden organisierten in der ersten Zeit Offiziere der sowjetischen Kommandantur, von Weidgerechtigkeit und Wildbewirtschaftung weit entfernt. Besonders die Sauen terrorisierten die Landwirte.

Ab Mai 1946 hatten die Sowjets Befehle heraus gegeben, die den Wildarten wenigstens entsprechende Schonzeiten einräumten. Waffenbesitz war bei strenger Strafe verboten. Ab Mai 1948 erfolgte die Bejagung des Schwarzwildes durch zusammengestellte Abschußkommandos der Volkspolizei. Mit der Gründung der DDR, am 7. Oktober 1949, unterstand das Jagdkommando dem Ministerium des Innern. Erst 1952 erließ die Hauptabteilung Forstwirtschaft des ebenfalls gebildeten Ministeriums für Land-, Forst- und Nahrungsgüterwirtschaft der DDR eine Rundverfügung, welche die Bekämpfungsaktionen auch auf andere für die Land- und Forstwirtschaft schädliche Wildarten, z. B. Rot- und Rehwild, ausdehnte.

Im November 1953 verabschiedete die DDR schließlich das längst fällige "Gesetz zur Regelung des Jagdwesens". Der wesentliche Unterschied zum Bundesjagdgesetz bestand in der Trennung von Jagdrecht und Jagdausübungsrecht vom Eigentum an Grund und Boden. Erst 1954 und 1955 haben sich allerorts die sogenannten Jagdkollektive gebildet, welche von Sicherheitsbeauftragten der Volkspolizei reichlich gemaßregelt wurden.

Illegale Jagd

Dieser Zustand konnte einen Förster, der seinen Wald liebte, das Wild jahrzehntelang gehegt hatte und über viele Jahre eine eigene Büchse führte, absolut nicht befriedigen. Bei Nacht und Nebel holte Georg Hoffmann seine beiden über die Wirren des Krieges geretteten und sorgsam gepflegten Schießprügel aus seinem Versteck und erledigte das, was man zu jenen Zeiten einem Forstmann unsinnigerweise nicht zugestand. Sein Geduldsfaden schien gerissen.

Jemand mußte von der illegalen Jagd etwas mitbekommen haben, machte eine anonyme Anzeige, der Gesetzgeber schlug zu. Hoffmann wurde verhaftet, leugnete, wurde mangels Beweisen wieder entlassen.

Dann erschien 1956 plötzlich ein Kommando der Volkspolizei in Vorheide, durchsuchte Haus, Hof und Scheune. Alles wurde auf den Kopf gestellt, Dielen hochgerissen, Wände abgeklopft, Holzstapel versetzt, bis man schließlich die sorgfältig versteckten Kugelbüchsen sowie 96 Schuß Munition auf dem Heuboden zwischen dem Gebälk fand. Georg Hoffmann wurde sofort verhaftet und geriet in Untersuchungshaft. Schauprozesse standen hoch im Kurs. Man warf ihm vor, ohne staatliche Erlaubnis in Besitz von Waffen und Munition gewesen zu sein und von 1948 bis 1956 unberechtigt die Jagd ausgeübt zu haben.

Das Verfahren fand beim 1. Strafsenat des Bezirkes Frankfurt/Oder statt. Der Staatsanwalt klagte Hoffmann an, in der Zeit von 1945 bis 1956 fortgesetzt und vorsätzlich handelnd im Müncheberger Forst die Sicherheit der Deutschen Demokratischen Republik und seiner Bürger gefährdet und unter Verletzung fremden Jagdrechtes dem Wilde nachgestellt zu haben, d. h. wegen Verbrechens gemäß § 2 Abs. 1 und § 5 der Waffenverordnung vom 29.09.1955 und § 292 sowie § 74 der Strafgesetzbuches der DDR zu verurteilen sei.

Der Beschuldigte hatte aus seiner Dienstzeit vor 1945 als Oberförster zwei Kugelwaffen mit Zielfernrohr sowie Munition besessen. Mit diesen Waffen hatte er unbefugt dem Wilde nachgestellt und mehrere Hasen, Rehe und Wildschweine geschossen. Laut Waffenbefundsbericht lag die letzte Schußabgabe nicht allzulange zurück. Die Vergehen und Verbrechen, welche im Zeitraum 1946 bis 1955 ausgeübt worden waren, unterlagen dem Kontrollratsbefehl 2 der Sowjetischen Militäratmnistration. Durch die Anerkennung der vollen Souveränität und Außerkraftsetzung der Kontrollratsbefehle erhielt die Verordnung vom 29.09.1955 Gesetzeskraft, wobei auch die strafbaren Handlungen vor September 1955 von der Waffenverordnung erfaßt wurden und für den Oberförster strafverschärfend wirkten.

Bereits aus den Kalibern der Waffe ergab sich, daß ein minderschwerer Fall nicht angenommen werden konnte, da dies die Gefährlichkeit solcher Waffen hinsichtlich ihrer Reichweite und Treffsicherheit nicht zuließ. Daß sie weder gestohlen noch illegal beschafft, im Grunde genommen das Eigentum des Forstmannes waren, fand keinerlei Berücksichtigung. Auch konnte G. Hoffmann nicht damit glänzen, vor 1945 Mitglied einer "fortschrittlichen" Organisation gewesen zu sein, z. B. der SPD oder KPD, was zumindest strafmildernd gewirkt hätte. Im Gegenteil, als ehemaliger Beamter waren seine "Referenzen" unter den gegebenen Verhältnissen nicht sonderlich gut.

Der Verteidiger des Angeklagten zeigte wenig Initiative, um seinem Klienten aus der Patsche zu helfen, ganz im Gegenteil. Er schien die Angelegenheit sogar zu dramatisieren. Man konnte sich des Eindrucks nicht erwehren, daß ihn jemand instruiert haben mußte. Mit hoher Wahrscheinlichkeit, denn Waffendelikte fielen ohnehin ins Ressort des Geheimen Staatsicherheitsdienstes.

Verurteilung

Wäre da nicht ein halbwegs humaner Richter gewesen, der die Delikte zu verharmlosen suchte - eine Aufgabe, die eigentlich dem Verteidiger zugestanden hätte - wäre das Strafmaß vermutlich noch höher ausgefallen. Es übertraf die Mindeststrafe des Normalfalls um ein Jahr, d. h.

zwei Jahre Zuchthaus für den Angeklagten. Die Auslagen des Verfahrens mußte, wie allgemein üblich, der Verurteilte selbst tragen.

Abschließend ließ der Richter verlauten: „In unserer Deutschen Demokratischen Republik hat seit Bestehen des Jagdgesetzes jeder Bürger die Möglichkeit, im Rahmen eines Jagdkollektivs seine sogenannte Jagdleidenschaft zu befriedigen. Eine solche Möglichkeit konnte erst nach dem Vorliegen bestimmter gesellschaftlicher Voraussetzungen geschaffen werden und war unmittelbar nach dem zweiten Weltkrieg noch nicht möglich. Der Angeklagte hätte diese Entwicklung abwarten müssen und durfte nicht zu ungesetzlichen Mittel greifen. Inzwischen ist es möglich, Mitglied eines Jagdkollektivs zu werden, und einige können sogar eine eigene Jagdwaffe führen. Der unbefugte und unkontrollierte Waffenbesitz aber stellt eine stete Gefahr für die Sicherheit des Arbeiter- und Bauernstaates dar ..."

„Armes deutsches Vaterland", mag der Verurteilte damals gedacht haben, nachdem er diese Halbwahrheiten, wie zum Hohn, zur Kenntnis nehmen mußte. Verklungen waren für ihn nun Horn und Geläut - endgültig.

Die Verurteilung Hoffmanns hatte nach der verbüßten Haft, ein Jahr wurde ihm wegen guter Führung erlassen, außerdem den Verlust seines Forstberufes zur Folge.

Nach der Entlassung war er bis zum Rentenalter in Institut für Acker- und Pflanzenbau der Akademie der Landwirtschaftswissenschaften zu Berlin in Müncheberg angestellt. Inzwischen vorbestraft, bot sich ihm keine Gelegenheit zum Jagen mehr.

Hilfe in schwieriger Situation

In dieser schwierigen Situation stand der Boxveteran, der Mann mit Charakter, ohne zu zögern seinem alten Jagdfreund Georg zu Seite, übernahm die Anwaltskosten und gewährte der Familie während der Abwesenheit des

Hausherren alle Unterstützung. Der Champion hatte am eigenen Leibe erfahren, wie es ist, plötzlich der Freiheit beraubt, hinter Gittern zu schmachten. Zu leicht geriet man in die Mühlen der von den Besatzungsmächten beeinflußten Justiz.

Wiedersehen nach zwei Jahrzehnten. Erste Reihe links: Georg und Gertrud Hoffmann

Georg Hoffmann und seine Frau Gertrud fuhren in den sechziger Jahren in den Westen und trafen dort nach vielen Jahren mit dem geliebten Freund der Familie zusammen. Man plauderte über längst vergangene Zeiten, pirschte in Gedanken durch die verlorenen Jagdgründe, erinnerte sich an so manches Jagderlebnis und gedachte der gemeinsamen Freunde, von denen viele nicht mehr auf dieser Welt weilten.

Der Oberförster verstarb im Alter von 89 Jahren, zwei Tage vor Weihnachten 1980. Seine neun Jahre jüngere Frau Gertrud lebte bis zu ihrem Tode 1983 in Müncheberg.

Wieder in Ober-Eulenau

Als Max Schmeling 1954 nach Oberbayern fuhr, um u. a. eine Einladung des Konsuls Willy Sachs wahrzunehmen, traf er sich auch mit seinen alten Jagdfreunden Gerd Wiese und Rudolf Krause auf dem Gut in Ober-Eulenau.

Eine neue Epoche war hereingebrochen, und Deutschland befand sich nach dem verhängnisvollen Krieg wieder im Aufbruch. Den Grunewalder Jagdfreund hatten die Wirren der Zeit von Berlin nach München verschlagen, und seit Verabschiedung des Bundesjagdgesetzes bestand für den passionierten Jäger ebenso wie für Max Schmeling die Möglichkeit, wieder dem Weidwerk zu frönen. Beide besaßen damals kein eigenes Jagdgebiet mehr und nahmen Einladungen von Bekannten und Freunden gerne an.

Der Holzkaufmann Gerd Wiese war aus der russischen Kriegsgefangenschaft (1944-1949) gesund und wohlbehalten in seine Heimat zurückgekehrt. Anpassungsfähig und clever, seine Ansprüche zurückschraubend, gehörte er zu den Glücklichen, die sich den Bedingungen im fernen Rußand recht gut anzupassen verstanden. So litt er im Gegensatz zu vielen anderen Landsleuten kaum Not, kam

Rudolf Krause bei der Trophäenbewertung

mit der russischen Seele zurecht und schwärmte von der mit Tomatenmark verfeinerten Kohlsuppe, einem russischen Nationalgericht. Er wußte von guten und bescheidenen Menschen zu berichten, die unter ärmlichen Bedingungen, drangsaliert von "Apparatschiks", ihrem Tagewerk nachgingen und bereitwillig halfen, wenn sie es konnten.

In Ober-Eulenau schien alles beim alten. Vieles erinnerte Schmeling an die Vorkriegszeit. Die Zerstörung hatte Gott sei Dank einen Bogen um den Bauernhof gemacht. Es roch angenehm nach Heu. Man betrieb wie eh und je Rinder- und Pferdezucht, versorgte sich aus den gutseigenen Wäldern mit Holz. Die einst zur Zwangsarbeit eingewiesene Polin war inzwischen so in die Familie integriert, daß sie Eulenau nicht mehr verlassen wollte, sie arbeitete gern hier.

Verlorene Mooridylle

In den Filzen wimmelte es dagegen vom Frühjahr bis zum Sommer nur so vor Torfstechern, die per Hand die kostbar gewordene braune Erde abbauten. Darüber hinaus begann man, den Torf auch maschinell zu fördern und den Umfang der Maßnahmen kontinuierlich zu erhöhen. Die abgetorften Flächen wurden zur Holzvorratssteigerung mit Fichten und Kiefern aufgeforstet, welche bekanntlich im Jugendstadium durch ihren Dichtstand jegliche Vegetation verdrängen.

Mehr und mehr schwand damit der Lebensraum für das Birkwild, so daß der Bestand in den Folgejahren weiter zu schrumpfen begann und sich zunehmend auf die Bergwelt beschränkte.

Vom Schwinden des Birkwildes

1956 trug ein schwerer Hagelsturm, die Einheimischen sprechen vom Jahrhunderthagel, zum allmählichen Erlöschen des Birkwildbesatzes in den Waldungen des Gutes Eulenau bei. Bis dahin jagte man in einigen Filzen im April noch den Spielhahn.

Revierförster Josef Poxleitner, der von 1956 bis 1973 als Leiter der Forstdienststelle Bad Aibling u. a. auch die umgebenden Moorwälder betreute, realisierte jährlich an die 20 Hektar Aufforstungen mit Fichte, Kiefer und Weymouthskiefer.

Als erstes wurde die abgetorfte Fläche mit Kalk, Kali und Thomasmehl aufgedüngt und dies mittels einer Fräse eingebracht. Dann legte man, bevor die eigentliche Pflanzung erfolgte, ein Grabensystem an.

Aus diesen Gründen gedeihen heute dort, wo früher Moorflächen mit ihrer typischen Pflanzenwelt existierten, vorwiegend eintönigere Nadelwälder. Lediglich die Namen der Forstorte und einige Enklaven erinnern noch an die einstigen Moorbiotope, die Filze.

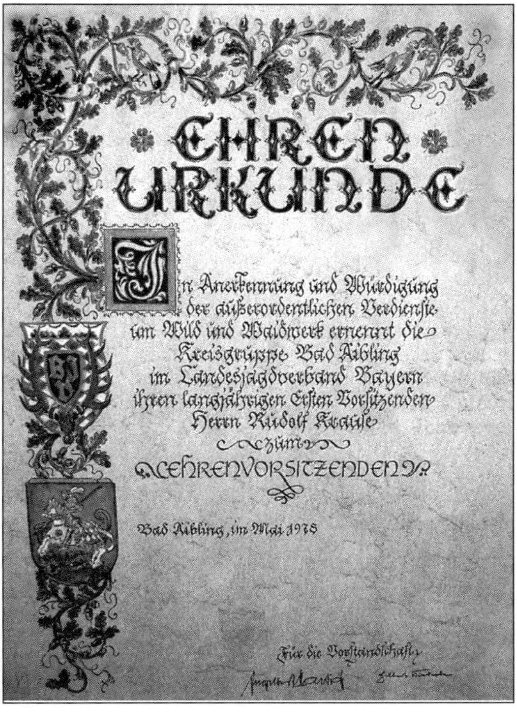

EHREN URKUNDE

In Anerkennung und Würdigung der außerordentlichen Verdienste um Wild und Waidwerk ernennt die Kreisgruppe Bad Aibling im Landesjagdverband Bayern ihren langjährigen Ersten Vorsitzenden Herrn Rudolf Krause zum EHRENVORSITZENDEN

Bad Aibling, im Mai 1978

Für die Vorstandschaft

1978 wurde Rudolf Krause zum Ehrenvorsitzenden der Kreisgruppe Bad Aibling LJV Bayern ernannt

Poxleitner wollte seinerzeit den Birkwildbestand in seinem Revier erhalten, legte mit hohem Arbeitsaufwand Wildäcker an und ließ darauf Buchweizen aussäen, ein vergebliches Unterfangen wie sich später zeigte.

Auch dank dieser Initiative wählte ihn die Jägerschaft 1967 zum Kreisgruppenvorsitzenden Bad Aibling des Landesjagdverbandes Bayern, eine ehrenamtliche Funktion, die er bis 1973 wahrnahm. Dann löste ihn der gestandene Jäger und Jagdfreund Max Schmelings, Rudolf Krause aus Ober-Eulenau, ab. Der 1982 verstorbene R. Krause kannte sich im jagdlichen Milieu, z. B. bei der Trophäenbewertung, bestens aus, genoß in Jägerkreisen als engagierter Mann hohes Ansehen, kurzum, stellte sozusagen den "Platzhirsch" im Gebilde dar.

Jagdgut Rechenau

Doch zurück ins Jahr 1954. Als Max Schmeling im Jagdhause Rechenau der Familie Sachs eintraf, war die jagdliche Glanzzeit des Gastgebers längst vorbei.

Sie hatte ihren Höhepunkt vor 1945 und im besonderen in den dreißiger Jahren, als der Großindustrielle die Sympathien des Reichsjägermeisters und anderer einflußrei-

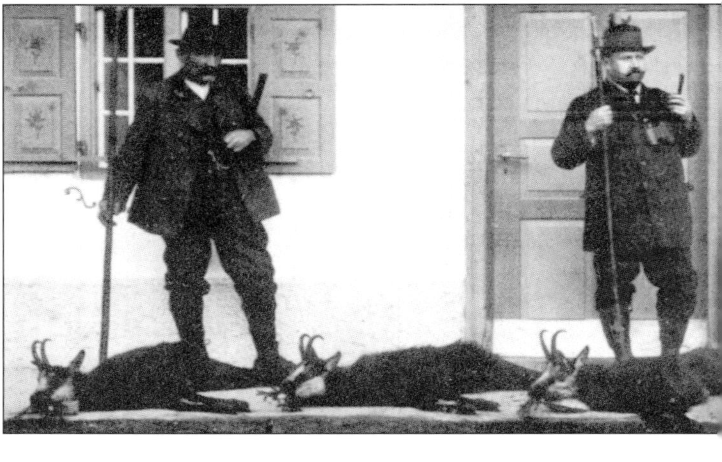

cher Herren der Regierung genoß und Mitglied des Reichsjagdrates wurde. Dank dieser Verbindungen, eigenen Fleißes und Geschickes gelang es ihm damals, auch das Erbe seines 1932 im Alter von knapp 65 Jahren verstorbenen, hoch geachteten Vaters, des Erfinders des bahnbrechenden Torpedo-Freilaufes und wissenschaftlichen Pioniers, Geheimrat Ernst Sachs, fortzuführen und beträchtlich zu erweitern. Daß er sich in seiner Euphorie wie Tausende der nationalsozialistischen Bewegung angeschlossen hatte, ist nun mal eine Tatsache und der große Makel, der diesem fähigen Unternehmer und leidenschaftlichen Jäger unter dem Herrn anzulasten ist.

Schon seit frühster Jugend interessierte sich Willy Sachs für das Weidwerk

Dennoch wurde Sachs auch nach dem Kriege von vielen Menschen als einer der größten Arbeitgeber der Region in der Zulieferindustrie für den Fahrzeug- und Maschinenbau (Stoßdämpfer, Kupplungen, Kleinmotoren, Radnaben) geschätzt und von den Alliierten wegen des vorwiegend wirtschaftlichen Engagements im Dritten Reich auch nicht geächtet. Ein Jahr vor seinem Tode erhielt Willy Sachs auf Grund seiner Leistungen beim Wiederaufbau der Wirtschaft aus der Hand des bayrischen Ministerpräsidenten Alfred Steidl das Bundesverdienstkreuz.

Strecke während der Gamsbrunft 1913.
In der Mitte, mit geschulterter Waffe, der Jagdherr Ernst Sachs

Willy Sachs vor der Kulisse des Wilden Kaisers

... dem Vater zur Ehr ...

Im Jahre 1935 ließ er auf dem Rechenauer Jagdgut, im Kern des knapp über 1.000 Hektar großen Eigenjagdbezirks, zu Ehren seines Vaters ein großzügiges bayrisches Jagdhaus mit Blick auf den "Wilden Kaiser", eine reizvolle Hochgebirgslandschaft, errichten. Auf einer steinernen Platte über dem Eingang ist eingemeißelt zu lesen: "Jagdhaus Rechenau - erbaut von Willy Sachs, dem Vater zur Ehre, dem Revier zur Zierde, den Gästen zur Freude - ANODOM 1935".

Außer dem erwähnten Jagdhaus gehören zu dem in idyllischer Lage auf einer kleinen Alm in ca. 790 bis 810 Meter Höhe befindlichen Gut das Haus des Geheimrats Ernst Sachs, eine kleine Kirche, mehrere Wirtschaftsgebäude, Häuschen für das Personal, darunter das des Revierjägermeisters. In nordwestlicher Richtung ragt der 1.616 Meter hohe "Brünnstein", im Nordosten der

Siegel von Willy Sachs

Jagdhaus Rechenau - erbaut 1935 vom Sohn in Gedenken an den Vater

"Schwarzenberg" mit einer Höhe von 1.208 Metern in den Himmel. Sie werden im Südwesten vom "Transjoch" (1.707 Meter), das zur Hälfte im Österreichischen liegt, überragt.

Zusätzlich zum Eigenjagdbezirk gelang es Sachs, durch Zupachtung privater und staatsforsteigener Flächen ein regelrechtes Jagdparadies zu schaffen, das im Jahre 1937 ein Ausmaß von rund 7.000 Hektar in herrlicher Gebirgslandschaft besaß.

Gedenkschrift am Eingang des Sachshauses

"Bayernwilly" mit seinem hochgeschätzten Gast Max Schmeling

Zum Gut Rechenau gehörte auch ein Forstbetrieb mit etwa zehn Waldarbeitern, die vorwiegend forstliche Arbeiten, wie Holzeinschlag, Aufarbeitung von Bruchholz und Durchforstung, durchführten. Die Aufforstung erledigten Kulturfrauen, meist Saisonkräfte aus den umliegenden Dörfern. Die Priorität lag jedoch bei der Jagd und nicht bei der Forstwirtschaft. Die zunehmende Wilddichte bereitete den Forstbehörden zwar Sorgen, doch unterlag alles einem besonderen Status, da auch die Interessen des Reichsforstmeisters Göring und Landesjägermeisters Ritter v. Epp berührt wurden. Mit Rückendeckung der hohen Jagdgäste entstand ein gut organisierter Jagdbetrieb.

Nach der Angliederung Österreichs an das Reich vergrößerte sich das Areal um fast das Doppelte und umfaßte auch angrenzende Gebiete im Süden Tirols. Es formierte sich ein regelrechtes Jagdeldorado, in dem reichlich Gams-, Rot- und Rehwild vorkamen und der kleine wie auch der große Hahn im Frühjahr balzten. Bis zu 15 Berufsjäger betreuten die Jagdbezirke, erkennbar an einer

Gürtelschnalle mit dem Siegel des Jagdherren. Man bescheinigte ihnen hohes jägerisches Können, bescheidenes Auftreten, Disziplin und Zuverlässigkeit - Fähigkeiten, auf die der Jagdherr großen Wert legte.

Gürtelschnalle mit dem Sachssiegel - Erkennungsmerkmal für die Revieraufseher

Zu diesen Jägern gehörte auch der Großvater von Anderl (Andreas) Hecheberger und ab 1945 auch er selbst. 43 Jahre hat Letzterer dem Hause Sachs treue Dienste geleistet.

Zu Gast bei Konsul Willy Sachs

Max Schmeling ist ihm während seines Aufenthaltes in Rechenau im Jahre 1954 begegnet. Der hagere, großwüchsige Mann nahm gerade an einem Sportwettkampf im Skispringen teil. Er verfügte, begünstigt durch seine Tätigkeit als Berufsjäger in einer Hochgebirgsregion, dem ständigen Unterwegssein in bergigem Gelände, im Winter mit Ski, über eine ausgezeichnete körperliche

M. Schmeling und W. Sachs auf der Zuschauertribüne während eines Sportwettkampfes in Skispringen, 1954. Mit der Nr. 36 startete der Jagdaufseher A. Hechenberger aus Rechenau

Historie von **Fichtel & Sachs**

1867 gegründet

1903 Herstellung der ersten Torpedo - Freilaufnabe - revolutionierende Erfindung

1923 Aktiengesellschaft

1930 Beginn der Motorenproduktion

1937 Herstellung des 320.000. Motors

1956 Der 2.000.000 Motor wird ausgeliefert

1957 Das letzte Halali - Willy Sachs verstirbt

Foto rechts: Der Jagdherr Willy Sachs auf der Oberaudorfer Alm Ende der dreißiger Jahre mit mehreren gestreckten Gemsen

Konstitution sowie Kondition, zählte seinerzeit zu den Favoriten. Sowohl Willy Sachs wie auch Max Schmeling ließen es sich nicht nehmen, dem Wettkampf beizuwohnen und dem Skispringer A. Hechenberger mit der Nummer 36 seelischen Beistand zu leisten.

In diesem Zusammenhang sei erwähnt, daß Willy Sachs für den Sport stets zu begeistern war. In den dreißiger Jahren genoß er als Förderer des Sportes einen guten Ruf. Am 23. Juli 1936 hatte der Generaldirektor und Besitzer der Firma Fichtel & Sachs in Schweinfurt, wo er auch Ehrenbürger ist, für 1.000.000 Reichsmark ein Stadion gesponsert. Es trägt auch heute noch seinen Namen. Auf Grund seines Engagements für den Sport lud man den Großindustriellen auch zu wichtigen Sportereignissen bzw. Empfängen in die Reichshauptstadt Berlin ein. Dort hatten Max Schmeling und Willy Sachs bereits vor dem Kriege Bekanntschaft geschlossen.

An Gesprächstoff mangelte es 1954 demnach nicht, denn der Konsul wußte außer von sportlichen Assen von vielen Nimroden zu berichten, denen Max Schmeling irgendwann einmal in vergangenen Zeiten auf der Jagd begegnet war, z. B. Udet, Thorak, v. Witzleben, Keitel usw. Auch Sachs kannte den Waldhof Carinhall bei Berlin aus eigenem Erleben, denn er zählte einst zu den Jagdgästen des preußischen Ministerpräsidenten im ausgedehnten Waldgebiet der Schorfheide.

Guter Dinge, unternahmen Schmeling und Sachs einen Ausflug ins Jagdrevier, u. a. zu der ein Jahr zuvor ausgebauten, komfortablen Jagdhütte auf der Oberaudorfer Alm. Die Gesamtjagdfläche war inzwischen auf ca. 3.000 Hektar geschrumpft, und Ärger lag in der Luft. Das zuständige Forstamt beharrte nämlich darauf, daß die Wilddichte zu senken sei und das nicht nur auf den forsteige-

Z

nen, verpachteten Flächen. Das ging dem Jagdherren natürlich vollends gegen den Strich, was er in wenig schmeichelnden Worten auf urbayrisch zum Ausdruck brachte. Schließlich erzählte Sachs seinem Gast von der Erlegung seines ersten Steinbocks im italienischen Grand Paradiso, der Erfüllung eines Traumes.

Erst 1963, fünf Jahre nach dem Tod des Konsuls, bürgerte man auch im Jagdgebiet am Brünnstein Steinwild ein. Inzwischen ist der Bestand angewachsen und heimisch geworden, darf mit Genehmigung des Landratsamtes begrenzt bejagt werden.

In "alten Zeiten" - weiß A. Hechenberger zu berichten - mühten sich sein Vater, Revierjäger in Bayrischzell (bevorzugtes Jagdareal des durch eine Lawine umgekommenen Sohnes Ernst-Wilhelm Sachs), und die Revierjäger um die Gäste, die, nachdem sie im Jagdhaus Rechenau vom Jagdherrn würdig empfangen worden waren, zu den komfortablen Jagdhütten mit herrlichen Ausblicken gebracht werden mußten. Von dort unternahmen sie ihre Pirschgänge. Zu den Pflichten gehörte die Versorgung der Gäste mit Speis und Trank, das Reinemachen und Be-

Mit einer symbolischen Geste verabschieden sich Konsul und Boxlegende

Äsendes Steinwild

heizen der Unterkünfte und die eigentliche Führung auf Gams, Hirsch, Reh oder Hahn. Auch das Bergen und gegebenenfalls das Aufbrechen des erlegten Wildes mußte erledigt werden, kurzum, man hatte sich den Bedürfnissen und dem Charakter des Gastes anzupassen.

Auf die Wahrnehmung des jagdlichen Brauchtums legte der oberste Jagdherr sehr großen wert. Jagdneid konnte man ihm nicht nachsagen, jedoch ärgerte es ihn ungemein, wenn einer der Jagdpächter in angrenzenden Revieren einen der hinüber gewechselten, lang gehegten Hirsche erlegte.

Konsul W. Sachs sichtlich erfreut über den gestreckten Steinbock

Blick vom "neuen" Jagdhaus auf den Wilden Kaiser

Sachs mochte seinen Spitznamen "Bayernwilly" recht gerne und war auch sonst kein Kind von Traurigkeit. Wie man es einem echten Jäger zugesteht, liebte er außer Jagd auch Wein, Weib und Gesang. Die Einladungen zu den Jagdfesten verfaßte er selbst und formulierte sie humorvoll in herzhaften Sprüchen, die keinen Anspruch auf Poesie erheben, bei den Gästen aber gut ankamen: *„Der Jagdherr von der Rechenau; der ist auf diesem Bild schon blau; und lädt Euch hiermit herzlich ein, am letzten Jänner zwischen Acht und Neun; zum Jägerball ein Gast zu sein. Ihr Mannsleut kommt's nach Jägersart; ganz selbstverständlich mit 'nem Bart. Hört! Saubre Madln, auch wenn's schneit, gibt's für Euch nur a Dirndelkleid; ob'n ned so viel und unten wenig; dann fühl'n wir Jäger uns als König. Für'n Durst gibt's was, nur keine Milli; drum kommt zu Eurem Bayernwilly."*

Erwähnt sei in diesem Zusammenhang, daß auch der Jagdherr hier und da mit anfaßte und häufig "droben auf der Jagdhütt'n" weilte. Die Domizile wurden übrigens nach den Namen ihrer prominentesten Besucher benannt, z. B. Göring- oder Ritter v. Epp-Hütte.

Foto rechts: Verschneite Welt - Blick vom "neuen" Jagdhaus auf Rechenau. In der Mitte das alte Domizil (größtes Gebäude) von Geheimrat Ernst Sachs

Ersterer pflegte gelegentlich zur Gamsbrunft im Brünnsteingebiet zu erscheinen, wo die besten Gamsböcke Bayerns ihre Fährten zogen. Während einer Jagd, u. a. am sogenannten Unterberg, streckte der fanatische und verwöhnte Jägersmann 16 Gamsböcke. Seine Erfolge hono-

Franz Xaver Ritter v. Epp, von 1933-1945 Landesjägermeister von Bayern, war ein häufiger Gast in Rechenau

rierte er sogleich mit Auszeichnungen an das begleitende Jagdpersonal. Längere Strecken in unwegsamem Gelände pflegte der Reichsmarschall auf dem Roß zurückzulegen - seiner zunehmenden Leibesfülle wegen. Vielleicht war es vor allem eine Zweckfreundschaft, die zwischen "Bayernwilly" und dem "Dicken" über Jahre bestand. Wie auch immer, von Vorteil war sie für beide.

In einem Reiseführer von 1938 hieß es u. a.: "Der Jagdherr scheut keine Opfer, den Zielen des neuen Jagdgesetzes gerecht zu werden", eine Aussage die nicht übertrieben ist.

Unzufrieden zeigte sich Willy Sachs mit dem Rotwildbestand, der zwar stetig aufgestockt wurde, jedoch an Qualität zu wünschen übrig ließ. Seine vielfältigen Bemühungen, angefangen bei einer nahrhaften Zufütterung, hegerischer Auslese, Anlage von Wildäckern, Veredlung der Wiesen (Almen), und schließlich die Aussetzung vom Karpatenrotwild brachten keinen durchschlagenden Erfolg. Alles was im Flachland manchmal funktionierte, versagte unter Hochgebirgsverhältnissen.

v. Epp (links) mit seinen im Sachs-Revier in der Brunft 1937 erlegten Rothirschen (Kronenzehner u. ungerader Achter); rechts Konsul Willy Sachs

"Bayernwilly" mit seinem 1937 in Federow bei Waren/Müritz (Mecklenburg) gestreckten Elchhirsch

Diesbezüglich teilte der Konsul die Sorgen mit einem guten Bekannten im Reichsjagdrat, dem Staatsrat Dr. Kurt Herrmann, einem Jagdfreund Ernst Udets, der am Ostufer der Müritz im fernen Mecklenburg ebenfalls an der Qualitätsverbesserung seines Rotwildes arbeitete und Willy Sachs des öfteren zur Wildjagd einlud.

1938 streckte er dort unter Führung des Jagdaufsehers Grietsch einen mecklenburgischen Elchhirsch, der als Rarität noch heute in Rechenau eine Trophäenwand ziert.

"Bayernwilly" verbrachte im mecklenburgischen Federow so manchen geselligen Jagdabend und gehörte zu den Gästen, die einen Scherz durchaus vertrugen. Beispielsweise feuerte er, geschickt hinters Licht geführt, mehrere Male auf ein blechernes Hauptschwein, ehe er den Schabernack des Gastgebers und Jagdherren bemerkte.

Foto nächste Seite: Revierjägermeister And'l Hechenberger (junior), Jagdaufseher in dritter Generation, bei der Bergung einer Gams

Weitere Gürtelschnalle der Revieraufseher von Gut Rechenau

Das Comeback von 1947

Nach all dem Dilemma und in geradezu ausweglo- ser Situation sah Max nur noch einen einzigen Ausweg: Erneut in den Ring steigen!

Zwischenzeitlich fanden in Berlin, Hamburg und einigen Städten im Rheinland Faustkämpfe statt, das Boxfieber erwachte, so daß Machon wieder im Geschäft war und über eine gültige Lizenz als Trainer und Manager verfügte - ein Lichtblick.

Max Schmeling fuhr nach Berlin, um seinem Freund Machon den Entschluß kund zu tun, ihn um Unterstützung zu bitten. Der zeigte sich geradezu verblüfft, glaubte an einen Scherz. Da dem nicht so war, versuchte er, seinem Besuch das Ansinnen auszureden, verwies auf jüngere, hoffnungsvolle Kämpfer, gegen die Schmeling nahezu chancenlos sei. Dann fand man einen Kompromiß. Max sollte trainieren und dem Promotor zu gegebener Zeit seine Tauglichkeit beweisen.

Tage der unsäglichen Anstrengung, der Entbehrungen und des verbissenen Konditionstrainings vergingen, mehr Last als Lust, mit eisernem Willen. Nachdem der Champion das Kampfgewicht und die notwendige Form erreicht hatte, lud er Max Machon zu einem Test ein. Der zeigte sich beeindruckt, blieb aber skeptisch. Nach langem Hin und Her gelang es Schmeling, den Manager zu überreden. Wenige Tage später begann er unter Anleitung Machons mit dem eigentlichen Boxtraining.

Endlich, am 28. September 1947, war es soweit, das Boxidol der Vorkriegszeit stieg im Frankfurter Waldstadion in den Ring, wagte, gegen den 16 Jahre jüngeren, ehrgeizigen und vitalen Werner Vollmer anzutreten. In der siebenten Runde schmetterte der 42jährige seinen Rivalen im Jubel von 40.000 Zuschauern, unter ihnen Tausende amerikanische Soldaten, zu Boden. Das Comeback war geglückt, für Trainer Machon fast unglaublich.

Auf Jagd mit den Tommys

Jetzt suchten viele Leute wieder den Kontakt zu Max Schmeling, feierten die Wiederauferstehung des Idols. Zu den alten und neuen Fans gehörten auch viele amerikanische Offiziere. Einige davon frönten dem Weidwerk und luden den Champion gerne zur Jagd ein. Eine zu Dank verpflichtende Sache, von welcher der Champion gerne Gebrauch machte.

Von einem geregelten Jagdbetrieb konnte man in jener Zeit nicht sprechen. Die Jagdhoheit lag bei den Besatzern, im Osten bei den Russen, im Westen bei Engländern, Franzosen und Amerikanern. Zu tief saß das Mißtrauen den Deutschen gegenüber, und es bedurfte noch einiger Jahre, bevor ein hiesiger Jägersmann wieder eine eigene Büchse führen durfte. Max Schmeling verfügte zu dieser Zeit weder über eine eigene Flinte, geschweige denn eine Büchse. Er hatte sich von all seinen Jagdgewehren trennen müssen. Waffen, egal welcher Art, wurden beschlagnahmt, unterlagen der Ablieferungspflicht. Wer sich nicht daran hielt, mußte mit drastischen Strafen rechnen. Jagdwaffen waren meist registriert. Zu spekulieren, daß die Akten der Behörden im Zuge der Krieghandlungen verloren gegangen sein könnten, schien zu risikovoll. Hochwertige Gerätschaften verschwanden als Kriegsbeute, anderes ist von den Alliierten mit Panzern oder anderem Gerät unbrauchbar gemacht worden, wissen Augenzeugen hier und da zu berichten.

Es folgten weitere vier Boxkämpfe, von denen das auferstandene Boxidol zwei gewann und zwei verlor. Schmeling merkte, daß seine Beweglichkeit und seine Reaktion nachgelassen hatten, er auf Dauer nicht mehr bestehen können würde. Der Kampf gegen Richard Vogt am 31. Oktober 1948, den Silbermedaillengewinner im Halbschwergewicht der Olympischen Spiele von 1936 in

Berlin, ab 1938 Berufsboxer, sollte daher der letzte sein. Obwohl Max Schmeling ihn in Berlin nach Punkten verlor, war das eigentliche Ziel seiner Anstrengungen erreicht, nämlich mit den Preisgeldern die Grundlage für seine weitere Existenz mit Anny zu schaffen.

Warum nicht ein Opel?

Dazu gehörte der Kauf eines neuen Autos noch vor der Währungsreform am 20. Juli 1948. Leicht gesagt, doch so einfach war das in Zeiten der Knappheit nicht. Mittels Unterstützung eines amerikanischen Offiziers, neu gewonnenem Image und auflebender Kontakte zum Autofabrikanten v. Opel gelang es, sich diesen Wunsch zu erfüllen. Nach einigem Hin und Her erfolgte schließlich die Auslieferung der Limousine vom Typ Opel “Kapitän”. Erfreut unternahmen Anny und Max sogleich einen Ausflug mit dem nagelneuen Wagen in die Nordheide.

Wilhelm v. Opel (rechts) mit Revierjäger und dem jungen Willy Sachs am gestreckten Hirsch; Bayrischzell, 1920

Wilhelm v. Opel, Sohn von Adam v. Opel, dem Firmengründer und Schöpfer der Marke, war ein begeisterter Nimrod, der gemeinsam mit Ernst und Willi Sachs im

Alpenland auf Hahn, Reh, Gams und Hirsch gejagt hat. Der Sohn des Automobilindustriellen, Fritz v. Opel, war früher hin und wieder in der "Roxibar" eingekehrt, das Stammdomizil Max Schmelings. Man kannte sich also recht gut aus den dreißiger Jahren, hatte seinerzeit die Autorennen auf der Avus besucht. Bei diesen Gelegenheiten konnte Max Schmeling einiges über die Firmengeschichte erfahren. Vielleicht hat dies dazu beigetragen, daß der Faustkämpfer der Marke "Opel" bis zum heutigen Tage (2004) treu geblieben ist.

Anny und Max Schmeling mit ihrem neuen Opel "Kapitän"

Auf dem Lande in Hollenstedt

Unter Verwendung der Börseneinnahmen kaufte sich Max Schmeling 1949 vom Gastronom Hillesheim ein ca. 100.000 Quadratmeter großes Grundstück in Hollenstedt bei Hamburg, eine Investition in die Zukunft. Dort begann er anfangs Hühner, dann auch Nerze zu züchten. Letztere Anregung stammte noch aus den USA, als ihm im Jahre 1930 ein Farmer eines der Tierchen geschenkt

Von fleißigen Hühnern und edlen Nerzen

hatte, das der Champion außer Landes brachte und in Bad Saarow in Pflege gab. Die Sache mit den Pelztieren lief gut an, der Champion hospitierte bei Farmerkollegen, studierte Fachbücher - schuf im Laufe der Zeit optimale Haltungsbedingungen, ließ sich aus den Staaten Zuchtnerze schicken und nahm schon bald an Ausstellungen teil. Seine Erfahrungen aus der Nutriazucht in Ponickel betreffs des Streifens und der Behandlung der kostbaren Felle kamen ihm jetzt zugute. Schließlich gelang es M. Schmeling, als Erstem in Deutschland mehrfarbige Nerze zu züchten, dann auch silbergraue mit hellem Schleier, die auf der Bundespelztierschau mit vorderen Preisen prämiert wurden. 1956 hielt der unerschütterliche Optimist schon tausend der zierlichen Pelztiere, und Hollenstedt gehörte damit zu den größten Farmen in Deutschland. In der Obhut von Max und Anny, denen der Umgang mit den edlen Raubtierchen im großen und ganzen Freude bereitete, ereichten die Felle eine Qualität, die sich mit der nordischer und amerikanischer Nerze vergleichen ließ.

Firmenstempel von Schmelings Edelpelztier- und Geflügelfarm

Anny achtete auf große und saubere Käfige, was wesentlich dazu beitrug. Sie managte den Betrieb, wenn Max geschäftliche Verbindungen pflegte und dadurch häufig unterwegs war.

Es sei hier nicht verschwiegen, daß es Anny immer schwer fiel, sich nach gewisser Zeit von den Pfleglingen zu trennen. Auf Grund des damals bestehenden Bedarfes gab es mit dem Absatz der Felle keine Probleme.

Den erzielten Gewinn aus der Nerzfarm investierte das Ehepaar u. a. nach Erhalt einer Lizenz in den Tabakanbau. Es zeigte sich jedoch, daß nach anfänglichen Erfolgen die klimatischen Bedingungen der Region für den dauerhaften Anbau der begehrten Blattpflanze wenig geeignet waren.

Die Zuchtergebnisse mit Nerzen der Edelpelztierfarm Hollenstedt fanden auf zahlreichen Austellungen Anerkennung und Auszeichnung

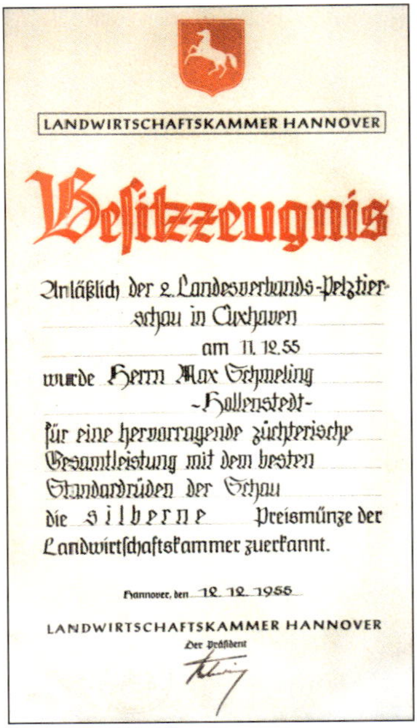
LANDWIRTSCHAFTSKAMMER HANNOVER

Besitzzeugnis

Anläßlich der 2. Landesverbands-Pelztierschau in Cuxhaven
am 11. 12. 55
wurde Herrn Max Schmeling
- Hollenstedt -
für eine hervorragende züchterische Gesamtleistung mit dem besten Standardrüden der Schau
die silberne Preismünze der Landwirtschaftskammer zuerkannt.

Hannover, den 12. 12. 1955

LANDWIRTSCHAFTSKAMMER HANNOVER
Der Präsident

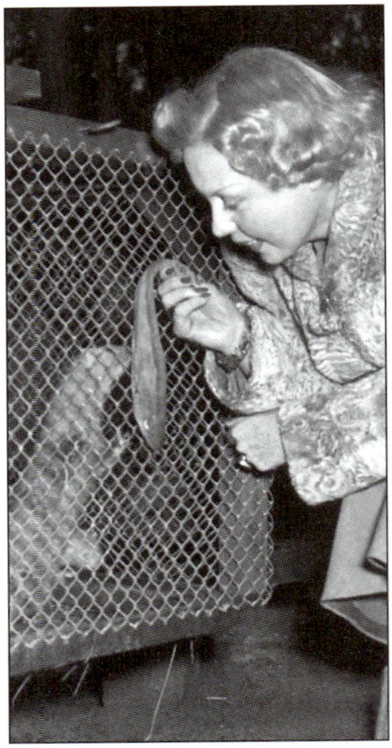

Der Landwirtschaftsbetrieb lieferte indes Hühnereier für den Max-Schmeling-Eierlikör, an dessen Herstellung der Champion auch anderwärtig beteilig war.

Anny sah stets, obwohl sie landwirtschaftliche Tätigkeiten verrichtete, “wie aus dem Ei gepellt” aus, und genauso verließen ihre Produkte das Haus - sauber und ordentlich. Sie stieg früh aus den Federn, versorgte das Federvieh, kümmerte sich um das Wohl ihres Mannes. Sie zauberte ihm liebevoll Gaumenfreuden, konnte phantastisch kochen, alles das, was Max von seinen jagdlichen Streifzügen heimbrachte - besonders Fasan, Rebhuhn und auch Schnepfe - hat sie geschmackvoll zubereitet.

Trotz ihres bäuerlichen Lebens, an das sie sich schon in Ponickel gewöhnt hatten, blieben die Schmelings auch weiterhin im Blickpunkt der Öffentlichkeit. Hin und wieder tauchte die Wochenschau auf, filmte die ungewöhnliche Tätigkeit des prominent gebliebenen Paares.

Im Blickpunkt der Öffentlichkeit

Zwischenzeitlich ließen sich die beiden auch mal überreden, dem Alltag zu entfliehen.

1953/54 lief in den Kinos der Film "Keine Angst vor großen Tieren", in dem Heinz Rühmann die Hauptrolle spielte und Max Schmeling ebenfalls zum Zuge kam. Seine Frau spielte eine Rolle in dem Streifen "Schön muß man sein", gedreht in Hamburg, es war ihr letzter Filmauftritt.

Weitaus häufiger lud man den "ewigen" Boxstar zu Sportwettkämpfen ein, wo er als Ringrichter fungierte und ein Publikumsmagnet wurde.

Im März 1954 reiste Max Schmeling das erste Mal nach dem Kriege in das Land der unbegrenzten Möglichkeiten. Er folgte damit einer Einladung zu einer Boxveranstaltung in Wisconsin, genauer gesagt in Milwaukee, wo der Boxveteran als Ringrichter auftreten und für den Kampf zwischen Mittelgewichtsmeister Hans Stretz gegen Billy Kilgore deutschstämmige Fans anlocken sollte. Ein willkommener Anlaß, das Land seiner Boxkarriere, der größten Erfolge und bittersten Niederlagen nach vielen Jahren wieder zu betreten, Erinnerungen aufzufrischen und Mißverständnisse aus dem Weg zu räumen.

Wieder in den Staaten

Aus der Erkenntnis heraus, daß sowohl er wie auch Joe Louis in der Vorkriegszeit zum Spielball der Politik geworden waren, beabsichtigte er, seinem ehemaligen Kontrahenten einen Besuch abzustatten. Von Freunden ließ er sich von Milwaukee nach Chicago fahren.

Vom Feind zum Freund

Als Louis vom Golfspielen zurückkehrte, blieb er einen Moment wie angewurzelt stehen, warf die Tasche mit den Golfschlägern beiseite und stürmte auf Max Schmeling zu, um ihn mit den Worten „Wie schön, dich wieder zu sehen!" zu umarmen. Auch Louis war längst bewußt geworden, daß die Hetzpropaganda vergangener Zeiten das wahre Bild des größten Gegners in seiner Sportkarriere verunziert und man ihn selbst dazu benutzt hatte. Jetzt schüttelten beide sich um so herzlicher die Hände, räumten den seelischen Balast beiseite und besiegelten eine Freundschaft, die bis zum Tode des Amerikaners anhalten sollte.

Begegnung mit dem "Braunen Bomber"; Joe Louis zu Gast in Hollenstedt

Joe Louis Boxkarriere endete 1952, nachdem ihn Rocky Marciano in der achten Runde zu Boden geschmettert hatte. In der Folgezeit führte die amerikanische Boxlegende ein leichtfertiges, unstetes Leben auf Kosten seiner Gesundheit, das sämtliche Preisgelder aufbrauchte.

Max Schmeling verfolgte diesen Prozeß nach der Aussöhnung mit ungutem Gefühl, war ihm doch sein ehemaliger Kontrahent ans Herz gewachsen.

Man hielt engen Kontakt zueinander und traf sich gelegentlich. So weilte der "Braune Bomber" beim "schwarzen Ulan vom Rhein" in Hamburg und Hollenstedt. Max hingegen versäumte es nicht, in Verbindung mit seinen geschäftlichen Reisen in die USA einen Abstecher nach Chicago zu unternehmen, um Joe aufzusuchen. Er begegnete seinem Freund nie mit Vorwürfen, wußte von den Tücken und Verführungen des Lebens, denen nicht jeder Mensch standhalten kann. Er schätzte die positiven Eigenschaften des Amerikaners, die ihm zu einer glänzenden Boxkarriere verholfen hatten, ja zur Legende machten. Max Schmelings Karriere und die seines ehemaligen Widersachers waren tief miteinander verflochten.

Nachdem es dem Amerikaner gesundheitlich immer schlechter ging - er saß die letzten drei Jahre im Rollstuhl - sah es Max Schmeling als Verpflichtung an, Joe Louis und dessen Familie finanziell zu unterstützen.

Der Max wird Fünfundsechzig

München (SZ) — Dem populärsten deutschen Sportsmann zum 65. Geburtstag zu gratulieren, ist keine leichte Aufgabe. Denn über Max Schmeling, der sein 65. Lebensjahr am kommenden Montag beendet, ist schon alles gesagt und geschrieben worden. Der Montag wird für ihn ein Tag der Ehrungen, Erinnerungen und Gratulationen sein und die Wünsche für Gesundheit werden den breitesten Raum einnehmen. Und wieder wird man staunend Schmelings ungeheure Popularität bewundern, die ihresgleichen vielleicht auf der ganzen Welt nicht hat. Sie zu

Zwei Rivalen heute Freunde: Jubilar Max Schmeling und Joe Louis (als Zuschauer beim Kampf Clay — Mildenberger, zu dem Schmeling seinen Weltmeisterkollegen eingeladen hatte).
Photo: Nordbild

begründen, ist noch keinem gelungen. Den „Maxe" kennt einfach jeder, nicht nur weil er Deutschlands einziger Boxweltmeister aller Klassen war und ist; nicht nur, weil er Amerikas „braunen Bomber" Joe Louis, den Unschlagbaren, drüben (in einem Nichttitelkampf) knockout schlug; nicht nur weil er keine Skandale provozierte, als vorbildlicher Sportler lebte, weil er eine Filmschauspielerin heiratete. Fast scheint es, als genieße der „alte" Max Schmeling ein noch größeres Ansehen als der junge Sieger in 56 von 70 Boxkämpfen. Schmelings Ruhm wuchs mit seinem Alter und er ist der lebende Beweis dafür, daß die „Nachwelt" ihren Helden doch Kränze flicht. Schmeling errang sein Ansehen als Profi und ist heute doch mit eingespannt als Botschafter der olympischen Amateurspiele. Daß ihn nicht nur die Zeitgenossen seiner sportlichen Karriere verehren, sondern daß ihn auch die Jugend als einen der Größten des Sports feiert — das dürfte eines seiner schönsten Geschenke sein. *H. J.*

„Der Mann ist ein Engel!"

Als Joe Louis 1981 verstarb, fand die Trauerfeier im "Caesars Palace" in Las Vegas statt. Schmeling rief an diesem Tag Henri Lewin an, jenen Mann, dem er als Jungen in der Reichskristallnacht das Leben gerettet hatte, und bat ihn, zum "Caesars Palace" zu fahren. Dort nahm Mrs. Louis von Hunderten von Menschen Kondolenzen entgegen, Tausende hatten sich vor dem Gebäude versammelt. Der spätere Vizepräsident der Gesellschaft Hilton Hotels, H. Lewin, sollte der Witwe unauffällig einen Umschlag mit einer substanziellen Menge Geld übergeben. Nachdem Mrs. Louis den Umschlag erhalten hatte, sagte sie zu dem Überbringer: „Dieser Mann ist ein Engel. Er hat uns schon so viele Male geholfen, wenn wir eine schwere Zeit zu durchleben hatten."

Schmeling erwartete von H. Lewin, darüber niemals ein Wort zu verlieren. Er glaubte einfach daran, daß ein anderer an seiner Stelle genauso gehandelt hätte, es so gesehen überhaupt nichts Besonderes wäre.

Erst im Dezember 1989 auf einer Festveranstaltung im "Sands' Ballroom" in Las Vegas zu Ehren von vierzig verdienten Sportlern, darunter auch Max Schmeling, brach Lewin sein Schweigen, erzählte die Geschichte seiner Rettung und sprach über die Hilfsbereitschaft des großen Boxsportlers gegenüber seinem einstigen Gegner Joe Louis.

Nach dem Wettkampf in Milwaukee flog Max Schmeling umgehend nach New York. Dort suchte er den jüdischen Friedhof auf, wo sich das Grab seines ehemaligen, allzu früh (1940) an Herzschlag verstorbenen Box-Managers Joe Jacobs befand. Die Ereignisse sorgten dafür, daß das Dreiergespann Schmeling, Machon, Jacobs nach 1938 nicht mehr zum Zuge gekommen war.

Eine Last fällt von den Schultern

Und noch eines lag dem Champion besonders auf der Seele - die Aussprache mit seinem ehemaligen Freund, dem Veranstalter Paul Damski, der immer noch Boxkämpfe organisierte und in der 47. Straße ein gut gehendes Juweliergeschäft besaß.

Erst über Umwege und mit Ausdauer gelang es dem Champion, mit Damski und seiner Frau Sonja ins Gespräch zu kommen. In stundenlangen Bemühungen versuchte Max Schmeling in Jack Dempseys (Schmelings ewiges Box-Vorbild) vorbildlich geführtem Restaurant, einer Attraktion am Broadway, das Ehepaar von seiner Unschuld zu überzeugen, Vorurteile abzubauen und Licht in das Dunkel der Ereignisse zu bringen. Eine Last fiel ihm von den Schultern, als die Damskis einsahen, daß sie Max zu unrecht beschuldigt und verdammt hatten. Glücklich darüber, das Kriegsbeil mit den ihm wichtigen Menschen für alle Zeiten begraben zu haben, kehrte Max Schmeling von seiner Amerikareise zurück.

Ein verlockendes Angebot

Der Zufall wollte es, daß im gleichen Jahr (1954) Jim Farley, der ehemalige Vizepräsident der New Yorker Boxkommission, Postminister und mittlerweile leitendes Führungsmitglied im Coca-Cola-Getränkekonzern, nach Deutschland kam, um in Essen die deutsche Niederlassung der Firma zu inspizieren.

Im Gespräch mit Max Keith, dem langjährigen Geschäftsführer der 1930 gegründeten Coca-Cola GmbH Deutschland, brachte Farley das Gespräch auf seinen ehemaligen Golffreund Max Schmeling, erkundigte sich nach dessen Wohlbefinden und Dasein. Farley hatte aus der Zeitung von Schmelings Aufenthalt in den Staaten erfahren. Von M. Keith erfuhr der Amerikaner nun, daß sich der Champion bester Gesundheit erfreue, manchmal aus Interesse und zur Aufbesserung der "Haushaltskasse"

Historische Coca-Cola-Flasche von 1915

als Ringrichter fungiere, sich vorwiegend aber mit der Landwirtschaft beschäftige, Tabak anbaue, Eierlikör herstelle und Nerze züchte, alles in relativ bescheidenem Rahmen. Seine Frau Anny sei ihm bei allem eine große Hilfe und ziehe mit ihm am gleichen Strang. Farley überlegte einen Moment und kam in Einvernehmen mit Max Keith auf den Gedanken, dem Boxidol eine neue Perspektive bieten zu wollen. Da Coca-Cola verstärkt in den Norden zu expandieren gedachte, bot sich eine zweckdienliche Lösung an.

Zufällig hielt sich Max Schmeling gerade in der Nähe von Essen auf, so daß Keith eine Verbindung herstellte und kurze Zeit später eine Unterredung mit Jim Farley zustande kam.

„Max, weißt du noch, als ich dich früher einmal gefragt habe, ob du dir Coca-Cola in Deutschland vorstellen könntest - du hast ‚ja' gesagt? Besitzt du heute vielleicht noch Interesse am Coca-Cola Business?" fragte Farley. Schließlich offerierte er seinem Gesprächspartner die Pläne und unterbreitete ihm ein ernstgemeintes Angebot. Er wolle ihm gerne die "Software" zu Verfügung stellen und sonstige Unterstützung gewähren. Um die "Hardware", d. h. Kapital, müsse er sich jedoch selber kümmern.

Max nahm die Chance wahr, fand Partner, schuf entsprechende Voraussetzungen und beschäftigte sich intensiv mit der Materie.

1886 hatte der Pharmazeut John Stith Pemberton in Altlanta einen Sirup entwickelt, der vor allem gegen Kopfschmerzen, Müdigkeit, aber auch Depressionen helfen sollte. Allerdings enthielt die Substanz noch Kokain, welches aus den Blättern der Kokapflanze gewonnen wurde und später durch Koffein ersetzt werden konnte. Vermischt mit Sodawasser, entwickelte sich das Getränk zum Verkaufschlager und erhielt, abgeleitet von den Bestandteilen Kokablatt (englisch: coca leaves) und der Kolanuß (cola nut) den Namen Coca-Cola.

1888 kaufte der Apothekengroßhändler Asa Griggs Candler alle Rechte an Coca-Cola und gründete 1892 "The Coca-Cola Company". 1919 veräußerte er das Unternehmen für 25 Millionen US-Dollar an ein Bankenkonsortium.

In Deutschland ist Coca-Cola das erste Mal im April 1929 abgefüllt worden. Ein Jahr später schlug in Essen die Geburtsstunde einer Tochtergesellschaft der "The Coca-Cola Company".

In den dreißiger Jahren engagierte sich Max Keith, der Geschäftsführer der Coca-Cola GmbH, für die Verbreitung der Limonade in deutschen Gefilden. Ihm gelang es im Einvernehmen mit den Nationalsozialisten, ein Hauptlieferant von Erfrischungsgetränken für die Olympiade 1936 in Berlin zu werden.

Max Schmeling vor seinem Hamburger Betrieb Ende der sechziger Jahre

Auf Grund kriegsbedingter Rohstoffprobleme wurde die Produktion der Coca-Cola Limonade in Deutschland immer schwieriger und schließlich eingestellt. Eine Alternative mußte her.

Unter Verwendung heimischer Zutaten entstand ein Erfrischungsgetränk auf Molkebasis namens "Fanta", das die Verbraucher schnell schätzen lernten. Nach 1945 wurde es in abgewandelter Form weiter produziert und eroberte schließlich fast den gesamten Erdball. Erst 1950 nahm die GmbH die Coca-Cola Produktion wieder auf.

1957 erhielt dann Max Schmeling die Konzession zur Herstellung der beliebten Limonaden und gründete die Getränke-Industrie Hamburg, Max Schmeling Co. KG, in der er geschäftsführender Gesellschafter wurde. Nach und nach entstanden auch dazugehörige Limonadenfabriken in Neumünster, Tuttlingen, Reutlingen und Gomaringen. Damit begann nach der sportlichen eine beispielhafte unternehmerische Kariere für den ehemaligen Kampfsportler, die ihm, wie er einmal selbst feststellte, die wichtige finanzielle Unabhängigkeit sicherte.

Das änderte jedoch nichts an Schmelings bescheidenem und anspruchslosem Lebensstil, seinen Wertgefühlen, die sich keinesfalls an einem in Glanz und Glamour eingepackten, luxuriösen Dasein orientieren. Bis sage und schreibe Anfang 1999 ist Max Schmeling noch fast täglich in sein Hamburger Firmenbüro gefahren - 42 Jahre lang.

Immer willkommen

Es gab Zeiten, in denen die Schmelings gerne an Veranstaltungen, z. B. Empfängen, Film- und Sportlerbällen, teilnahmen. Auf ihnen trafen sich oft die Größen der Gesellschaft, umworben von Presse, Funk und Fernsehen. Max und Anny pflegten die Kontakte zu alten Freunden und lernten dabei neue kennen, Schauspieler, gestandene oder aufstrebende Unternehmer, angehende Politiker, Geschäftsleute. Manchmal kam es nach einem Gespräch zu einer Jagdeinladung, oder es entwickelte sich sogar eine langjährige Jagdfreundschaft.

Senator Dr. Franz Burda mit seinem bei Garmisch erlegten 14-Ender; 1955

Zu Gast bei den Burdas

Mitte der Fünfziger Jahre pirschte Max Schmeling in Garmisch mit dem Verleger Dr. Franz Burda, jenem Mann, in dessen Hause 1948 das erste Mal der renommierte Filmpreis "Bambi" vergeben wurde, auf den brunftigen Hirsch. Der Senator mochte gerne Blasmusik, so daß bei geeigneten Anlässen sein Lieblingsmarsch "Hoch Heidecksburg" gespielt wurde. Später lud der Verleger das Boxidol regelmäßig zur Niederwildjagd in die Rheinische Tiefebene bei Offenburg ein, wo namhafte Nimrode aus Politik und Wirtschaft auf Weidmannsheil hofften, nie enttäuscht wurden und hervorragende Hasen- und Fasanenstrecken hinlegten.

Anny begleitete ihren Mann auf diesen Reisen. Auch zwischen den Damen gab es Gemeinsamkeiten. Aenne Burda züchtet Orchideen und Rosen, Anny Schmeling liebte Blumen und Gärten.

Erfolgreiche Jagd im Niederwildrevier des Verlegers Franz Burda bei Offenburg (Rheingraben);
2. v. l.: Jagdherr
4. v. l.: Anny
7. v. l. i. d. gl. R.: Max Schmeling

Anny Schmeling begleitete ihren Mann zur Jagd

Der 1903 geborene Franz Burda legte nach seinem Studium im Bereich Volkswirtschaft 1927 mit der Gründung der Radiozeitung "Sürag" den Grundstein für das Verlagsgeschäft. Nach seiner Promotion im Jahre 1929 übernahm er den elterlichen Druckereibetrieb in Offenburg, welcher durch Zukauf und mit der Umstellung auf Tiefdrucktechnik ab Mitte der dreißiger Jahre respektable Gewinne abwarf. 1931 heiratete er die gut aussehende, sechs Jahre jüngere Aenne Lemminger, eine Frau, die sich hingebungsvoll für den Druckereibetrieb und die sich entwickelnde Verlagstätigkeit engagierte.

Nach dem Krieg kam der durchbrechende Aufschwung des Verlagshauses. Man druckte im Auftrag der Alliierten Schulbücher - 1948 erschien das Magazin "Das Ufer"", ein Jahr später verwirklichte Aenne Burda ihre eigene Idee von einer Modezeitschrift. Mit der Herausgabe von "Burda-Moden" (1949) eroberte und prägte sie schließlich die Modewelt Europas. So gesehen, hat sie maßgeblichen Anteil an der Erfolgsgeschichte des Hauses, zählt nach 45jährigem Engagement zu den erfolgreichsten weiblichen Persönlichkeiten im Verlagswesen.

Max Schmeling mit dem Senator Dr. F. Burda

Mitte der fünfziger Jahre gab die "Bunte" erste Einblicke in das interessante Leben der Prominenz. Unter der Rubrik: Skandale, Gerüchte, Tratsch und Klatsch, fand sie ein breites Leserpublikum und wurde zum Renner. 1980 verlegte der Burda-Verlag 30 Zeitschriften, Magazine und Illustrierte.

Nach dem Tode des Senators Franz Burda im Alter von 83 Jahren am 30. September 1986 setzten seine Frau Aenne und der Sohn Hubert Burda sein unternehmerisches Vermächtnis fort. Sein Sohn Franz bekam mit dem Vornamen des Vaters auch dessen Jagdpassion und ist noch heute ein leidenschaftlicher Weidmann.

Zwischen Max Schmeling und Aenne Burda blieben die freundschaftlichen Bande erhalten.

Zu den Teilnehmern an F. Burdas Niederwildjagd und damit Max Schmelings jagdlichem Umgangskreis gehörte u. a. Dr. h.c. mult. Berthold Beitz, ebenfalls ein begeisterter Weidmann. Auch mit dessen Gattin Dr. Else Beitz war man recht gut bekannt.

Dr. Beitz ist die Vertrauensperson, die der Chef des Krupp-Konzerns Dr. Ing. e. h. Alfried Krupp v. Bohlen und Halbach im November 1953 zu seinem Generalbevollmächtigten ernannt hatte. Seit der Bildung der Alfried Krupp v. Bohlen und Halbach-Stiftung, auf die nach dem Tode A. Krupps am 30. Juli 1967 das gesamte Vermögen überging, ist er Vorsitzender und geschäftsführendes

Unter den Jagdgästen auch Dr. Beitz (rechts)

Begegnung zwischen dem Regierungschef der DDR, Erich Honecker, und dem Vizepräsidenten des IOC Dr. Berthold Beitz im Juni 1985

Mitglied des Kuratoriums dieser Stiftung. Aus den freiwerdenden Mitteln dieser Einrichtung werden wissenschaftliche Projekte in Lehre und Forschung im In- und Ausland unterstützt.

Während der Zeit des kalten Krieges machte sich der heutige Professor im Zuge der deutsch-deutschen Wirtschaftskontakte und als Vizepräsident des Internationalen Olympischen Komitees, in der DDR einen Namen. Auf der Leipziger Messe präsentierte und vertrat er den Krupp bzw. Thyssen-Krupp-Konzern, dieser Stand ist jedes Jahr von höchsten Repräsentanten der DDR aufgesucht worden.

Häufig war der Unternehmer Beitz in diplomatischer Mission unterwegs, engagierte sich z. B. in der Hansestadt Greifswald, seiner Geburtsstadt, am Auf- und Ausbau. Erich Honecker, der bekanntlich über eine große Jagdleidenschaft verfügte, hat ihn mehrfach empfangen. Bei dieser Gelegenheit lernte Dr. Beitz als Gast des Staatsratsvorsitzenden und der Regierung ostdeutsche Jagdgefilde, darunter die Schorfheide bei Berlin, kennen und schätzen.

Einen Höhepunkt stellte für Max Schmeling die Gamsjagd in Burdas Bergrevier bei Menzenschwand, einem Luftkurort mit ländlichem Flair im Schwarzwald, dar. Am Fuße des Feldberges, in einem sonnigen und windgeschützten Tal in 850 bis 1.350 Meter Höhe über dem Meeresspiegel gelegen und von Wald umgeben, entsprach es ganz dem Geschmack der Boxlegende. In der Zurückgezogenheit des dortigen Jagdhauses verbrachten Max und Anny besinnliche Stunden am Kamin, genossen den Blick durch das Panoramafenster auf Wälder und Berge. Hier feierte er seinen sechzigsten Geburtstag und pirschte morgens bzw. abends mit dem Revierjäger auf das Geburtstagsgeschenk, einen Gamsbock. In dortigen reizvollen Gefilden erlegte das Boxidol mehrere dieser graziösen Kletterer, u. a. zur Gamsbrunft 1974.

Jäger Schmeling durchstreift mit seinem DD "Betty" das Bergland

Beim Salzbaron

Seit Anfang der sechziger Jahre genoß Max Schmeling gemeinsam mit Anny auf Schloß Fuschl in Österreich bei Hintersee, im Salzkammergut, die Gastfreundschaft des bayrischen Unternehmers und passionierten Jägers Adi Vogel, genannt der "Salzbaron". Jener soll das Schloß - heute ein Hotel der höheren Kategorie - nach dem Kriege käuflich erworben haben.

1960 heiratete er die populäre Schauspielerin Winnie Markus, eine gute Bekannte von Anny Ondra. Auch sie war eine Pragerin, die es zuerst nach Wien verschlagen hatte, wo sie das Gymnasium, eine Ballettschule und die künstlerische Ausbildung am Reinhardt-Seminar absolvierte. Nach ihrem Theaterdebüt in Shakespears "Sommernachtstraum" stand die junge Winnie im gleichen Jahr das erste Mal vor der Filmkamera. Dank ihrer hohen schauspielerischen Begabung drehte die Ufa bis Kriegsende 25 Filme mit ihr. Dazu kamen noch zahlreiche Theaterauftritte in Berlin und Wien. 1946 schloß der Filmstar mit einem Berliner Hotelier seine erste Ehe, gebar einen Sohn, der bedauerlicherweise 1982 bei einem Verkehrsunfall ums Leben kam.

Schauspielerin Winnie Markus

Die wirkliche Glanzzeit der sportlichen und eleganten Filmdiva begann jedoch in den fünfziger Jahren, wo sie gerne Rollen gereifter Frauen oder auch historischer Art übernahm und in zahlreichen Heimatfilmen das Publikum erfreute. Bis zu ihrer zweiten Heirat erlebte man sie in 54 Filmen, dann zog sie sich ins Privatleben zurück, in eine Umgebung, die der aus ihren Heimatfilmen nahe kam.

Die Interessenübereinstimmung zwischen den beiden Paaren, den Schmelings und den Vogels, ließen den Kontakt lange Zeit nicht abreißen. Der Schloß- und Jagdherr pirschte mit dem Boxidol hoch oben in der malerischen Bergwelt der Alpen, führte ihn zur Brunft auf den Gamsbock, während es den Damen an Kurzweil und Austausch nicht mangelte. Im Laufe der Jahre gelang es der Boxlegende, dort einige Male auf Gamswild zu Schuß zu kommen, so im November 1960 und 1961. Einige der Tiroler Kruken und Gamsbärte zieren Schmelings Jagdzimmer in der Nordheide.

Das Salzimperium des Magnaten zerbrach Mitte der siebziger Jahre, so daß Winnie sich der Schauspielkunst besann. Mit ihrem Auftritt am Renaissance-Theater in Berlin gelang ihr 1980 ein Comeback. Zahlreiche Thea-

Jagdfreund Gerd Wiese (geb. 1906 in Berlin, gest. 1992 in München) mit einem in Ungarn bei Györ gestreckten starken Rothirsch terrollen folgten, bis schließlich das Fernsehen auf sie aufmerksam wurde. In den neunziger Jahren begeisterte die Seniorin die Herzen ihrer Fans in TV-Serien, z. B. in "Der Bergdoktor" (1993) oder "Zwei Münchner in Hamburg". Am 9. März 2002 starb die großartige Schauspielerin in München.

Max Schmeling 1975 in Ober-Eulenau auf dem Nachhauseweg aus Ungarn/Györ

Jägertreff Ober-Eulenau

Wenn Max Schmeling in der Alpenregion weilte, z. B. seinen langjährigen Jagdfreund Gerd Wiese in München oder Adi und Winnie in Tegernsee besuchte, versäumte er es selten, in Ober-Eulenau vorbeizuschauen und mit dem Landwirt Rudolf Krause und dem meist anwesenden Gerd Wiese ein Schwätzchen abzuhalten. Es waren die alten Haudegen, mit denen er unvergessene Erinnerungen aus dem Pommernland, Mecklenburg, der Alt- und Neumark teilte. Unabhängig davon gab es allerhand kund zu tun, denn Nimrod Wiese verfügte mittlerweile über ausgezeichnete Kontakte zu einem Rotwildrevier in Ungarn.

Im Gespräch: Dr. Frank, seinerzeit Vorsitzender des Bayrischen Jagdverbandes, Gerd Wiese (Mitte) und Max Schmeling; Ober-Eulenau 1975

Er organisierte in den sechziger und siebziger Jahren einige herbstliche Jagdausflüge in die Auenwälder des Donaugebietes, bei denen die drei Jäger, wenn auch nicht immer gemeinsam, auf den brunftigen Hirsch zu Schuß kamen. Das Jagdgebiet befand sich bei Györ, einer reizvollen, etwas abgelegenen Gegend. Dort feierte Max Schmeling mit seiner Anny seinen 70. Geburtstag.

In fernen Ländern

Unabhängig von den häufigen Besuchen in den Staaten, wo der Boxer auf den Bison, den amerikanischen Verwandten des europäischen Wisents, jagte, führte ihn die Unternehmerkarriere auch in andere ferne Länder, u. a. nach Afrika und Australien. 1979 lernte er die schier unendlichen Savannen und Wüsten von Namibia kennen, stellte in Otjis Auna Kudu, Oryx-Antilope, Hartebes, Impala, Springbock und Warzenschwein nach. Doch viel mehr schätzte er sein Stemmer Revier, den dortigen Freundeskreis - die schneereichen Berge der Alpen und die märkischen Kiefernheiden.

Max Schmeling mit seinem in der USA erlegten Bison

Auf nach Alaska

Im Jahre 1970 erhielt Max Schmeling unerwarteten Besuch von Herrn Ottokar Skal, einem berühmten Outfitter aus Alaska, der gerade auf Stippvisite in seinem Heimatland war und bei dieser Gelegenheit auf die weiten Jagdgründe Nordamerikas aufmerksam machen wollte. Seit 1958 führte er Gäste durch die Einsamkeit Alaskas.

Skal erzählte von seiner Tätigkeit, den Abenteuern und Begegnungen mit Elchen, Karibus und Grizzlybären in der Wildnis Alaskas, erläuterte den Ablauf seiner meist erfolgreichen Streifzüge in einer relativ wildreichen Gegend, beschrieb die Naturschönheiten einer einzigartigen Landschaft und weckte schon bald bei seinen Zuhörern den Wunsch, alles einmal selbst zu erleben.

Skal verstand es, den inzwischen 66jährigen Max für einen Ausflug ins Land der weiten Seen, der schneebedeckten Bergketten, der Gletscher, majestätischen Berggipfel und der endlosen Tundren, dem Reich der Elche, Karibus, Grizzlybären, Wölfe und Dallschafe zu begeistern.

Alaska - Land der Weiten - Blick auf den Ugashik-Lake

Firmenbeschriftung auf dem Flugzeug

Wen es zur Jagd in die Weiten Alskas zieht, sollte es vorher nicht versäumen, Ottokar J. Skals hervorragendes Buch "Jagdparadiese Alakas", erschienen im Leopold Stocker Verlag, zu lesen.

Nicht weniger als 80 mal hatte M. Schmeling bis dahin die USA bereist, nur einmal für ein paar Stunden während eines Zwischenaufenthaltes nach Japan in Alska geweilt, mancherorts auch der Jagd gefrönt, doch sein eigentlicher Wunsch, einmal die reizvolle Landschaft Alaskas zu genießen, dazu noch auf den größten aller nordamerikanischen Moose, einer Unterart des Elchwildes, dem Alaska-Yukon-Elch (Alce alces gigas) zu jagen, beflügelte seine Phantasien.

Eines Tages sprach Max zu seinem langjährigen Jagdfreund Claus Robert Agte, ebenfalls Mitglied des Hamburger Jagdclubs, ob er nicht Lust verspüre, mit ihm nach Alaska zur Elchjagd zu reisen. Keine Frage für den passionierten Jäger, der sich dieses Erlebnis nicht entgehen lassen wollte.

Schon mehrmals hatte C. R. Agte Max alleine oder mit Freunden auf seinen Jagdreisen begleitet und ihn als angenehmen, ausdauernden und zufriedenen, manchmal sogar Streit schlichtenden Jagdpartner schätzen gelernt. Im Vordergrund stand bei Schmeling stets das Naturerlebnis, nicht unbedingt die Stärke der Trophäe, wobei er sich wie natürlich jeder Weidmann auch über Kapitales freute.

Kolonie des russischen Zarenhauses

Alaska, ehemals russische Kolonie - 1867 vom russischen Zaren Alexander dem II., verheiratet mit Marie (Alexandrowna) Prinzessin von Hessen, einer Deutschen, für 7,2 Millionen Dollar an die vereinigten Staaten veräußert - ist der am dünnsten besiedelte Staat der Vereinigten Staaten. Gerade mal 250.000 Menschen leben unter harten klimatischen Bedingungen bei bis zu 30 Grad Wärme im Sommer und über minus 40 Grad Kälte im Winter auf einem Areal, das fast viermal größer ist als Deutschland.

Unberechenbar wechselt das Wetter in der Nähe des Polarkreises, setzt Energien frei, die den Menschen in Ehrfurcht erschaudern lassen.

Unglaubliche Weiten faszinieren den Touristen, vermitteln ein Gefühl von Freiheit in einer urwüchsigen, meist unberührten und zerklüfteten nordischen Landschaft.

Schmalwüchsige Fichten in den Tälern, Baum- und Buschgürtel aus Erlen, Espen und Ebereschen, abgelöst von Weidensträuchern und Gestrüpp der Zwergbirke entlang der Flüsse, unterbrochen von Moosmatten, Flechtenflora, Beeren- und Grasteppichen, Kiesbänken und Steinfeldern, karge Gipfel, schneebedeckte Bergketten sowie unzählige klare, eiskalte Seen kennzeichnen dieses Territorium. Eine Blütenpracht schmückt das Tief- und Hochland im Frühjahr, Mückenschwärme drangsalieren im Sommer, schwinden aber mit dem Aufstieg in die Berge. Lachse springen in den Flüssen, und so manches Wildtier scheut nicht vor dem Menschen, wenn es ihm mitunter das erste Mal begegnet.

Tundra-Elche, die größten Hirsche der Welt, schieben weitausladende, gewaltige Schaufeln von bis zu 35 Kilogramm Gewicht und Längen von 84 Inch. Die gigantischen Hirsche mit dem langen Gesicht und herabhängenden Kinnbart erreichen ein Gewicht von 800 Kilogramm, sind fast doppelt so schwer wie ihre europäischen Verwandten. Im September bis November suchen sie ihre traditionellen Brunftplätze in der Tundra auf, schlagen ihre markant riechenden Brunftkuhlen, bilden Brunftrudel bis 20 Stücken und mehr, lassen sich durch Brunftschreie leicht aus der Reserve locken. Die Elchhirsche ziehen zu den Tieren, entwickeln Aggressivität gegen Unruhestifter

Zar Alexander II. regierte Alaska bis zum Verkauf im Jahre 1867

und raufen um die Gunst der weiblichen Tiere. Bei wärmerer Witterung schrumpft der Paarungstrieb des Elchwildes. Dann räumt es einem Nickerchen im noch kühlen Gestrüpp den Vorrang ein und ist kaum vom Jäger auszumachen. Ein bis zwei Stücken Elchwild kommen auf einer Squaremile, d. h. auf einem 2,6-Quadratkilometer-Areal, vor. Fünf Prozent des Elchbestandes wird vom Menschen erlegt, weitaus mehr fällt den Raubtieren, wie Bären, Wölfen und Vielfraßen, zum Opfer.

Übrigens, die Einheimischen bezeichnen den Elch als Moose. Diese Bezeichnung entstammt etwas abgewandelt dem Wortschatz der Algonkin-Indianer, die den Elch auf Neuengland als "Moz", was soviel wie "Zweigfresser" bedeutet, bezeichneten. Eigentlich wäre der Begriff "Elk" (Elch) zutreffender gewesen, nur lief den Pionieren bei der Entdeckung des Landes als erstes einer der ansehnlichen Wapitihirsche über den Weg, den sie mit "Elk" betitelten und der somit den Namen für sich in Anspruch nahm.

Der Alaskaelch, die größte Unterart des Elchwildes, schiebt ein gewaltiges Schaufelgeweih

Ende 1971 war es schließlich soweit. In Anchorage, der Hauptstadt Alaskas, landete am 2. November die aus Kopenhagen kommende Linienmaschine mit den beiden Jägern.

In Anchorage, der Hauptstadt Alaskas

Es hatte sich herumgesprochen, daß unter den Ankömmlingen der populäre "world champion boxer" Max Schmeling weilte. Presse, Rundfunk, Fernsehen, ja sogar der Gouverneur persönlich, Mr. Hickels, erwarteten die Gäste. Überrascht vom herzlichen Empfang, gab Max einige Interviews, die u. a. noch am gleichen Tag im Fernsehen übertragen wurden. Der Gouverneur stellte den willkommenen Jägern in seinem Hotel "Captain Cook" gleich die gesamte obere Etage, die "Admirality Suite", zur Verfügung und wünschte mit den Worten „for a very good moose-bull" eine erfolgreiche Jagd.

Bevor es mit einer Linienmaschine an die Westküste nach King Salmon weiterging, ergänzten die Elchjäger, begleitet von der Presse, in einem Jagdshop ihre Utensilien. Wind, Regen, Schnee und Minustemperaturen erforderten gute Kleidung.

Bei der Ankunft in King Salmon hatte es sich endgültig herumgesprochen, wer da anreiste. Spontan bat versammeltes Publikum Schmeling um ein Autogramm oder suchte das Gespräch. Man berief sich auf die abendliche Fernsehsendung und freute sich über die Ankunft der Deutschen.

Ein Amerikaner deutscher Nationalität stellte sich als Fritz Möller vor: „Herr Schmeling, mein Vater hat gegen Sie geboxt!" Worauf der Angesprochene überrascht fragte: „So, wann denn?" „Im Jahre 1928 in Charlottenburg", bekam er zur Antwort. „Warten Sie mal - ja richtig, jetzt kann ich mich erinnern. Lebt Ihr Vater denn noch?" „Leider nicht mehr", erwiderte der Amerikaner. Mit ein paar freundlichen Worten verabschiedeten sie sich dann.

Thursday Tides
High
7:00 a.m. 31.6 ft.
6:42 p.m. 33.8 ft.
Low
1:24 a.m. 4.3 ft.
1:24 p.m. 3 ft.

ALASKA'S LARGEST NEWSPAPER

Anchorage Daily Times

Volume 57 No. 258 10 Pages

Anchorage, Alaska, Wednesday Evening, November 3, 1971

Boxing Champ Hunts In State

NOW LOOK—DON'T CROSS ME

PERFECT FIT

Max Schemling, former world heavy weight boxing champion of the 1930's arrived in Anchorage yesterday for a 14 day hunting trip in the Alaska Peninsula. He spent this morning shopping for his hunting garb at Bob Seamans' Sport Shop and found this jacket fit comfortably and felt it would provide enough warmth for his Alaskan junket.

Good Hunt

Dear Editor:

After your kind reaction to inform Alaskans that Max Schmeling, the previous world champion boxer came to our state to have a hunt for a good moose in November, it may be of interest now to learn that he and his friend, the chairman of the Board of the Hamburg Hunting Club, Mr. Agte, left Alaska full of praise.

Within one minute — they report — each of them was able to shoot a very good moose-bull on the Alaska Peninsula, guided by John H. McLay, "a man far more than just a guide. A man of a special kind and an outstanding character. The same I must say for his family. We departed as real friends."

Später während des Fluges mit dem Wasser-Land-Flugzeug vom Typ “Widgeon” ins Camp nahm Jagdfreund Claus Bezug auf das Gespräch und meinte: „Na, Max, das war doch vorhin aber nur die halbe Wahrheit.” „Na ja, was sollte ich dem Mann denn erzählen - er wäre sonst unglücklich und enttäuscht gewesen.”

Wieder offenbarte sich ein typischer Charakterzug Schmelings, nämlich rücksichtsvoll mit seinen Mitmenschen umzugehen. Lieber schweigt er, macht äußerst selten eine häßliche Bemerkung, wenn ihm etwas gegen den Strich geht, versucht zu schlichten, achtet darauf, niemanden zu beleidigen, zu nahe zu treten, bleibt jedoch in seinen Entscheidungen konsequent. „In einem Zeitalter, wo die Menschheit immer mehr zu verrohen droht, sollte man durch sein eigenes Verhalten dazu beitragen, dieser Fehlentwicklung entgegenzuwirken”, meint der heute (2004) 98jährige.

Der Flug zum Jagdgebiet im Alaskanischen Peninsula währte ca. eine Stunde und erwies sich, da das Fugzeug nicht allzu hoch flog, als besonderes Erlebnis. Keine Straßen, keine Ansiedlungen, keine Fabriken und keine landwirtschaftlichen Kulturen bemerkte das Auge. Natur pur, Flüsse schlängelten sich durch die Weiten, eine Unzahl von größeren und kleineren Wasserflächen markierten das Gelände, und schneebedeckte Berge reichten hier und da bis an die Wolken, die zerrissen, oft sogar drohend über dem Land schwebten.

Als sich die “Widgeon” dem Ziel, einem Camp in der Bucht des riesigen Lower Ugashik Lake näherte, sah man Grizzlybären und auch Elchwild aus der Höhe. Der scharfe Wind brachte das Fugzeug zum Schwingen, dunkle Wolken verfinsterten den Himmel und färbten das Wasser

Foto links:
Max Schmeling und Claus Robert Agte ergänzen ihre Jagdausrüstung

des Sees graublau. Auf den Wellen sah man die Kämme tanzen, etwas unheimlich mutete die rauhe Wirklichkeit Alaskas an.

Vielleicht sorgte dafür auch ein Gespräch, das vorher vom Piloten, dem Chef der Fluggesellschaft persönlich, zum besten gegeben wurde. Einige Wochen vorher wäre es beinah zu einem tödlichen Unfall gekommen, meinte der. Beim Aufsetzen auf die Wogen hatte sich ein Schwimmer an den Tragflächen gelöst, so daß sich das Flugzeug um die eigene Achse gedreht, schließlich noch überschlagen hatte und dann voll Wasser lief. Der Jagdgast, der in Deutschland bekannte Jäger Herr v. Boeselager konnte durch den Guide John H. McLay gerade noch aus dem eiskalten Element gerettet werden und kam noch einmal mit dem Schrecken davon. Für ihn dürfte dieser Alaskatrip unabhängig von den anderen Eindrücken zu einem unvergeßlichen kalten Erlebnis geworden sein.

Im Gespräch mit dem Chef der Fluggesellschaft. Von King Salmon ging es direkt in die Wildnis zum Ugashik-Lake

Jetzt, kurz vor der Landung, konnte man die Situation so richtig nachempfinden, doch glücklicherweise klappte alles wie am Schnürchen. Das Flugzeug näherte sich nach der Landung in den Fluten dem festen Boden und "kroch" am flachen kiesbedeckten Ufer an Land.

Nach einer glücklichen Landung auf dem aufgewühlten See wieder festen Boden unter den Füßen

Dort standen in Erwartung zwei Guides, die McLays, Senior und Junior, beide gekleidet mit einem karierten Hemd, grauer Wattejacke und verblichener Pudelmütze. Sie empfingen die Gäste mit herzlichen Worten, halfen sogleich beim Tragen des Gepäcks. Hier in der Wildnis spielten Äußerlichkeiten keine Rolle, es zählten andere Werte - Kondition, schnelle Reaktion und die Fähigkeit, in unberechenbaren Situationen, mehr oder weniger auf sich allein gestellt, die Übersicht zu behalten und das Richtige zu tun.

In einem Waldstreifen aus knorrig verzweigter Espe, von den Witterungsunbilden geschützt und in ausreichender Entfernung vom See, stand das grün gestrichene, aus Sperrholzplatten montierte Hauptcamp. Über dem Giebel des Hauptflügels ragte zur Zierde ein riesiges Karibugeweih, ansonsten alles schlicht und einfach. Aus zwei Metallrohren stieg Rauch empor und ließ vermuten, daß die Frauen der Jagdführer die Vorbereitungen für das Begrüßungsmahl tätigten. Es gab gebackenen Edelfisch und gebratenes Elchfleisch.

Am See befand sich ein Bootssteg, die Schöpfstelle für das Trinkwasser und gleichzeitig Waschstelle für Personal und Gäste, von dem ein schmaler Pfad zum Jagdcamp führte. Nicht weit davon eine Kiesbank, die als Landebahn für ein kleineres Flugzeug diente.

Scharfer, kalter Wind fegt über den Ugashik-Lake und treibt Wolken vor sich her

Der Tag der Ankunft galt der Akklimatisierung, wurde dazu genutzt, sich zu "beschnuppern", den Aufenthalt, den Ablauf der Jagd in den kommenden Tagen und natürlich das Neueste aus Deutschland mit den Guide zu besprechen, aber auch auf Gefahren hinzuweisen. Das Gesetz verbot ohnehin das Jagen am Tage der Ankunft mit dem Flugzeug, um dem möglicherweise georteten Wild eine Chance einzuräumen - Weidgerechtigkeit auf amerikanisch.

Jeder sprach sich mit Vornamen und "du" an, in der Wildnis haben Höflichkeitsformen keine Bedeutung - rauh, aber herzlich geht es dort zu.

Max juckte es längst in den Fingern. Vor oder nach der Jagd pflegte er, wie in Stemmen im Kreise der Stemmener Weidgenossen Hinrich Rathjen, Wilhelm Drögemüller, Helmut Martens und Herbert Woltmann praktiziert, ein heißes Blatt d. h. Skat zu spielen. Dann läßt es sich lockerer unterhalten, und die Zeit verrinnt bis zur Pirsch wie im Fluge.

Ob er denn schon auf einen Moose gejagt hätte, fragte einer der Amerikaner. „Yes, ... vor dem Krieg in Schweden und Deutschland. Zuerst erlegte ich einen Elchhirsch in Schweden bei Bengt Berg und zwei Jahre später, also 1938, fuhr ich im Spätsommer von Ponickel in den Elchwald ..."

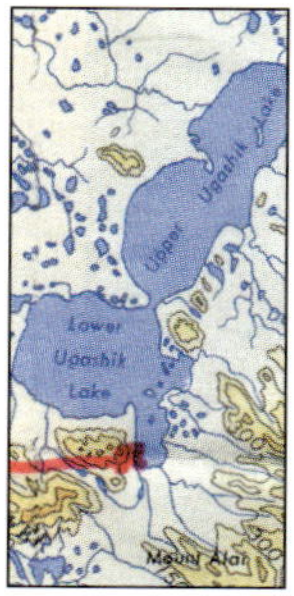

Lageplan des Camps im alaskanischen Peninsula

McLay Senior bat die beiden Jagdgäste, nie alleine und ohne Bewaffnung zum See zu gehen, egal ob zum Waschen, zum Zeitvertreib oder zum Spaziergang. Es bestände die reale Gefahr, von einem in dieser Gegend häufig vorkommenden Grizzly überrascht zu werden, die auf dem Wege zu ihren Winterschlafplätzen gerne am Ufer des Ugashik entlang wechselten. Dieses Raubwild würde, erst einmal in Rage gebracht, nach dem Angriff meistens wiederkehren und das Opfer mehrere Male attackieren.

Erschöpft, aber in froher Erwartung des nächsten Tages, begaben sich die beiden Gastjäger, nachdem der Worte genug gewechselt waren, in den spartanisch eingerichteten Schlafraum, in dem sich zwei Betten und ein holzbeheizter Kanonenofen befanden. Es roch wie in einem Kleiderschrank nach verklebtem Holz, der Ofen bullerte leise und ungewohnt, strahlte jedoch gemeinsam mit dem Rauchrohr wohltuende Wärme aus, während draußen die Temperaturen fielen. Blätterwerk raschelte im Wind, Böen rüttelten an der Außenwand des Holzhauses, Regentropfen trommelten auf das Dach, wenn sich ein Schauer entlud.

Versteckt liegt das Hauptcamp im Espenwald

Hoffentlich würde morgen das Wetter mitspielen. Über Nacht kühlte es mächtig ab, den Europäern klapperten in der Frühe ein wenig die Zähne.

Mit dem Boot geht es zum anderen Ufer des Sees. Dort sind die Aussichten, auf Elche zu stoßen am größten

Der Weckruf ertönte quasi mit dem Büchsenlicht. Das Wetter hatte sich gebessert, der Wind am Morgen nachgelassen und die Regen- und Schneeschauer erst einmal aufgehört. Jetzt sah alles viel freundlicher aus.

Eine Stunde nach dem Aufstehen legten zwei mit Schutzplanen versehene Boote vom Ufer ab. Wie besprochen, ging es zur anderen Seite der Bucht, ca. 30 Minuten Bootsfahrt. Dort beabsichtigten, Max Schmeling mit John McLay, dem Senior, und Claus Agte mit McLay Junior, nachdem sie im Gegenwind mit Rucksack und Büchse gemeinsam mehrere hundert Meter landeinwärts gepirscht waren, auf getrennten Wegen ihr Jagdglück zu versuchen.

Die zahlreichen Fährten, beginnend am Lake, darunter die starker Elche, so groß, daß der Stiefel hineinpaßte, motivierten. Wild mußte es hier reichlich geben. Im kupierten Gelände lösten einander ausgetrocknetes meterhohes Gras, übermannshohes Weidengebüsch, feuchter und steiniger Untergrund ab, bis sie irgendwo in der Ferne vor steilem, kargem, schließlich schneebedecktem Bergmassiv endeten. Trotz des bedeckten Himmels setzte sich zumindest stellenweise das graugelbe Gras vor den dunklen, in rötlicher Spitze einjähriger Triebe endende Weidengewirr gut ab. Wie sollte man in dieser Weite das Wild ausmachen, das erforderte Übung. Hier würde das ungewohnte Auge selbst ein urzeitliches Mammut nicht finden. Doch die McLays kannten sich aus, verfügten über ein geübtes, ja vielleicht sogar angeborenes Gespür und wußten, wo und wie man dem Moose begegnet. Immer wieder prüften die Guides im Glas die Umgebung, sobald eine Anhöhe erreicht war. John meinte, daß sich die Schaufeln der Elchhirsche wie weiße Laken vor dem Hintergrund des dunklen Gesträuchs abheben würden.

Das nennt man Jagdglück!

Gerade beabsichtigten die vier, sich zu trennen, ein letzter Blick durch das Fernglas, und plötzlich die Feststellung von John: „Mensch, da stehen zwei starke Elchschaufler - kaum 30 Meter auseinander!" Max, wie immer die Ruhe bewahrend, bestätigte diesen erfreulichen Sachverhalt, und auch Claus beobachtete das Wild mit zunehmendem Herzschlag. Beide Schaufler ästen vertraut in den Weiden, ihre Häupter und Geweihe bewegten sich wie Segel im Wind. Die gedrungenen Wildkörper ragten aus dem inzwischen windbewegten Grasrohr und üppigen Weidengestrüpp, dahinter am Horizont scheinbar unendliche Bergketten mit weißen Gipfeln vor graue Schneewolken belagert.

Gibt es denn soetwas, Diana mußte es gut, ja sehr gut mit den Ankömmlingen aus Europa meinen. Nicht wenige Jäger streichen bis zur völligen Erschöpfung Tag für Tag durch die Wildnis, um letzten Endes erfolglos und strapaziert den Heimweg anzutreten. Hier hatte sich erfüllt, was Outfitter J. Skal mit seiner Einladung einst versprach und Max in seinem Buch nachgelesen hatte.

Nichts kann die gute Laune von Max Schmeling trüben

Angeführt von John und seinem Sohn, die nach Prüfung der Windverhältnisse geschickt die natürlichen Hindernisse zu nutzen wußten, näherte sich der Trupp Meter um Meter dem Wild. Der aufbrausende Nordwind leistete dabei gute Hilfe und trug die Geräusche des Pirschens von dannen. Schließlich meinte John, auf einer Anhöhe angekommen: „Jetzt ist es Zeit, eine Entscheidung zu treffen, wer als erster schießt!" Ohne Frage antwortete Claus geschwind: „Natürlich Max!" „Gut, dann nimmt Max den rechten und du, Claus, den linken Schaufler aufs Korn und nicht vergessen, das Leben liegt beim Elch weiter hinter dem Blatt!" Da weit und breit keine Anschlagmöglichkeit vorhanden war, beschloß man, aus liegender Position zu schießen, die Waffen auf die Rucksäcke aufzulegen. Das alles geschah in betonter Ruhe, um die in 100 Meter Entfernung nun sichtbar gewordenen "Zweigfresser" nicht zu vergrämen. Das Unterfangen gelang, und bei drei sollten die Schüsse brechen.

Doch als es soweit war, drehte sich der rechts stehende Schaufler spitz zu Max. Claus atmete durch, hielt die Luft an und betätigte den Stecher. Krach, und das schwere Geschoß flog dahin. Jetzt drehte sich Schmelings Elch etwas zur Seite, die Gelegenheit - "Rums" - im Knall brach der Koloß wie vom Blitz getroffen zusammen, ein Meisterschuß, die Kugel saß. Wie angewurzelt starrte der links stehende Bulle zu den Jägern. Ein Zeichnen hatte niemand gesehen, er machte aber auch keinerlei Anstalten zur Flucht. „Verdammt!" Claus repetierte, ließ ein zweites Mal fliegen - keine Reaktion, nicht verständlich. „Geht es hier nicht mit rechten Dingen zu?" fragte sich der nervös gewordene, ansonsten sichere Schütze. Lag es etwa an der Waffe? Unmöglich, die Büchse war frisch eingeschossen, das Kaliber passend. Solche Situationen lassen zweifeln. Noch einmal das Absehen auf die rechte Stelle geführt ... jawohl, gut abgekommen verließ die Kugel den Lauf, doch der Elchhirsch stand weiter unbeeindruckt wie ein Fels in der Brandung. Na, nun schlägt's Dreizehn!

McLay Senior beobachtete den Vorgang, sah durch das Fernglas einen handgroßen Schweißfleck an der rechten Stelle, überlegte, wieso der Moose nicht reagierte. Fix entschloß er sich, den Beschossenen zu umgehen, ihm den Fluchtweg abzuschneiden und gegebenenfalls mit einem Fangschuß in die ewigen Jagdgründe zu befördern. Gerade gedachte er, loszulaufen, als der Schaufler plötzlich schwankte und in sich zusammenbrach - Diana sei Dank!

Langsam näherten sich die Jäger dem gestreckten Wild. Die Schaufeln "wuchsen" mit jedem Schritt, und Gefühle stellten sich ein, die nur ein Weidmann nachvollziehen kann. Der Elch von Jagdfreund Agte hatte alle drei Kugeln, an der Zielsicherheit hatte es also keinesfalls gelegen.

Überglücklich erweist der Erleger dem Giganten die letzte Ehre

Scharfer Wind blies ins Gesicht, beugte Sträucher und Gräser. Für die McLays ein Zeichen, daß man sich sputen mußte, die Natur kennt kein Pardon. Helle Kämme ritten bereits auf den Wellen des Ugashik.

Eine Kiesbank am Ufer dient als Landeplatz für das Landflugzeug. Der Champion sieht sich die Tundra noch einmal aus luftiger Höhe an

Das nennt man Jagdglück - zwei auf einen Streich

In der ehemaligen Tschechoslowakei, der heutigen Slowakei, im Donautiefland, fast hundert Kilometer von Bratislava entfernt, befand sich ein Gebiet, welches bereits vor 1918, in Zeiten der österreichisch-ungarischen Monarchie unter dem Namen "Totmeqyer" in Jägerkreisen Aufsehen erregte.

Totmeqyer - ein äußerst fruchtbarer, von schweren Böden gekennzeichneter Besitz des Grafen Karoly, Botschafter der ungarischen Krone beim Hof in Wien - war das beste Niederwildareal der Welt. Dort wurden jedes Jahr an die 35.000 Stück Nutz- und die gleiche Menge an Schadwild erlegt. Diese gigantischen Zahlen lassen nur ahnen, wie hoch der Wildbesatz gewesen sein mußte, aber auch welcher Aufwand trotz optimalen Klima-, Äsungs- und Deckungsbedingungen nötig war, um eine derartige Wilddichte an Hasen, Rebhühnern und Fasanen heranhegen zu können.

Auf Fasan, Rebhuhn und Hase in Palarikovo

Vom Grafen zur Jagd eingeladen zu werden, galt als große Ehre. Für so manchen hochkarätigen Nimrod blieb es bei einem Wunsch. Manchmal brauchte es Jahre, um das Einverständnis des Jagdherren zu bekommen. So bemühte sich ein indischer Maharadscha mehrere Male vergebens um die Teilnahme bis er dank eines Zufalls schließlich doch zum Zuge kam. Seine diesbezüglichen jägerischen Erwartungen wurden weit übertroffen, so daß er in Dankbarkeit Graf Karoly nach Indien zur Tigerjagd einlud und sich zwischen beiden eine unerschütterliche Freundschaft entwickelte.

Nach 1918, mit der Unabhängigkeit, wurde Totmeqyer der Tschechoslowakei angegliedert und in Palarikovo umbenannt. Das hatte jedoch keine Auswirkungen auf die jagdlichen Verhältnisse - das Areal machte auch weiterhin, aufbauend auf eine langjährige Tradition, seinem neuen Namen alle Ehre.

Nach dem zweiten Weltkrieg, der Bildung der sozialistischen Staatengemeinschaft und damit der CSSR, erfolgte auf der Grundlage eines neuen Jagdgesetzes die nachhaltige Bewirtschaftung des Niederwildes auf nunmehr staatlicher bzw. genossenschaftlicher Scholle. Auf Grund des chronischen Devisenmangels entschloß sich der tschechoslowakische Staat in den sechziger Jahren neben dem Wildexport, auch (im Gegensatz zur DDR) die Jagd an westlichen Jagdtouristen zu vermarkten.

ZÁPADOSLOVENSKÉ
ŠTÁTNE LESY
LZ
PALÁRIKOVO

Im besten Niederwild-jagdgebiet der Welt

Palarikovo, schien auf Grund seiner Bekanntheit als Topjagdgebiet dafür geradezu prädestiniert. Trotz einer intensiv geführten Landwirtschaft verfügte es nach wie vor über einen relativ hohen Niederwildbesatz, der als devisenbringende Quelle nun perfektioniert werden sollte. Unabhängig von den vorhandenen entstanden neue, moderne Fasanenfarmen, deren Ausbrütergebnisse durch zunehmende Professionalität stolze 60 Prozent erreichte und somit für reichen Nachwuchs im Niederwildrevier sorgte. Um die Flugwilligkeit der Vögel in freier Wildbahn zu fördern und damit den Jagdreiz für die Gäste zu verbessern, fütterte man die frisch ausgeflogenen Fasanen im Wechsel an verschiedenen Futterstellen. Der Anbau von Weizen und Zuckerüben sowie - wenn seinerzeit auch noch relativ wenig - Mais, stellten eine hervorragende Nahrungsgrundlage für Federwild und den Hasen dar. Die Anlage von Flurgehölzen sowie Heckenanpflanzungen schuf zusätzliche Deckung und die pflegliche Bejagung, ließen den Besatz zum vorbestimmten Zweck weiter steigen.

Es entwickelte sich ein Jagdeldorado, daß seines gleichen suchte und in Jägerkreisen schnell Bekanntheit erreichte. Schier unglaublich, statt einem Langohr, sprangen in diesen Gefilden vor dem streifenden Jäger gleich mehrere Hasen aus der Sasse und das in nimmer endender

Folge. Scharen von Fasanen und Völker von Rebhühnern, wie man sie in Deutschland nicht antrifft, erhoben sich aufgescheucht von den Treibern in die Lüfte, ließen Jägerherzen höher schlagen und Flintenläufe "glühen".

Paralikovo hält, was es verspricht

Anfang der siebziger Jahre machte sich eine kleine Gruppe von Jägern des Hamburger Jagdclubs das erste Mal auf den Weg in die Slowakei, um selbst zu erleben, was da an schier Unglaublichem berichtet wurde. Man traf sich in Wien, um gemeinsam mit einem gecharterten Bus nach Palarikovo zu reisen. Unter den Weidgenossen auch das populärste Mitglied des Jagdclubs, Max Schmeling, der bei dieser Gelegenheit, gute Freunde - Prinz Clemens und Coca-Cola Konzessionär Herzog Carl Croy - in Wien zu treffen gedachte und Geschäftliches mit Angenehmen verbinden wollte.

Die Jagd in Palarikovo erfüllte alle Erwartungen. Was gut ist, muß wiederholt werden! Fast zwanzig Jahre lang, stets in der Bußtagwoche, von 1970 bis 1987, reisten die Hamburger Jäger in variierender Zusammensetzung, dar-

Formierung der Jäger zur Streife

unter Max Schmeling, Erich und Renate Mackprang, Walther Schmitz, Klaus Asche, Heinrich Flentje, Claus Robert Agte, Lucas Meyer und Rolf Mackprang in dieses einzigartige Niederwildparadies. Palarikovo wurde zu einer Tradition.

Jeder der teilnehmenden Jäger erhielt eine Jagdplakette

Drei Tage intensive und anstrengende Jagd in der ersten Novemberwoche standen den Hamburgern bevor.

Bereits bei der Anfahrt sah man eine Menge Hasen in der Feldflur lebhaft umherhoppeln und zur großen Überraschung stolzierten des Abends in farbig leuchtendem Federkleid die Fasane auf den gepflegten Rasenflächen des Schloßparks. Sie kamen aus einem direkt angrenzenden, herbstlich gelichteten Eichen-Buchenwald.

Als die Gäste nach herzlicher Begrüßung im Schloß Palarikovo und der entsprechenden Einweisung durch die einheimischen Jagdverantwortlichen bei Speis und Trank erfuhren, daß Tagesstrecken von bis zu tausend Hasen und siebenhundert Fasanen durchsaus realistisch wären, mochte so mancher der Anwesenden an Hochstapelei gedacht haben. Mit Spannung erwarteten die Jäger daher den nächsten Morgen, um selbst einzuschätzen, ob die optimistischen Prophezeiungen auf einer realen Grundlage beruhten.

Als die "Handvoll" Gäste am vereinbarten Treffpunkt eintraf, wurden sie bereits von fast einhundert Treibern, einigen Hundeführern, einem Veterinär und weiteren Helfern erwartet. Mit Hörnerklang und Hundegeläut erfolgte die morgendliche Begrüßung - ein angenehmes, ja erhebendes Gefühl für die Deutschen. „Es war alles perfekt organisiert, auch das jagdliche Brauchtum. Das gestreckte Wild wurde sofort veterinärmedizinisch untersucht, um eventuelle Seuchen frühzeitig zu erkennen", erinnert man sich heute.

Max Schmeling stand wie eh und je im Mittelpunkt, verteilte in seiner ruhigen Art reichlich Autogramme an die ihn verehrenden Fans und erfreute sich der besonderen Aufmerksamkeit der anwesenden tschechoslowakischen Leute.

Dann formierte sich die Jagdgesellschaft zur ersten Böhmischen Streife, die sich, gleich einem riesigen “U”, die Flanken nur aus Treibern, die Front aus Treibern und den Schützen bestehend, nach dem Anblasen in Bewegung setzte und erst nach fünf bis sechs Kilometern zum Stehen kam.

Ruckzuck muß es gehen

Jedem Jäger assistierten zwei Helfer. Ein etwas gewöhnungsbedürftiger Umstand, der jedoch, wie sich bald zeigen sollte, von großem Vorteil war und die Trefferquote erheblich verbesserte. Für jede Streife mußten minimal zweihundert Schuß zur Verfügung stehen. Sobald die Ladungen der Flinte verschossen waren, reichte der Jäger die Waffe nach hinten. Mit Windeseile wurde die Patronenhülsen durch die hilfreichen Hände entfernt, die Flinte nachgeladen und dem Schützen von der linken Seite wieder zugereicht. Bei Bedarf arbeitete man auch mit “Schwesterflinten”, so daß eine noch schnellere Schußfolge erzielt werden konnte.

Bei Schwesterflintenbenutzung erhielt der Jäger die zweite Waffe von links zugereicht, während er die leergeschossene mit rechts nach hinten gab. Max Schmeling und der Chef des Hamburger Jagdclubs, Claus Agte, bevorzugten die erste Variante und jagten mit einer Flinte.

Einer der Helfer registrierte zwischenzeitlich die Treffer des Jägers nach Wildart, auch die krankgeschossene Kreaturen und trug die Munition. Die in geraumem Abstand nachfolgenden Hundeführer mit vorzüglich ausgebildeten Suchhunden und dem Blick eines Kenners, fingen das angeschossene Wild ab. Die erlegten Hasen, Fasanen und Rebhühner wurden von weiteren Helfern, die das Geschehen mit aufmerksamen Augen verfolgten, eingesammelt und zu einem Raupenfahrzeug mit Hänger getragen, das der Jagdgesellschaft in sicherer Entfernung folgte.

Bekanntlich kehrt der aufgeschreckte Hase nach rasender Flucht nach einer gewissen Zeit an seinen Standort zurück, geht die Treiberkette an und passiert sie ungeachtet der Gefahren. Diesen Umstand nutzte die sich langsam fortbewegenden Schützenkette, ja der überwiegende Teil der Langohren kam auf diese Weise zur Strecke.

Und da waren sie auch schon!

Und da waren sie auch schon! Nach ca. 45 Minuten nahmen die ersten “Heimkehrer” die Schützenlinie an. Max Schmeling streckte sich nach vorne, zog mit und schoß - der Hase roulierte - der zweite Schuß galt schon dem nachfolgenden. Der rannte allerdings unbeeindruckt weiter, schlug einen Haken nach dem anderen und steuerte die Wehr erneut im rasanten Tempo an. Zwischenzeit-

Kurze Verschnaufpause - Max Schmeling steht ungewollt im Mittelpunkt der Jagdgesellschaft

Einen solchen riesigen Cognacschwenker (25x45 cm) erhielt der Jagdkönig

lich lud der Helfer mit geübten Handgriffen die Bockflinte, reichte sie Schmeling, der sich nicht aus der Ruhe bringen ließ. In gewisser Weise war auch er ein "erfahrener Hase". Maxe zögerte nicht, nahm sich dem schnell entfernenden "Durchbrecher" erneut an, erfaßte ihn blitzschnell über Kimme und Korn und schleuderte ihm eine Garbe Blei hinterher. Sogleich verlor der Beschossene an Geschwindigkeit und blieb kurz darauf auf dem Acker leblos liegen - k. o. Früher im Ring warf Schmelings Rechte so manchen Gegner, von Zuschauern bejubelt, zu Boden. Auch jetzt, inzwischen 65jährig, vermochte seine schnelle Reaktion immer noch die anwesende Jägerschaft zu faszinieren.

Schwere Lehmklumpen, hatten sich an den Gummistiefel festgesetzt, behinderten das Laufen. Doch es blieb keine Zeit, sich des Ballastes zu entledigen, die Helfer meldeten erneuten Anlauf. Drei Langohren in kaum zwei Metern Abstand zueinander näherten sich in Windeseile. Tollkühn versuchten sie, an das andere Ende der Wehr zu gelangen. "Bautz, bautz", donnerte die Flinte des einstigen Champions und wieder roulierte der eine, dann der andere. Beide blieben in acht und zehn Metern Entfernung liegen, während der dritte aus sicherer Entfernung seine Blume zeigte und sich verabschiedete.

Das gibts doch nicht!

Keine Zeit zum Verschnaufen! Wo kamen bloß die vielen Hasen her? Kaum zu glauben. „Das gibt's doch nicht!" Es krachte unentwegt, die Flintenläufe begannen, zu flimmern. Jetzt schien es jedem einleuchtend, wie wichtig doch die "Patronowitsche", wie man die Büchsenspanner im internen Kreise nannte, im Rücken waren. Durch die mit Treibern besetzten Flanken passierte eine große Zahl von Niederwild gewollt unbeschossen die Streife - das Pfand für die nachhaltige Niederwildbewirtschaftung.

Da Häsinnen als letzte aus der Sasse springen, hatte es sich sehr schnell herumgesprochen, daß man sie der Weidgerechtigkeit wegen lieber schonte. Auch galt es als unrühmlich, auf zu große Entfernungen zu schießen bzw. auf den ersten anwechselnden Hasen zu feuern.

Wer in dieser Beziehung gesündigt hatte, wurde am Abend von den Gastgebern auf höfliche Weise belehrt und konnte an seinem Verhalten arbeiten. Es war hochqualifiziertes, erfahrenes Jagdpersonal anwesend und es gab keinen Grund, wohlgemeinte Hinweise nicht anzunehmen.

Jäger Max Schmeling und Claus R. Agte in 1974 in Palarikovo

Wenn Remisen mitten im Treiben lagen, blies man die Streife kurzzeitig ab. Die Schützen umstellten das Flurgehölz, den Park oder den Sträucherwald, und die Helfer, manchmal Forstschüler von weit her herbeigefahren, brachten das Wild, meist Flugwild, aus der Deckung.

Was da aufflog, war beindruckend. So wie anderswo die Stare, erhoben sich Scharen von Hühnervögeln gen Himmel und nur einen geringen Teil davon vermochte der gute Schuß aufzuhalten. Bei auffliegenden Fasanen ließen die Jäger die sogenannten "Flattermänner" - junge, gerade ausgewilderte oder schwerfällige Vögel - passieren, konzentrierten sich auf die temperamentvollen Artgenossen.

Man erkennt den Profi

Schmeling schoß übrigens sauber auf hochfliegende Fasanen. Er war immer, wie man so sagt, am Himmel. Schon an der Haltung und der Bewegung erkennt man einen guten Schützen, an der Führung der Flinte, dem Mitschwingen, überhaupt an seinem gesamten Verhalten. Schmeling gehörte zweifellos dazu.

Jagdfreund Agte erinnert sich: „Wenn man neben Max in den Büschen stand, mußte man aufpassen, daß man seine Strecke zusammen bekam."

Am Abend, nach mehreren Streifen und Vorstehtreiben auf Flugwild, war man sehr erschöpft, hatte ein paar hundert Schuß abgegeben. Mitunter stand ein langer Rückmarsch bevor. Als sich die Mitjäger nach anstrengendem Tag einmal besorgt an Max Schmeling wandten und sich nach seinem Wohlbefinden erkundigten, antwortete er auf die Frage, ob er denn sehr erschöpft sei mit: „Zweite Runde!" Sein Humor hatte ihn selbst nach den Strapazen nicht verlassen.

Zu den besonderen Höhepunkten gehörte zweifellos das Streckelegen, ein festlicher Akt, vorbildlich organisiert, streng nach jagdlichem Brauchtum zelebriert. Ehe es so-

Abendliches Streckelegen - sechs Jäger und das Tagesergebnis

weit war, fand sich noch ausreihend Zeit für ein geselliges Beisammensein mit den Einheimischen. Zu ihnen gehörten auch Jäger der Genossenschaft, in der die Jagd jeweils angepachtet worden war, aus Andovce. Sie hatten ohne Flinte zum jagdlichen Erfolg ihrer deutschen Gäste beigetragen, bei der Nachsuche oder eben als "Patronowitsche". Das wurde natürlich gerne finanziell honoriert.

Bei den nachfolgenden Jagden gesellten sich immer die gleichen "Patronowitsche" zu den angereisten Weidgenossen. Man kannte sich inzwischen, hatte sich gut aufeinander eingespielt. Im Laufe der Jahre entwickelte sich ein geradezu freundschaftliches Verhältnis, so auch zu den Leuten in Andovce.

Den Jagdtag ließ man bei einem Cocktail, vorzüglichem Wein oder Champagner im Schloß von Palarikovo in gemütlicher Runde ausklingen, die Jagd noch einmal Revue passieren. Beim abendlichen Diner trank auch der Direktor des Staatlichen Westslowakischen Forstbetriebes (Zapadoslovenske Statne Lesy Lz Palarikovo), der eigentliche Veranstalter und für die Ausführung Verantwortliche, mit den Gästen ein Gläschen Wein, allerdings nur ein einziges. Dann verabschiedete er sich recht schnell. Offensichtlich waren intensivere Ost-Westkontakte, von vorgesetzter Dienststelle aus angeordnet, damals nur auf das Notwendigste zu begrenzen.

In Palarikovo - v. l. n. r.: Max Schmeling, Heinrich Flentje, Claus R. Agte, Dr. Westermann-Lammers, Rolf Mackprang

Jagdherr Prinz Clements Croy

Max Schmeling nutzte die Fahrt nach Palarikovo, um sich auf dem Rückweg mit seinem alten Freund Prinz Clemens Croy zu treffen und seinen Jagdurlaub um einige Tage zu verlängern.

Der freundliche Herr erwartete ihn gut gelaunt an der Fernverkehrsstraße nach Wien unmittelbar hinter der tschechoslowakischen Grenze im österreichischen Wolfstal, ein Ort an der Donau.

Der Prinz, ebenfalls ein begeisterte Nimrod, pflegte seinen gern gesehenen Gast in den naheliegenden Forst oder auch nach Sankt Oswald zu begleiten, um auf das reichlich vorkommende Schwarz- oder auch Rotwild zu jagen. In Schmeling wurden dann immer Erinnerungen an seine ehemaligen Jagdgründe in Müncheberg und Hinterpommern wach. Sauen im Revier zu haben, ist schon eine feine Sache.

Auf Sauen und starke Keiler im Burgenland

In diesem Revier an der Donau, einem Schwarzwildbiotop, bestand die reale Möglichkeit, auf ein Hauptschwein, wie man in Jägerkreisen einen reifen Keiler bezeichnet, zu Schuß zu kommen. Mit nahender Rauschzeit halten sich die ansonsten heimlichen Einzelgänger in der Nähe der Rotten auf, erscheinen gelegentlich an den Kirrungen. Diesen Umstand ausnutzend, wartete die Boxlegende mit großer Ausdauer auf dem Hochstand bis sich eine entsprechende Gelegenheit bot.

In den siebziger Jahren gelang es ihm, im Burgenland die stärksten Keiler der Nachkriegsjahre zu erlegen. So stand ihm die Jagdgöttin Diana u. a. am 23. November 1975, 24. November 1974 und 25. November 1979 wohlwollend zur Seite, doch die Möglichkeit, solche Bassen überhaupt zu strecken, bot sich eher auf Grund der nachhaltigen Schwarzwildhege des Prinzen sowie dessen Revierjäger.

Einer der von Max Schmeling im Burgenland gestreckten Keiler

Reizvolle Steiermark

Zwischen dem ehemaligen Chef des Hamburger Jagdclubs, Claus Robert Agte, und Max Schmeling hatte sich im Laufe der Jahre eine feste Freundschaft entwickelt. Die gestandenen Weidmänner kannten sich nicht nur aus dem Klub, sondern waren gemeinsam nach Alaska oder Palarikovo gereist. Hin und wieder jagte man auch bei Haymo Rethwisch bzw. seinem Vater Ernst im niedersächsischen Finteln.

Weidgenosse Agte hielt sich gerne in seinem Jagdrevier in der österreichischen Lobming in der Steiermark auf. Dieser Höhenzug der Gleinalpe erstreckt sich mit seinen bis zu 2.000 Meter hohen Bergen und Gipfeln von Kärnten bis kurz vor den Semmering. Bei klarem Wetter eröffnet sich aus diesem Urgebirge, das südlich der Mur liegt, ein weiter Blick in das fruchtbare Grazer Becken. Vierzig Jahre hegte und jagte er dort gemeinsam mit seiner Ehefrau Babara in bergigen Gefilden.

Das zusammenhängende Waldgebiet befindet sich in Privatbesitz der Herrschaften Liechtenstein, Mayr-Melnhof, Hatschek u. anderen. Agte hatte einen Teil der Waldungen von 1961 bis 2001, anfangs noch gemeinsam mit

Blick in den Kapellgraben und auf die Almen, die sich weiträumig über die Bergkämme erstrecken

Jagdhaus Hammerlhube - reizvoll gelegen mit Blick auf die Berge - der Hauptsitz des Jagdherren

dem Unternehmer Klimbacher, gepachtet. Er ließ das Jagdhaus Hammerlhube sowie die Jagdhütten ausbauen bzw. hat sie in Pflege genommen.

Berufsjäger mit Leidenschaft

Die jagdliche Betreuung des Jagdbezirkes oblag Oberjäger Hans Jessner, ein erfahrener und versierter Berufsjäger, der vorher dem Baron Franz Mayr-Melnhof als Leibjäger diente. Der Baron gehörte zu den populärsten Jägern der österreichischen Republik, war Präsident des CIC, Landesjägermeister, größter Grundbesitzer und Industrieller. Als der alte Herr 1957 verstarb, kam Jessner schließlich 1961 in die Lobming (Gemeinde Voder-, Mittel- und Hinterlobming) und blieb dort 40 Jahre Oberjäger, ein glücklicher Zufall für den Versicherungsmakler Agte.

Oberjäger Hans Jessner bricht zum Reviergang auf

In seinem waldreichen, fast 2.500 Hektar großen Fichtenrevier, das von Schluchten, Gräben (Kapellgraben, Hüttengraben, Pöschelgraben) und reizvollen Tälern durchzogen ist, hier und da ein Bächlein plätschert und an dessen sanft oder steil ansteigenden Berghängen gerne Gemsen und Rothirsche ziehen, verbrachte der gebürtige Hamburger die meiste Zeit seines jägerischen Lebens.

Von der Zechnerbodenhütte oder der im Walde gelegenen Dianahütte genoß das Ehepaar Agte bzw. ihre Gäste die Brunft des Rot- und Gamswildes - unvergeßliche Erlebnisse. Auf den großflächigen Bergalmen, am Lengsattel, dem Kreutzsattel, der Roßschänke u. a., die sich über baumfreie, manchmal mit inselartigem Latschenkieferbuschwerk, vereinzelten spitzkronigen Fichten und einer reicher Beerenflora bewachsenen Bergkämmen erstrecken, pirschte man, geführt von Oberjäger Jessner oder Revierjäger Greinix, im September/Oktober den Hirsch und im November den Gamsbock an. Auf den saftigen Waldwiesen und in grünen Hochtälern kam zur Blattzeit so mancher kapitale Rehbock zur Strecke, ein Ergebnis der beharrlichen, auf wissenschaftlicher Grundlage durchgeführten und daher von Erfolg gekrönten Hege des Jagdherren.

Erfolgreiche Rehwildhege

Die Rehwildbewirtschaftung baute auf dem Konzept des bedeutenden Wildbiologen Prof. Ernst Schäfer auf. Er besuchte Agtes Revier in der Steiermark Anfang der sechziger Jahre, verband seine Anwesenheit mit einer Gamsjagd und empfahl eine revierbezogene Vorgehensweise bei der Rehwildhege. Danach wurde erst einmal jeder sozialreife, schwache Bock der Wildbahn entnommen und das weibliche Wild behutsam bejagt. Dann fütterte man die heranwachsenden Böcke mit beginnendem Schneefall nach dem "Kaufhausprinzip" - im September in den Hochlagen, sozusagen auf den Almen, beginnend, dann nach und nach in Anpassung an die fortschreitenden winterlichen Verhältnisse immer weiter hinab ins Tal verlegend.

Gründer der Stiftung "Wildtierland" Haymo Rethwisch (links) zu Gast bei Ehepaar Agte in der Steiermark

Ergebnis einer vorbildlichen Rehwildhege - kapitaler Erntebock aus der Lobming

Was keiner für möglich gehalten hatte, nämlich in einem Hochgebirgsrevier Böcke von 500 Gramm und mehr Gehörngewicht - keinesfalls ein Einzelfall - heranzuhegen, glückte. Das Projekt des emsigen und ehrgeizigen Jagdherren übte Vorbildwirkung in der näheren und weiteren Umgebung aus.

Dank der Hilfe des Akademikers, der einst Jagdberater des Königs von Belgien war, bei einer Expedition im Auftrag von Reichsjägermeister Göring im Himalaja das Blauschaf entdeckte und die Kugelpatrone 7x64 testete, im Kongo und Venezuela Wildforschung betrieb und schließlich als Museumsdirektor in Hannover fungierte, gelang das spektakuläre Unterfangen.

Einen besonderen Reiz hatte die in der Lobming Ende April bis Anfang Mai stattfindende Birkhahnbalz. Als erstes spielten die Birkhähne um die Gunst der Hennen

Max Schmeling besucht seinen Jagdfreund und Geschäftspartner Dr. Klaus Asche, feiert mit ihm den sechzigsten Geburtstag

und wenig später tanzte mit gespreiztem Stoß der Große Hahn fast blind vor Verlangen am Waldboden umher. Allein der Anblick, das Erlebnis, die Geräuschkulisse faszinierten den Naturfreund und Jäger, belohnten die Ausdauer des Beobachters. Zu den erfolgreichen Jägern, die in der Lobming einen Auerhahn erlegten, gehörte auch Dr. Klaus Asche aus Hamburg, ein langjähriger Jagdfreund Max Schmelings.

Weidmannsheil in der Lobming

Die Boxlegende weilte mehrfach in der Lobming, saß dort auf Gams- und Rehbock an. 1979 gelang es Schmeling in Begleitung des Oberjäger Jessner, einen sehr starken Gamsbock im Weitental, in 1.800 Meter Höhe gelegen, unweit vom Haus Anger, einem Forstort, zu erlegen.

Schon am frühen Abend begaben sich der Oberjäger und sein prominenter Jagdgast ins Revier. Vom Jagdhaus Hammerlhube fuhren die beiden bergauf, vorbei am Wildacker am Haus Anger, der vom Rot-, Gams- und Rehwild gerne angenommen wurde.

Ansitz im Weitental

Im Weitental am sogenannten Mitte-Anger-Rücken zog sich ein größerer Schlag den Berghang hinauf, der vor wenigen Jahren mit Fichten aufgeforstet worden war. Die infolge der von Windwurf-, Wind- bzw. Schneebruch verbunden mit anschließender Räumung entstandene Freifläche auf der Schattenseite der Höhe, lockte mit einer üppigen Vegetation das Wild zur Äsung.

Hier stellte sich regelmäßig ein außerordentlich starker Gamsbock ein, der gerne von einem der emporragenden Wurzelteller aus, die Umgebung aufmerksam musterte. Der Einzelgänger, ein alter, erfahrener Bock, verließ nur selten die Deckung, wenn aber, sicherte er häufig und lange. Jessner hatte ihn zufällig bei einem seiner Reviergänge beim Auswechseln vom Hochwald auf den Kahlschlag entdeckt, ihn rechtens angesprochen und für den Abschuß empfohlen. Extra für die Sommergams errichtete er unweit einer Waldstraße einen Bodensitz, der in Erinnerung an das Weidmannsheil der Boxlegende noch heute Max-Schmeling-Sitz genannt wird.

Bekanntlich ziehen die Gamsböcke bis zur Brunft im November alleine zu Holze. In der Lobming suchten sie sich ihren Einstand gerne im Hochwald, in tiefer gelegenem Areal. Dort boten Waldwiesen, Wildäcker und Aufforstungen eine gute Äsung. Oben auf den Almen dominierte das weibliche Gamswild.

Anderthalb Stunden mögen Gast und Oberjäger angesessen haben, als Jessner im Glas Bewegung feststellte. Gräser und Himbeersträucher bewegten sich und ein grauer Schatten huschte über eine Schmielengrasinsel. Er kam genau aus der Richtung, wie es der Berufsjäger erwartet hatte.

Nachdem Schmelings Begleiter lange Zeit den Feldstecher nicht absetzte, schaute auch Max mit seinem Zwanzigfachen in die entsprechende Richtung. Außer ein paar

Max Schmeling im Jagdhaus Hammerlhube mit Barbara Agte

Finken, die auf Gräsern und Zweigen wippten, konnte er nichts ausmachen. Plötzlich tippte ihn Jessner an, flüsterte ihm zu, daß der Gamsbock weiter rechts auf einem der Wurzelteller stehen und hinauf in den Wald sichern würde.

Richtig, auf 150 Meter Entfernung hob sich seine Silhouette kontrastreich gegen den rötlichen Abendhimmel ab. Die Körperkonturen zeichneten sich im Gegenlicht mit größter Schärfe ab. Jawohl, es war der Bestätigte, noch abgewandt von den Ansitzenden. Jessner nickte dem Boxer zu, bat ihn, sich auf den Schuß vorzubereiten, in Anschlag zu gehen und abzuwarten, bis sich die Gams drehen und ins Tal äugen würde. Doch das tat sie nicht, sondern sprang vom Wurzelteller hinunter und verschwand für ungewisse Zeit im Unsichtbaren. Jessner zuckte mit den Schultern, Max setzte wieder ab und winkte mit der Hand nach unten, als ob er sagen wolle: „Nicht so schlimm, noch ist nicht aller Tage Abend!"

Das Büchsenlicht nahm beängstigend, ja rasant ab, die Farben erloschen zunehmend. Nur am Himmel leuchteten die Wolken in feurigem Rot, angestrahlt von der untergehenden Sonne. Die Messen schienen gesungen, schade!

Auf einmal stand der Verschollene erneut auf einem der herausragenden Wurzelteller, doch viel näher - knappe 100 Meter entfernt. Er war inzwischen im Dämmerlicht des scheidenden Tages weiter hinab in das Tal gezogen. Jetzt wirkte er noch kräftiger. Auf seinem Haupt prangten lange, massive Kruken, so wie es Jessner prophezeit hatte.

Nicht lange überlegt, den Zielstachel auf Blatt geführt - dann zeriß ein lauter Knall die Stille des Abends. Scheinbar vom Blitz getroffen, verschwand der Bock von seinem Ausguck. War er nun gefallen oder abgesprungen? Hundert Prozent war man sich nicht sicher.

Erwartungsvoll stand der Schweißhund neben den Jägersleuten, spürte, daß er nun zu seinem Recht kommen würde. Ins Tal abziehende kalte Luft brachte ihm bald die Witterung des Wildes. Sicher führte er die beiden Jäger zur verendeten Gams, erlöste sie von den aufgekommenden Zweifeln. Jessner fiel ein Stein vom Herzen, daß es zum Ende doch noch geklappt hatte. Er wünschte dem Erleger herzlich „Weidmanns Heil”. Max trat mit strahlendem Gesicht vor die Gams, tastete im Licht der Taschenlampe Haupt und Krucken des Tieres ab, streichelte den Hund, bedankte sich beim Oberjäger.

Abendstimmung in der Lobming

Ein Jahr später, 1980, folgte Max Schmeling einer weiteren Einladung in Agtes Pachtjagdbezirk, reiste im Juni in die Steiermark. Dort begann gerade die Bockjagd.

Auf der Morgen- und Abendpirsch durchstreifte er mit den Berufsjägern das Revier, um einen der berühmten Hegeböcke seines Freundes vor die Büchse zu bekommen. Trotz mannigfaltiger Anstrengungen, gelang es einfach nicht, einen Braven passender Kategorie auszumachen. Das tat keinen Abbruch für Max Schmeling, er genoß in vollen Zügen die reizvolle Natur- und Berglandschaft, erfreute sich beim Skatspiel in Anwesenheit der urösterreichischen Nimrode.

Jagdherr Agte beschloß indes, einen guten Bekannten um Hilfe zu bitten. Adolf Pölz, einer der Obstbauern in Frösau bei Gleisdorf, der für die Winterfütterung des Rotwildes wertvolle Apfeltreber lieferte und zu dem mittlerweile freundschaftliche Kontakte bestanden, fühlte sich geehrt, Max Schmeling in seinen Obstplantagen auf den Bock zu führen.

Steirerkrone
Graz, Wickenburggasse 22, Tel. 61 5 24
Neue Kronen Zeitung
UNABHÄNGIG
Sonntag, 8. Juni 1980 / Nr. 7195, S 5.-
TV-Radio auf Seite 18

Weidmannsheil *für den Exboxweltmeister aller Klassen! Der Bock, den Max Schmeling gestern bei Sinabelkirchen in der Oststeiermark mit Blattschuß erlegte, war das Geschenk eines Jagdfreundes zum 75. Geburtstag des „Schwarzen Ulanen vom Rhein" und zum 50. Jahrestag seines Sieges über Jack Sharkey. (Bericht in unserer morgigen Ausgabe.)*

Max Schmeling Aufenthalt wird durch die Presse kommentiert

Fabian's Murnockerln

STEIRERKRONE

:s war einer jener Junimorgen, an denen man glauben ›nnte, daß der heurige Frühling ider Erwarten doch stattfinden ürde. Als der Bock auf die chtung im oststeirischen Frössberg trat, hatte er nur noch kunden zu leben, denn die and des Jägers war so ruhig wie nmer, sein Auge so scharf wie üher, als er in legendären Ringhlachten die winzigsten Fehler iner Gegner sah: Perfekter attschuß, und Max Schmeling hm die Gratulationen seiner gdfreunde entgegen. Er ist hon ein echtes Phänomen, dier „Schwarze Ulan vom Rhein", r sich mit seiner schweren ›chten den Platz unter den ›xweltmeistern aller Klassen erımpfte. Der sogar noch mit m „Manassa Mauler" Jack ›mpsey im Ring stand, dessen ime heute in einem Atemzug t Fightern wie dem exzentrihen Juden Max Baer, „Cindella-Man" James Braddock und türlich mit dem „Braunen ›mber" Joe Louis genannt wird. ır: Der alte Joe sitzt heute vermt und halb gelähmt in seinem ›llstuhl in Las Vegas, lebt hauptchlich von den privaten Zundungen Frank Sinatras ...

1 ax dagegen? Hat noch immer jenen eigentümlich breitinigen Schritt, mit dem er seirzeit den Gegnern den Weg aus r Ringecke abschnitt, raucht und ıkt nicht, sitzt beim Fernsehen seinem Haus bei Hamburg nicht f dem Sofa, sondern auf einem metrainer und radelt während ıes „Tatortes" so an die 20 Kiloter herunter. Ja, Max Schmeg wird heuer am 28. September , und vor ziemlich genau 50 Jah-, am 12. Juni 1930, holte er h im New-Yorker Yankeestadion n Weltmeistertitel von Jack arkey. Dieses Doppeljubiläum ır auch äußerer Anlaß für hmelings Einladung in die eiermark durch seinen Freund ıus Agte, einem DM-schweren mburger Versicherungsmakler t Eigenjagd in Großlobming. eil dort aber kein passender

Mit 75 frisch wie einst im Mai: Ex-Boxweltmeister im Schwergewicht Max Schmeling, „der schwarze Ulan vom Rhein".

Bock aufzutreiben war, setzte sich Revierleiter Erwin Auer eben mit Max Schmeling ins Auto und fuhr nach Frössau, wo Adolf Pölz seine Jagdgründe zur Verfügung stellte.

Im September kommt Max dann noch einmal und geht mit seinem alten Freund Prinz Clemens Croy in Sankt Oswald „auf einen Geburtstagshirschen". Den jetzigen Österreichbesuch verband er allerdings mit einer Geschäftstagung in Wien, denn Max Schmeling baute sich ja bekanntlich, nachdem er 1945 alles verloren hatte, mit etwa 40.000 Mark Gage aus seinen letzten Nachkriegskämpfen und Resten eines völlig zerbombten Besitzes in Hamburg eine erfolgreiche Busineß-Karriere auf, ist heute zusammen mit Herzog Carl Croy, dem Bruder von Prinz Clemens Croy, Deutschlands Coca-Cola-Boß und hat erst unlängst eine gutgehende Nerzfarm wegen Arbeitsüberlastung abgestoßen. Schmelings größte Enttäuschung in Wien: Der Besuch in Grinzing. „Mein Gott, was ist das für eine schreckliche Touristenfalle geworden, seit ich vor 40 Jahren mit dem Moser und dem Hörbiger dort gesessen bin ...

Im übrigen hat Max seine 20 Jahre im Ring unbeschadet überstanden, obwohl seine Karriere in einer Zeit begann, als man noch mit Vier-Unzen-Handschuhen über 20 Runden ging, im Training Holzlatten um die Unterarme gebunden bekam, um ein „steifes Handgelenk zu erlernen". Bliebe abschließend zu erwähnen, daß auch der große Schmeling einmal ganz fürchterlich die Hosen voll gehabt hat: als er die Schauspielerin Anny Ondra kennenlernen wollte. Da schickte er einen Boten, der dann prompt ausrichtete: „Ich komm' vom Schmeling, der ist Weltmeister und möchte Sie kennenlernen, aber er traut sich nicht selber her ..." PS: Max und Anny sind heute noch glücklich verheiratet.

Alt genug und stark sollte der Auserwählte sein, sich schon ein bißchen von den Stemmer Moorböcken unterscheiden. Seit Jahren bestand unabhängig von den geschäftlichen Kontakten, ein Jägeraustausch zwischen der Bauernjagd im südlichsten Obstanbaugebiet von Österreich, östlich von Graz, und dem Jagdbezirk in Lobming.

Es hatte sich in Frösau und Umgebung längst herumgesprochen, daß der große Boxer Max Schmeling in Kürze mit Adolf Pölz zu Jagd gehen würde. Welch ein Ereignis! Journalisten tauchten auf, fragten neugierig nach diesem und jenem. Eine Sensation in Frösau. Der Obstbauer stand auf einmal im Mittelpunkt des Gespräches. Kein Wunder also, daß er unter solchen ungewohnten Umständen zunehmend nervöser wurde.

Wie vereinbart, führte Pölz seinen prominenten Gast im Morgengrauen zum Ansitz. Er war innerlich tief bewegt und natürlich aufgeregt mit einer Weltberühmtheit unterwegs zu sein. Eine ganze Weile zeigte sich kein Wild, was den Gastgeber sichtlich beunruhigte. Doch dann endlich, zur Freude von Pölz, erhob sich der auserwählte Sechser zwischen den verblühten Apfelbäumen auf grüner Wiese. Rot schimmerte sein Körper, hoch auf das Gehörn. Welch prächtiger Anblick, doch für einen Schuß reichlich weit. Sichtlich erregt, meinte Pölz nun mit leicht zitternder Stimme: „Herr Schmeling, da - dahinten ist der Bock." Maxe, der die Unruhe seines Begleiters sehr wohl bemerkt hatte, antwortete gelassen: „Lieber Freund, lassen wir ihn erst näher kommen." Und er kam näher, erhielt die Kugel mit einem sauberen Blattschuß.

Vorbildliche Rotwildhege

Erwähnt sei die vorbildliche Rotwildbewirtschaftung in der Lobminger Pachtjagd. Mit Beginn der Pachtperiode 1961 stand sehr viel Rotwild im Revier. An den Winterfütterungen, z. B. an der Weitentalfütterung fanden sich

180 Stücken, an der Bärentalfütterung und anderen bis zu 80 Stücken Rotwild ein. Die Hirsche schoben Geweihe von geringer Masse, Auswirkung einer zu hohen Wilddichte und qualitativ unzureichenden Fütterung.

Agte profitierte vom qualifizierten Jagdpersonal der Herrschaft Mayr-Melnhof, man reduzierte den Wildbestand, rekonstruierte die alten, verschlissenen Fütterungen, beschickte sie mit hochwertigen Heu und Saftfutter. Anschließend wurden Wildäcker in bis zu 2.000 Meter Höhe angelegt, regelmäßig und sinnvoll bestellt. Die Wiesen wurden gemäht und Ruhezonen für das Wild ausgewiesen. Im Ergebnis dieser Maßnahmen nahmen die Wildbretgewichte und die Geweihqualität der Hirsche beachtlich zu. Lobminghirsche machten bald von sich Reden, schoben starke Geweihe ohne vor Endenfreudigkeit zu protzen und Gatterhirschen zu ähneln.

Mit zunehmenden Tourismus auf den Bergen, die Almen sind im Winter von Skifahrern erobert worden, geriet das Wild zunehmend unter Streß. Es konnte die auf den Almen vom Wind freigefegte Äsung nicht mehr nutzen. Infolge des schrumpfenden Lebensraumes, der ständigen Beunruhigung usw. stand es in den Beständen und schälte notgedrungen in Jungwüchsen und Stangenhölzern. Dem mußte Abhilfe geschaffen werden.

Oberjäger Jessner während einer Stangenschau an der Hammerlhube

Rotwild an der Hauptfütterung im Pachtjagdbezirk Lobming

Reizvolles Panorama - Blick auf das Jagdrevier Lobming mit den Bergen Lärchkogel, Lenzmer- und Speikkogel

Es entstand 1980 ein Wintergatter von 44 Hektar Größe. Im Oktober nahm das Hochwild die Fütterungen im Gatter an. Kein Schuß durfte fallen. Bei guter Äsung- allerbestes Wiesenheu, Apfel- und Biertreber - kam es nun streßlos über die harte Jahreszeit. Jeden Morgen um sieben Uhr erfolgte die Fütterung, bis in die zweite Hälfte des Mai hinein. Schlagartig nahmen die Schälschäden wieder ab, die Vitalität des Wildes verbesserte sich zusehens. Um das Gatter herum befand sich ein 500 Hektar großes Schongebiet, in das kein Mensch hinein gehen durfte. Man beschickte lediglich ein- bis zweimal im Jahr die Salzlecken.

Mit Beginn der Jagdsaison kamen Schmaltiere und Spießer zur Strecke, wenn sie nicht im Rudel standen, also als Einzeltiere zogen. Möglichst dann, wenn sie über einen Kamm herüber gewechselt waren und schnell, ohne Aufsehen zu erregen, geborgen werden konnten. Wenn etwa zehn Stücken lagen, wurde den gesamten Sommer nur in den Außenbezirken gejagt. Da im Revier Ruhe herrschte, gelang es ohne große Mühen während der Brunft die besseren Hirsche zu ernten.

In einem Hirschbuch registriert, konnte die Entwicklung der Geweihe über Jahre nachvollzogen werden. In einer Trophäenhalle ausgestellt, standen sie den Nachbarn zu Begutachtung zur Verfügung.

Weidgenosse Agte erhielt für seine Aktivitäten und Ergebnisse in der Wildbewirtschaftung die silberne Verdienstnadel der steirischen Jägerschaft des österreichischen Jagdverbandes.

Max Schmeling schätzt Freund Agte als umsichtigen, kreativen Menschen und weidgerechten Jäger mit hoher Selbstdisziplin, der sein geräumiges Hochwildrevier über fast vier Jahrzehnte vorbildlich, ja beispielgebend bewirtschaftete. Die Hegerergebnisse beim Rot-, Gams- und Rehwild sprechen dafür. Agtes Oberjäger Hans Jessner brachte es auf den Punkt, in dem er seinem ehemaligen Chef schrieb:

„40 Jahre sind eine lange Zeit, viel mehr als ein halbes Menschenleben und doch wirkt alles wie ein Traum. Ein Traum mit schönem Inhalt und auch Wehmut ist vorbei. Was bleibt ist die Tatsache, daß das Revier in einer gütigen Hand war, die immer schützend über das Wild gehalten wurde. Wir können nur hoffen, daß all Ihre Arbeit nicht umsonst war. Daß Ihre hegerischen Maßnahmen auch weiterhin diesen Stellenwert haben werden und Ihr erfolgreicher Weg auch in Zukunft fortgesetzt wird. Dann wird für uns das Scheiden vom Revier nicht allzu schwer fallen. Gott möge nun seine schützende Hand über Lobming halten, so daß Ihr Lebenswerk auch weiterhin erhalten bleibt.“

Anny und Max waren liebendgern in ihrem Garten

Jagdrevier Stemmen

Infolge seines Tabakanbaus schloß Max Schmeling während seiner "Farmerzeit" Bekanntschaft mit dem Landwirt Johann Lüdemann. Der gab jedoch eines Tages seinen Landwirtschaftsbetrieb auf und eröffnete im niedersächsischen Scheeßel eine Gastwirtschaft, die der Champion zum Skatspielen hin und wieder aufsuchte. Bei einer dieser geselligen Zusammenkünfte lernte er den Stemmer Bürgermeister Hinrich Peters kennen, einen Nimrod vor dem Herrn und gleichzeitig Sprecher der Stemmer Jagdgenossenschaft. Da man bestens miteinander zurecht kam und Max seinerzeit über keine feste Jagdmöglichkeit verfügte, fand man schnell eine Einigung. Die Boxlegende wurde 1963 in die 2.500 Hektar umfassende Gemeinschaftsjagd des Dorfes Stemmen aufgenommen. Schon bald lernten ihn die acht Weidgenossen des Jagdgebietes schätzen, zumal sich ihr neuntes, noch dazu prominentestes Mitglied als erfahrener, weidgerechter und anpassungsfähiger Jagdkamerad erwies.

Max gefiel die dörfliche Atmosphäre des gepflegten niedersächsischen Ortes, die großen Bauernhäuser mit ihren Nebengelassen, die dazwischen liegenden, begrünten Freiräume, die mächtigen Eichenbäume, die Alleen oder Inseln bildeten, und die sechs Straßen, die sich im Zentrum zu einer Kreuzung vereinigten und an ein Spinngewebe erinnern. An den Eingängen der Häuser hingen Ringscheiben, ein Zeichen, daß es im Dorf einen traditionsbewußten Schützenverein gab. Schmeling fand hier die Entspannung, die er nach einem hektischen Alltag im Betrieb benötigte, er liebte die Mentalität der Menschen, bevorzugte diesen bäuerlichen Umgang, den er schon immer schätzte.

Umgeben von Geestböden, auf denen mancherorts im Winter und Frühjahr das Wasser steht und die, von Gräben durchzogen, wahlweise als Weideland sowie für den

Max Schmeling bezahlt den Flug

Dr. Oldenstädt schilderte kurz die bewegte Geschichte der 1914 geweihten Fahne. Vor zwei Monaten sei ein Brief des Engländers Venus eingetroffen, der sich bereiterklärt habe, die Fahne gegen Erstattung seiner Unkosten zurückzugeben. Ursprünglich habe das Ehepaar Venus geplant, selbst nach Ostervesede zu kommen. Dieser Plan habe sich jedoch im letzten Augenblick zerschlagen, und seine Tochter habe das Banner in Cambridge übernommen und in die Bundesrepublik gebracht. Wiebke Oldenstädt übergab dann die Fahne unter dem Beifall der Schützen an den Kommandeur des Schützenvereins Stemmen, Willi Kopp der sie an den 80jährigen Adolf Harms weiterreichte. Adolf Harms hatte die Fahne bis zuletzt getragen.

Das Ehepaar Venus wird jetzt zum Erntefest Gast in Stemmen sein und sich dort für 14 Tage aufhalten. Max Schmeling, der in Stemmen eine Jagd hat, bezahlt die Flugreise für die beiden Engländer.

(26.7.1976)

Feldbau genutzt werden, bieten kleine Moorwälder und Waldinseln ein abwechslungsreiches Landschaftsbild. Fast 750 Hektar Moor gehören zu der Flur. Wie geschaffen für das Niederwild, das in den Nachkriegsjahren in großer Stückzahl das Terrain erobert hatte. Rehe, Hasen, Kaninchen, Rebhühner und Ringfasane gab es damals zuhauf, fanden sie hier doch optimale Lebensbedingungen vor, d. h. Deckung und Äsung. Im Frühjahr balzte mancherorts der Birkhahn, der große Brachvogel ließ seinen pfeifenden Ruf erschallen, und die Waldschnepfe strich in Windeseile quorrend durch die Lüfte. Im Revier fehlten die Wildschweine, die sonst so manche Vogelbrut vernichten, und der Bestand an Raubwild vermochte es nicht, die starken Populationen zu dezimieren.

Die Große Waldschnepfe "verschmilzt" fast mit dem Waldboden - nahezu unsichtbar für das Auge

Wo der Birkhahn balzt

Seinerzeit existierten in den Mooren, dem Birkenbusch und der Schneckenstiege, noch größere Freiflächen mit Heide. Auf ihnen warb man mit kurzen Plaggen (Hacken) - den "Heidelinden" - Dachheide für den First der riedgedeckten Häuser. Durch den Dampflokbetrieb kam es in der Nähe der Bahnstrecke immer wieder mal zu Bränden, die ebenfalls dafür sorgten, daß diese Flächen baumlos blieben und für den kleinen Hahn eine willkommene Rückzugszone darstellten.

Birkwild war in diesen Gefilden, den Moorbiotopen, schon immer heimisch, doch wurde ihm durch Melioration, Torfabbau und intensiverer Landnutzung zunehmend der Lebensraum geraubt. Das sogenannte Königsmoor, welches an die Stemmer Flur - Schmelings Jagdbezirk - grenzt, gehörte einst zur königlichen Moorvogtei des Königs von Hannover. Hier wimmelte es im 19. Jahrhundert nur so vor Rauhfußhühnern, bevor 1914 die Urbarmachung Größenordnungen annahm. Im Wappen der Ortschaft Königsmoor findet sich daher nicht ohne Grund der Birkhahn als Wappentier, eine Vogelart, mit der viele Einheimische heute leider nichts mehr anzufangen wissen. 1948 hatte eine zweite Etappe der Urbarmachung ihr übriges getan, um den Birkwildbesatz zu dezimieren. In den sechziger Jahren stellte die Bahn von Dampflok- auf Diesellokbetrieb um. Kein Funke entzündete mehr die Heideflächen, damit sie sich regenerieren konnten. Anfliegendes Nadel- und Weichholz, vor allem Birke, begann zu wuchern, hoher Bewuchs entstand, verdrängte die ursprüngliche Bodenvegetation und veränderte die Moorlandschaft zusehends. Das angrenzende oder von Moorwald umfriedete Weideland wich mehr und mehr dem Ackerbau. Der Hahn balzte im April/Mai immer seltener, und die Brutlust der Waldhühner schwand zunehmend. Selbst die Unterschutzstellung der verbliebenen

Wappen der Ortschaft Königsmoor

Biotope Anfang der siebziger Jahre konnte die Restvorkommen des Birkwildes ebenso wenig retten wie die Hegemaßnahmen der Jägerschaft und das Jagdverbot.

Es war einmal

In der Stemmer Gemeinschaftsjagd kam das Birkwild in den sechziger Jahren in zwei Bereichen vor, dem Birkenbusch und der Schneckenstiege. Der Besatz war noch groß genug, um ihn jeweils einmal im Jahr, nämlich zur Balz im April, im Einzelabschuß bejagen zu können. Der Nachhaltigkeit wegen durften nur Hähne in begrenzter Stückzahl erlegt werden. An dieses Gebot hielt sich ein jeder, einschließlich Max Schmeling, der die Anwesenheit des kleinen Hahns in dem ihm zugewiesenen Areal sehr schätzte. Er verband aus der Vergangenheit angenehme Erinnerungen mit diesem urigen Federwild, genoß jährlich das faszinierende Ritual der Hähne, die Entfaltung ihrer Leidenschaft und Rivalitäten. Der weidgerechte Schuß auf den "schwarzen Ritter" ist für ihn immer ein jagdlicher Höhepunkt geblieben. Dennoch teilte er seine Freude auch mit anderen Jägern, denen es an Gelegenheit mangelte. So ist es erklärlich, daß in dieser und jener niedersächsischen Jägerstube noch heute der schwarze Hahn hängt und in Ehrfurcht festgestellt wird: „Das ist einer von Max Schmeling." Leider heißt es aber auch: „Es war einmal." Als erstes versiegte das Vorkommen des Birkwildes in der Schneckenstiege, dann im etwas abseits gelegenen Birkenbusch.

Nach und nach stellten sich andere Wildarten im Revier ein. So wechselte Damwild aus den größeren Waldungen der Umgebung ein. Aus dem Wechselwild wurde eines Tages Standwild, so daß sich heute im geschrumpften Pachtrevier ein Brunftplatz befindet und hin und wieder ein Schaufler zur Strecke kommt. Mit dem Maisanbau auf den Feldern fanden sich auch die Sauen ein und brachten

Von der Box-
legende in der
Schneckenstiege
erlegter Spielhahn

den ersten Wildschaden. Auch sie sind längst heimisch geworden und bereichern zum Gram der Landwirte die jagdliche Fauna.

Ohne Skat keine Jagd

Max Schmeling liebte außer der Jagd das Skatspielen. Über Jahre traf er sich in Stemmen, mehrfach in der Woche, je nach Jahreszeit vor oder nach der Jagd im Gasthaus "Matthens Hus" bei Drögemüller, dann im "Stemmer Landkrug” bei Johann Trau mit seinen vertrauten “Skatbrüdern”. Gerne aß er dann eine Stulle mit Sülze, Schinken oder auch eine Bratwurst und lud die versammelte Mannschaft zu den Gaumenfreuden ein.

Ein liebenswürdiges Schlitzohr

Während des Spiels redete er nicht viel, bat mitunter seine Mitspieler, mit dem Schwafeln aufzuhören, weil dafür ja noch Zeit genug sei und man sich auf die Karten konzentrieren müsse. Die nahmen die Mahnung nicht allzu ernst, rissen einen Jägerwitz, und Max lachte urplötzlich von Herzen mit ihnen. Sich regelmäßig im Stemmer Freundeskreis zu treffen, gemeinsam zu jagen oder die Karten zu mischen, gehörte lange Zeit zu den elementaren Bedürfnissen des Boxveteranen. Man sagte ihm nach, während des Spiels sogar die Augen der anderen zählen zu können und zu wissen, bei wem sich gerade die Sieben befinde. Ganz wie im Boxring gelang es ihm durch diese Fähigkeit, seine “Gegner auszuknocken” - ein liebenswürdiges “Schlitzohr”, wie einige heute noch meinen.

Freudestrahlend verwies er bei einem Sieg gerne darauf, daß er früher keinen Skat gespielt habe. Das hat ihm natürlich niemand in der versammelten Runde abgenommen, doch entspricht es laut meinen Recherchen der Wahrheit. Oberförster Hoffmann aus Müncheberg könnte, wenn er denn noch lebte, das durchaus bezeugen, er war Schmelings Lehrherr in dieser Beziehung.

In “Matthens Hus” bei Drögemüller ging’s zur Sache

Später, als das Alter seinen Tribut forderte und die Fahrt nach Stemmen zu mühsam wurde, mischte Max Schmeling jeweils mittwochs in seinem eigenen Hause in vertrautem Kreise - Jagdfreunde Herbert Woltmann und Harry Börner - die Karten. Auch hier erwies sich Max als ernstzunehmender Kontrahent. „Es ist schwer, ihn reinzulegen", erzählten die Beteiligten.

Jagdpächter in Stemmen

1972, nach Ablauf der Pachtperiode, beschloß der Vorstand der Jagdgenossenschaft im Einvernehmen mit den Jägern, den gemeinschaftlichen Jagdbezirk der Gemeinde Stemmen in A und B zu unterteilen. Unter den Bewerbern für die neue Pachtperiode befand sich auch Max Schmeling, der inzwischen die Sympathien der meisten Landbesitzer genoß und für das ca. 900 Hektar große Niederwildgebiet Stemmen B einen Pachtsatz von 3,40 DM pro Hektar bot. Dafür erhielt er von 76 Jagdgenossenschaftsmitgliedern mit einem Flächenanteil von 1.790,2 Hektar den Zuschlag.

Nun selbst Jagdpächter zu sein, hieß für die Boxlegende nicht, alle übrigen Weidgenossen aus seinem Gebiet zu verbannen und allein das Privileg

Spruch am Bauernhaus des ehemaligen Jagdaufsehers Hinrich Rathjen in Stemmen

Johann Trau sen. (links), sein Sohn und Max Schmeling mit seinem VW-Kübel im Jahre 1964

der Jagd zu genießen, bzw. zu bestimmen, was wo wann passiert. Ganz im Gegenteil, Max bestand darauf, daß die vertrauten Gesichter auch weiterhin mit ihm pirschten, von Jagdneid keine Spur. Prominente, noch dazu begüterte Gäste, die über ein Hochwildrevier verfügten und von denen es nicht wenige in Schmelings Umfeld gab, traf der Champion lieber in anderen Jagdgründen, in den Alpen, im Schwarzwald, am Rhein, im Ausland. Er wollte das über Jahre gewachsene Verhältnis zu den örtlichen Jägern nicht unnötig belasten, das gute Klima nicht aufs Spiel setzen. Diplomatie und ein gewisses Fingerspitzengefühl, die Erfahrungswerte vieler Jahrzehnte, halfen in dieser Hinsicht ungemein.

Verehrt von allen

Nicht jeder kann in den ausgewählten Kreisen von Wirtschaftbossen, Prominenten, Politikern, Adel, ja Präsidenten verkehren und gleichzeitig mit den einfachen Leuten klar kommen - Max Schmeling konnte es.

Ungeachtet höchster Auszeichnungen und Ehrungen verlor er niemals den Boden unter den Füßen, blieb bescheiden, liebte den Umgang mit Leuten, die ihm das Gefühl gaben, "wenig prominent" zu sein, und ihn behandelten wie ihresgleichen. Nicht ohne Grund zog sich Max Schmeling an Geburtstagen oder an Tagen, die viel Besuch erwarten ließen, liebend gern in den Wald zurück oder verreiste in eine ruhige Gegend. Gerade diese Eigenschaft unterscheidet ihn von vielen prominenten Mitbürgern und ist wohl ein wesentlicher Grund für seine ungebrochene Popularität und die Ehrerbietung unzähliger Menschen aus allen Schichten der Bevölkerung.

Zweimal im Jahr versammelten sich die Stemmener Jäger zur Gesellschaftsjagd, nämlich im September und Dezember. Auf der Treibjagd im Spätsommer, bei der sogenannten "Stöverjagd", durchtrieb man die kleinen,

Begegnung mit dem amerikanischen Präsidentenehepaar Carter in den USA

abwechselnden, sich wie ausgelegte "Handtücher" aneinander reihenden Kartoffel- und Steckrübenfelder. Dort wucherte reichlich samenreife Melde und anderes sämiges Grün, das dem Federwild beste Äsung und Deckung bot. Mit Hilfe einiger Vorstehhunde kamen neben Rebhühnern vor allem Fasane zur Strecke.

Im Winter dagegen bei der "großen Jagd" lag der Schwerpunkt bei den Hasen und den damals noch reichlich vorkommenden Kaninchen. Hier kam das herkömmliche Kesseltreiben zur Anwendung, bei dem sich der Ring der Jäger und Treiber immer enger zieht, zuerst das im Treiben befindliche und später das aus dem Treiben herausflüchtende Wild beschossen wird. Bei dieser Gelegenheit ist auch die Große Waldschnepfe bejagt worden.

Bei der Niederwildjagd im Dezember 1976 lagen 125 Kreaturen auf der Strecke, davon 15 Wildkaninchen und 110 Hasen, ein Durchschnittswert der siebziger Jahre.

Max nahm die Strapazen eines Tagesmarsches gerne in Kauf, wohl wissend, daß sie auch der körperlichen Ertüchtigung und Gesundheit dienen. Während und nach der Jagd sorgte er mit Hingabe für das leibliche Wohl der Jagdteilnehmer. Es gab frisch gebackenes, mit Schinken und Mettwurst belegtes Brot, später Kaffee und Kuchen. Am Abend beschloß das Skatspielen im Gasthaus F. W. Drögemüller bzw. im Stemmer Landkrug in geselliger Runde den Jagdtag. Man erzählt, Max Schmeling sei mit dem Schüsseltreiben immer als erster fertig gewesen, weil er das Skatspiel kaum erwarten konnte.

Was ist ein Jäger ohne Hund?

Was ist ein Jäger ohne Hund! Der Weidmann wollte auf einen vierbeinigen Jagdhelfer nicht verzichten, schon gar nicht in einem Niederwildrevier. Da er von seiner und der Schwäche seiner Frau wußte, die Vierbeiner allzu sehr zu verwöhnen, erwarb er einen Deutsch Kurzhaar. Schon allein weil er dem Jagdspaniel "Ditti" ähnlich sah, brachte er ihn, um überhaupt nicht erst in Versuchung zu kommen, beim Jagdfreund Hinrich Peters in Stemmen unter. Dann finanzierte er die Ausbildung und ließ den braunfarbenen Hund jagdlich abführen. Somit stand dem Jagdherren und anderen Jägern beim Vorstehen und Apportieren sowie bei den manchmal unvermeidlichen Nachsuchen eine geeignete Spürnase zur Verfügung.

Mit Beginn der Bockjagd hielt sich der erfolgreiche Unternehmer häufig im Revier auf, drei- bis viermal in der Woche. Folglich besaß er einen guten Überblick über

Anny und Max Schmeling liebkosen ihre kürzlich angeschaffte Deutsch-Drahthaar-Hündin

den vorhandenen Wildbestand. Von den mit einer Nummer versehenen, offenen und geschlossenen Kanzeln, die an verheißungsvollen Orten standen, nahm er sich viel Zeit für die Ansprache des Wildes.

Unter Verwendung eines starken Fernglases, ein Tordalk 22 x 80 der Firma Beck in Kassel, und weiterer Optik, an der es ihm nicht fehlte, stufte er die Böcke in das richtige Alter ein und verschaffte sich u. a. damit einen Überblick über die Braven, d. h. reifen "Abschußkandidaten". Sorgfältig, sortiert gestapelt, liegen heute

Max Schmelings Tröphäen erinnern an unzählige schöne Erlebnisse, für ihn zählen diese weitaus mehr als die Trophäen selbst

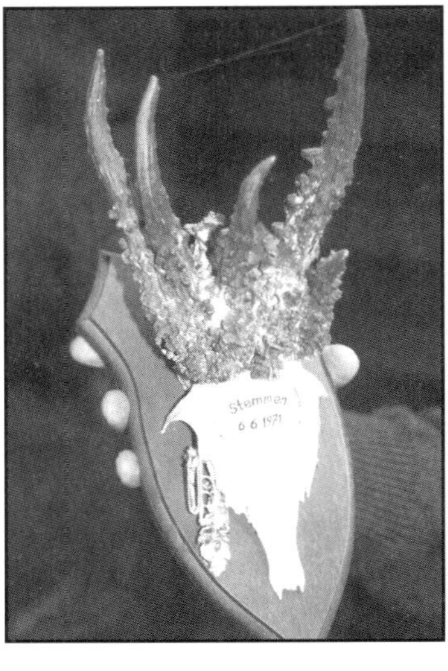

Der vom Jäger Schmeling im Juni 1971 bei Stemmen erlegte Vielstangenbock

Mehr Heger als Jäger

die vergilbten Ursprungsscheine der Wildstrecke vieler Jahre auf einem Tischchen in einem kleinen Jagdzimmer und verraten beim genaueren Hinsehen, daß es der Jagdherr mit der Rehwildbewirtschaftung sehr ernst nahm.

Entsprechend den standörtlichen Bedingungen werden die Böcke auf den Geest- und Moorböden nicht allzu stark, jedoch beeindruckt die Formenvielfalt ihrer Gehörne um so mehr.

Schmelings Stolz ist ein abnormer Vielstangenbock, der am 6. Juni 1971 zur Strecke kam und ihm große weidmännische Freude bereitet hatte. Das fünfstangige Gehörn besitzt eine ausgeprägte Perlung und eine üppige, durchgefärbte Gehörnsubstanz. Eine goldene Hegenadel kündet von der großen Aufmerksamkeit, die es in Jägerkreisen erfahren hat.

Anny begleitete ihren Mann gelegentlich ins Revier. Im Vordergrund stand bei diesen gemeinsamen Ausflügen der Naturgenuß. Bei einem Ansitz im späten Frühjahr an der Schneckenstiege trat ein rabenschwarzer Rehbock aus dem Moorwald und begann, vor den beiden friedlich zu äsen. Eine nicht alltägliche Erscheinung, denn in der Regel verfügt das Rehwild über eine rotbraune Sommerdecke. Anny sprühte vor Begeisterung, schaute immer wieder durch das zwanzigfach vergrößernde Fernglas und beobachtete das ungewöhnliche Reh mit großer Ausdauer. Spontan brachte sie dann hervor: „Max, dieses schöne Tier darfst du aber keinesfalls erlegen!" Er beruhigte sie dahingehend, indem er feststellte, daß der Bock ohnehin viel zu jung sei und noch einige Jahre bis zu seiner Reife zu leben habe.

Irgendwann mußte der "Schwarze" jedoch aus hegerischen Gesichtspunkten gestreckt werden, was der Jagdherr dann auch prompt erledigte. Bei einem der Skataben-

Im Kreise der Stemmer Jäger; v. l. n. r.: Wilhelm Drögemüller, Hinrichts Peters (Bürgermeister) M. Schmeling, Heinrich Bösch (Musiker), Johann Trau (sitzend mit Frau), Helmuth Martens (Jagdaufseher und Skatpartner), Hinrich Rathjen (Jagdaufseher und Skatfreund), unbekannt, Ernst Martens (Bruder von H. Martens)

de im "Drögemüller", die im Sommer vor dem abendlichen Ansitz stattfanden, ließ "Maxe" verlauten: „Übrigens, ich habe den schwarzen Bock an der Schneckenstiege gestreckt, meine Frau darf davon aber nichts wissen. Wenn sie das je erfahren sollte, habe ich schlechte Karten bei ihr!" Alle in der Runde schmunzelten, doch ernst nahmen sie Schmelings Kommentar nicht.

Jeder wußte, daß Anny Ondra ihrem Mann letzten Endes Verständnis entgegen bringen würde. Sie, die am 28. Februar 1987 in Hollenstedt nach 54 glücklichen Ehejahren aus dem Leben schied, schickte ihren Max, wenn sie bei ihm irgendwelchen Gram oder Unausgeglichenheiten feststellte, ins Revier. Dieses "Wundermittel" wirkte bei Schmeling wie Medizin, heilte die Seele.

Die Zusammensetzung der kleinen Skatrunde veränderte sich im Laufe der Jahre. Die Zeit forderte ihren Tribut, gute Freunde schieden dahin, andere nahmen ihre Stelle ein. Zu letzteren gehörte der seinerzeit noch relativ junge Herbert Woltmann, Samtgemeindedirektor von Hollenstedt. Er wurde im Laufe der Zeit zum engsten Freund des legendären Faustkämpfers und kümmert sich seit seiner Pensionierung bis zum heutigen Tage täglich um dessen Wohl. Herbert Woltmann ist heute der wichtigste Mensch in der Nähe des Prominenten, genießt sein vollstes Vertrauen. Ihm ist es zu verdanken, daß der Champion 1994, in eine lebensbedrohliche, gesundheitliche Situation geraten, rechtzeitig ärztliche Hilfe erhielt.

Jäger Herbert Woltmann im Stemmer Jagdrevier

1972 begegneten sich die beiden das erste Mal, Herbert Woltmann bekleidete erst seit kurzem das Amt des Samtgemeindedirektors. Anny benötigte einen neuen Personalausweis, und er sorgte für eine zügige Erledigung des Anliegens.

Am 1. Mai 1975 erfolgte die Einweihung eines neuen Freibades in Hollenstedt, dessen Attraktion - eine Wasserrutsche - die Schmelings gestiftet hatten. Max und Anny gehörten zu den Ehrengästen dieses festlichen Aktes, nahmen gern daran teil, obwohl sie ihr Waldgrundstück ansonsten nur selten verließen.

Bei dem anschließenden Beisammensein im Hollenstedter Hof kamen die Schmelings mit dem Samtgemeindedirektor ins Gespräch, unterhielten sich über dieses und jenes. Schließlich fragte Max den Beamten, ob er sich in Hollenstedt gut eingelebt hätte, und einige Zeit später, womit er sich sonst noch so beschäftige, ob er irgendwelchen Hobbys nachgehe. Woltmann erzählte nun dem Ehrengast, daß er gerade die Jagdprüfung bestanden habe und sich gerne in Wald und Flur aufhalte, ja, eigentlich wollte er mal Forstmann werden. Man sprach eine geraume Zeit über jagdliche Themen, bis sich schließlich noch herausstellte, daß der Jungjäger gelegentlich gern Skat spielte. Kurz über lang bemerkten beide, daß die Chemie zwischen ihnen zu stimmen schien.

Vom Jungjäger zum engsten Freund

Unverhofft lud Max Schmeling Herbert Woltmann zu Beginn der Saison am 16. Mai zur Jagd auf den Bock in sein Stemmer Revier ein. Damit hatte der angehende Nimrod wirklich nicht gerechnet, war außer sich vor Freude.

Am Tage des gemeinsamen Ansitzes zogen dunkle Regenwolken übers Land, und es schüttete plötzlich wie aus vollen Kannen - kein Jagdwetter. Schmeling fuhr seinen VW-Kübel, den er für die Fahrten durchs Revier nutzte, im rasanten Fahrstil über schmierige Wege und manövrierte ihn durch "Untiefen". Bevor man den auserwählten, nicht überdachten Hochstand erreichte, wurde der Begleiter ordentlich durchgerüttelt.

Bei dem Sauwetter ließ sich natürlich kein Bock sehen. Das hinderte den Faustkämpfer jedoch nicht daran, unter einem weitausladenden Regenschirm oder besser gesagt Jagdschirm, mit seinem Gast auszuharren. Nicht so schlimm, der Jagdherr erzählte nämlich bis zum Schwinden des Büchsenlichts angeregt aus seinem jägerischen Leben, über die Erlebnisse in Müncheberg, über seine Pirsch in Begleitung H. Görings in der Schorfheide und den gestreckten Elch in Ostpreußen. Es war einfach beeindruckend, mit einem Mann auf dem Hochstand zu sitzen, von dem man in der ganzen Welt spricht, der nahezu auf alle Wildarten in den verschiedensten Jagdgründen im In- und Ausland gejagt hatte. Von ihm persönlich Episoden aus seiner interessanten Vergangenheit zu erfahren, war eine spannende Angelegenheit.

Samtgemeindedirektor a. D. Herbert Woltmann kümmert sich seit Jahren hingebungsvoll um die Boxlegende und den Jagdveteran; er ist zum wichtigsten Freund Max Schmelings geworden, betreut das Jagdrevier Stemmen B, in dem er auch Mitpächter ist

Da es an jenem Abend mit dem Bock nicht so recht klappen wollte, traf man sich wenige Tage später erneut zum Ansitz. Dieses Mal stimmte das Wetter, und es dauerte nicht lange, bis zwei Böcke in akzeptabler Schußentfernung aus dem Bestand traten und zu äsen begannen. Max schaute durch sein Fernglas und sprach für seinen

Jagdvorstand-Sitzung anläßlich des 90. Geburtstages von Max Schmelings in der Gastwirtschaft Drögemüller am 28.09.95; v. l. n. r.: H. Woltmann, H. Martens, Hans Wahlers (Vorsitzender), Johann Indorf (Jagdvorsteher) Max Schmeling, Hinrich Rathjen, Ernst Martens

Begleiter überraschend: „Den linken können Sie schießen." Für H. Woltmann kam die Aufforderung so plötzlich, daß sein Herz wild zu pochen begann, das Jagdfieber erfaßte ihn. Er nahm die Waffe in Anschlag, konnte jedoch vor Aufregung die Büchse nicht stillhalten. Entschuldigend meinte er schließlich: „Heute Abend lieber nicht." Schmeling erwiderte: „Ich mache Sie wohl zu nervös! Nun gut, melden Sie sich morgen beim Jagdaufseher und setzen Sie sich am Abend alleine hier an. Den Bock kennen Sie ja nun. Erlegen Sie ihn in aller Ruhe."

Gesagt, getan - der Brave kam am nächsten Tag mit einem sauberen Blattschuß zur Strecke. Dem sichtlich stolzen Jungjäger fehlten jedoch noch mangels Übung die Fertigkeiten, das Wild zügig und sauber aufzubrechen. Max Schmeling erwies sich sehr bald als guter Lehrherr. So wie er selbst einst von Oberförster G. Hoffmann in Müncheberg die Kniffe der Jagdausübung, das Ansprechen und die flinke Versorgung des Wildes beigebracht bekommen hatte, reichte er sein Wissen jetzt weiter, formte im Laufe der Jahre H. Woltmann, der bei ihm einen Begehungsschein erhielt, zu einem weidgerechten Jäger.

Nachdem sich der Samtgemeindedirektor 1993 in den Ruhestand versetzen ließ, fragte ihn Max Schmeling eines Tages: „Was machen Sie eigentlich mit Ihrer Freizeit? Wollen Sie mich nicht chauffieren?" Keine Frage, H. Woltmann sagte zu.

Seit jenem Jahr besteht ein enger persönlicher Kontakt zwischen den beiden, man duzt sich, verbringt viel Zeit miteinander, stimmt ab, was an Schriftverkehr und im Jagdrevier zu erledigen ist.

Am 29. Januar 1991 wurde der Jäger Max Schmeling auf Initiative des Förderkreises Jagdpolitik e. V., dem er als langjähriges und prominentestes Mitglied angehörte, auf der "Grünen Woche" in Berlin in festlichem Ambiente mit der "Hermann Löns-Medaille" ausgezeichnet.

Überreicht wurde Sie vom Vizepräsidenten des Deutschen Bundestages Hans J. Klein. In einer Laudatio von Dr. Gerhard Frank, Präsident Deutscher Jagdschutzverband e. V., hieß es u. a. zur jagdlichen Auszeichnung: „... welche Persönlichkeit hätte sie wohl mehr verdient als dieses Idol von Millionen. Ein Idol, das Jäger ist und sich immer hierzu bekannt hat ... nie sind ihm Ruhm oder geschäftliche Erfolge zu Kopf gestiegen. Es

1988 wurde Max Schmeling in Berlin mit der goldenen Ehrenplakette des Förderkreises Jagdpolitik des DJV geehrt

Ein glückliches Paar, 54 Jahre lang - Anny Ondra und Max Schmeling gemeinsam mit ihrem Liebling Deutsch-Kurzhaar "Betty" auf der Treppe ihres Hauses in Hollenstedt; 1975 - eines der Lieblingsfotos Annys

waren stets die Menschlichkeit und Noblesse, die hinter allem vordergründigen Kult um seine Person durchschienen ..."

Wie wahr - es bräuchte Seiten, um die vielen Auszeichnungen und Ehrungen des Boxidols im In- und Ausland nach dem Kriege aufzuzählen, das große Bundesverdienstkreuz mit goldenem Stern und der Millenniums-Bambi sind dabei. Max wurde von amerikanischen Präsidenten empfangen, ist Ehrenmitglied in Verbänden und Organisationen, es gab nur wenige Politiker, die sich nicht mit ihm fotografieren lassen haben, als Ehrengast auf sportlichen Veranstaltung und als Förderer des Sports, dem er nach eigenen Aussagen so viel zu verdanken habe,

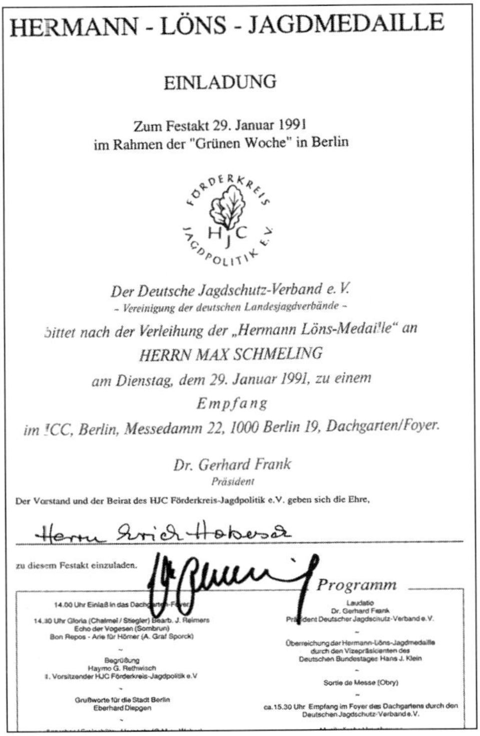

HERMANN - LÖNS - JAGDMEDAILLE

EINLADUNG

Zum Festakt 29. Januar 1991
im Rahmen der "Grünen Woche" in Berlin

FÖRDERKREIS HJC JAGDPOLITIK E.V.

Der Deutsche Jagdschutz-Verband e. V.
– Vereinigung der deutschen Landesjagdverbände –
bittet nach der Verleihung der „Hermann Löns-Medaille" an
HERRN MAX SCHMELING
am Dienstag, dem 29. Januar 1991, zu einem
Empfang
im ICC, Berlin, Messedamm 22, 1000 Berlin 19, Dachgarten/Foyer.

Dr. Gerhard Frank
Präsident

Der Vorstand und der Beirat des HJC Förderkreis-Jagdpolitik e.V. geben sich die Ehre,

Herrn Erich Hobusch

zu diesem Festakt einzuladen.

Programm

14.00 Uhr Einlaß in das Dachgarten-Foyer

14.30 Uhr Gloria (Chalmel / Stiegler) Bearb. J. Reimers
Echo der Vogesen (Sombrun)
Bon Repos - Arie für Hörner (A. Graf Sporck)

~

Begrüßung
Haymo G. Rethwisch
1. Vorsitzender HJC Förderkreis-Jagdpolitik e.V

~

Grußworte für die Stadt Berlin
Eberhard Diepgen

~

Laudatio
Dr. Gerhard Frank
Präsident Deutscher Jagdschutz-Verband e.V.

~

Überreichung der Hermann-Löns-Jagdmedaille
durch den Vizepräsidenten des
Deutschen Bundestages Hans J. Klein

~

Sortie de Messe (Obry)

~

ca.15.30 Uhr Empfang im Foyer des Dachgartens durch den
Deutschen Jagdschutz-Verband e.V.

Einladung und Programm der Festveranstaltung anläßlich der Auszeichnung Max Schmelings mit der "Hermann-Löhns -Jagdmedaille" in Gold

Empfang Max Schmelings durch den amerikanischen Präsidenten Ronald Reagan und seine Frau Nancy

verschaffte er sich Hochachtung - seine menschlichen Qualitäten ließen seine Popularität nach lange zurückliegender sportlicher Karriere nie versiegen, machten ihn zur Legende, nach der Straßen, Sporthallen und Veranstaltungen benannt sind.

Förderer des Denkmal-, Tier- und Naturschutzes sowie des Sports

1991 beschloß der "Sportler des 20. Jahrhunderts", eine Stiftung zu gründen, die sich u. a. der Förderung des Denkmal-, Tier- und Naturschutzes, aber besonders hilfsbedürftigen Menschen widmet. Eines Tages wird sein gesamtes Vermögen in die nach ihm benannte Stiftung übergehen. Mit diesem Schritt bringt Max Schmeling nicht nur seine tiefe Liebe zu Wald

Gespräch unter Boxern (1992) in Hollenstedt - Max fachsimpelt mit Henry Maske, Amateur Europameister, Weltmeister, Olympiasieger

und Flur, zu Flora und Fauna zum Ausdruck, sondern leistet einen gezielten Beitrag zur Erhaltung naturnaher oder bedrohter Lebensräume in unserem Land. Darüber hinaus unterstützt er regelmäßig die Stiftung "Deutsche Sporthilfe" und SOS-Kinderdörfer (ein Vermächtnis Annys). Es macht ihn glücklich, sportliche Talente zu fördern, oder Kindern und armen Leuten zu helfen.

Gemeinsam für eine Sache

Auch seine Jagdfreunde Haymo G. Rethwisch und Claus R. Agte brachten ihre tiefe Verbundenheit mit der Natur zum Ausdruck.

1992 wurde die "boco-Stiftung" gegründet, die seit 1999 den Namen "Deutsche Wildtier Stiftung" trägt und heute zu den größten Organisationen im Wildtier- und Naturschutz zählt. Ihr Gründer, Haymo Rethwisch, stellte ein Kapital von 45 Millionen Euro durch den Verkauf seiner Firma zur Verfügung.

Der ehemalige Firmenchef der boco GmbH & Co. KG in Hamburg war seit frühster Jugend ein leidenschaftlicher Jäger mit einer weidgerechten, begeisterungswürdigen Auffassung von Jagd und Wild. Sein Vater besaß das berühmte Revier Fintel in Niedersachsen, das der Sohn nach dessen Tode übernahm. Rethwisch gilt als ein guter Schütze, wurde sogar Vizeeuropameister im Tontaubenschießen.

In Fintel befindet sich heute einer der Forschungsstationen der Stiftung. Viele Jahre engagiert sich Rethwisch für die Wildtiere und deren Lebensräume u. a. auch in einem angepachteten Hochwildrevier in der Steiermark beim Fürsten Liechtenstein, in der Nähe von C. Agtes Pachtjagdbezirk in der Lobming. Zwischen beiden Jä-

DEUTSCHE WILDTIER STIFTUNG

Einheimische Wildtiere in ihren Lebensräumen fördern und erlebbar machen

Zu Gast bei Ehepaar Rethwisch v. l. n. r.: Max Schmeling, Haymo Rethwisch, Alice Rethwisch, Claus R. Agte, Heinz de Jonge

gerfamilien bestanden in Österreich über viele Jahre freundschaftliche Kontakte. Man besuchte sich gegenseitig. Rethwischs Ehefrau Alice ist übrigens auch Jägerin, streckte im Lobming mit sauberem Blattschuß eine Gams. Sie wirkt heute an der Seite ihres Mannes in der Stiftung.

Max Schmeling nahm schon vor fünfzig Jahren an den Jagden von Haymos Vater Ernst teil. Daher kennt die Boxlegende den inzwischen 65 jährigen Sohn bereits aus der Jugendzeit.

1992 nahm Max Schmeling als Ehrengast an der Einweihungsveranstaltung der Forschungsstation Klepelshagen (Uckermark) der "boco-Stiftung" teil. Er wünschte dem Stifter viel Erfolg bei der Realisierung seiner Pläne zum Wohle des Wildes. Bei dieser Gelegenheit besuchte er sein Geburtshaus im nahegelegenen Klein Luckow.

Anwesend in Klepelshagen auch ein weiterer engagierter Mann, Claus R. Agte, der ebenfalls gleich nach der Wende den Drang nach Osten verspürte und dem es um mehr ging als die Sicherung seiner Interessen. Er rief die Stiftung “Wald und Wild in Mecklenburg-Vorpommern” ins Leben, die in Schildfeld, nicht weit von der ehemaligen Staatsgrenze entfernt, domiziliert und die später den Forstbetrieb Gutswald Rodenwalde übernimmt. Die Erhaltung Mecklenburg-Vorpommerns Reichtum an Wäldern, der Schönheit seiner Landschaft und der Einzigartigkeit der Tierwelt steht im Vordergrund von Agtes Initiativen. Er konnte sich dabei auf die Unterstützung eines Forstmannes verlassen, der Jagd und Wild immer als Einheit betrachtet hat und eine entsprechende Forst und Jagdpolitik durchsetzten konnte.

Gemeint ist Ministerialdirigent Rainhard Hube im Ministerium für Ernährung, Landwirtschaft, Forsten und Fischerei Mecklenburg/Vorpommerns, der das Anliegen der Stifter mit Billigung seines Ministers von staatlicher Stelle mit weitem Horizont fördert und Vorsitzender des Beirats der Stiftung Wald und Wild ist.

Max Schmeling im Gespräch mit dem Forstmann Rainhard Hube in Klepelshagen 1992

Obwohl Max Schmeling heute nicht mehr in sein geliebtes Revier fährt, ist er gemeinsam mit seinen Freunden Woltmann und Börner noch Jagdpächter bis zum Jahre 2012. Stellvertretend für ihn pirschen die Jagdfreunde durch die Jagdgründe. Sie berichten ihrem Jagdgefährten detailliert über die Ereignisse im Revier. In Max schlägt dann das Jägerherz, seine Augen beginnen zu glänzen, und in Gedanken ist er mit draußen - spürt

den Wind, der über das Land weht, riecht den Duft der erblühenden Wiesen oder des trocknenden Heus im Spätsommer, genießt den Anblick des Wildes und die Stille des Waldes.

Er selbst beobachtet die Tiere, die sich seinem Haus nähern. Den hämmernden Specht, der sich eine Nisthöhle schlägt, den Eichkater, auf den der Marder lauert, die Enten, die auf dem Weiher einfallen und dort gründeln. Im Winter erfreuen ihn die Rehe, die auf dem Rasen vor seinem waldumsäumten Domizil nach Leckerbissen suchen, extra ausgelegte Eicheln, Zuckerrüben sowie Mais locken sie dort hin. Dann kann Max sie aus nächster Nähe mit seinem Fernglas beobachten und stellt manchmal erstaunt Dinge im Verhalten des Wildes fest, die ihm bisher verborgen geblieben sind.

Am riedgedeckten Gästehaus befindet sich ein Anbau mit zwei kleineren Zimmern, in denen eine Vielzahl von Trophäen vom jagdlichem Engagement des Veteranen aus der Nachkriegszeit künden.

Hinter jeder dieser einheimischen und ausländischen Gehörne, Geweihe, Kruken, Schnecken, Schaufeln, Keilerwaffen, Präparate, Bärte verbirgt sich ein Naturerlebnis, manchmal eine Begegnung mit interessanten Menschen und Freunden in einer reizvollen Landschaft. Das ist immer das Wesentliche für den heute hochbetagten Weidmann, den großen Sportler und vorbildlichen Menschen Max Schmeling gewesen.

Gewiß, die Ansprüche sind geringer geworden, das Alter fordert seinen Tribut. Doch Max Schmeling weiß damit umzugehen, geht jedem Trubel aus dem Wege, versteht, seinen Lebensabend zu gestalten. Seit Jahren gibt er keine Interviews mehr. Er meint: *„Was zu sagen war, ist gesagt!"* und in gewisser Weise hat er damit recht. Gönnen wir ihm die verdiente Ruhe.

Und ewig schlägt das Jägerherz

Auf dem Hometrainer hält sich Max Schmeling fit

Foto links: Heger und Jäger, Förderer des Natur- und Tierschutzes, Max Schmeling vor einem neuen Hochsitz, dem "Kaisersitz", in seinem Jagdrevier

Weidmanns Dank!

Ich, der Autor dieses Buches, bin froh, daß sich mir die Gelegenheit bot, den zur Legende gewordenen Faustkämpfer, Unternehmer und Weidmann dort kennen zu lernen, wo er sich am wohlsten fühlt, im Wald. Aus dieser Begegnung erwuchs eines Tages der Wunsch, das vielfältige und interessante Jägerleben des naturverbundenen Menschen zumindest in nachvollziehbaren Auszügen für die Nachwelt festzuhalten. Von Max Schmeling und seinem engsten Umfeld erhielt ich hierbei alle erdenkliche Unterstützung. *Weidmanns Dank!*

In seinem Haus, umschlossen von Wald, verbringt Max Schmeling seinen Lebensabend; 2003

Danke für die Unterstützung

Max Schmeling (Hollenstedt),
Claus Robert Agte (Hamburg),
Herbert Woltmann (Hollenstedt),
Helko Stöhr (Hamburg),
Dr. Florian Asche (Hamburg),
Ilse Hermann geb. Hoffmann (Fürstenwalde),
Helene Krause (Ober-Eulenau),
Lilie Venzke (Lutherstadt Wittenberg),

Klaus Stieger (Müncheberg),
Josef Poxleitner (Bad Aibling),
Klaus Wiese (München),
Dr. Hubert und Franz Burda,
Prof. Dr. Dr. Melcher (Potsdam),
Andreas Hechenberger (Kiefersfelden - Rechenau),
Peter Sachs (Oberaudorf),
Rolf Torwächter (Groß Schönebeck),
Friedrich Schulz (Berlin),
Wilfried Steinmöller (Gelbensande),
Frau Martens (Gelbensande),
Hannelore Hodges geb. Donner (Berlin),
Helmut Mattke (Heiligendamm),
Paul Schwuchow (Hamburg),
Winrich Kuchenbäcker (Tespe),
Frau Zerwinski (Saarow Pieskow),
Herr v. Wedemeyer (Treten),
Willi Horn (Lübz),
Hans Joachim Steinbach (Döllstädt),
Horst Schröder (Stralsund),
Bodo Zelms (Waren/Müritz),
Norbert Heinemann (Wittstock),
Dr. Dost (Wittstock),
Frau Schäfer (Wittstock),
Frau Müller (Oberstaatsanw., Frankfurt/Oder),
Hans Wahlers (Stemmen),
Frau Vehma-Ciftci (Oranienburg),
Erich Hobusch (Berlin)
Herr Gussew (Moskau)

Quellennachweis

Berg, Bengt	"Liebesgeschichte einer Wildgans", Verlag von Dietrich Reimer, Berlin, 1945
Berg, Bengt	"Meine Jagd nach dem Einhorn", Rütten & Loening Verlag, Frankfurt a. M., 1933
Drews, Tobias	"Max Schmeling" Engelhorn Verlag Stuttgart, 1996
Eggert, Alfred	"Die Geschichte eines Kämpfers", Ullstein AG Berlin, 1937
Friedrich, Dorothea	"Max Schmeling und Anny Ondra - Ein Doppelleben", Ullstein Verlag, 2001
Gebhard, Otto	"Durch Steppe und Urwald, Abenteuer und Erlebnisse der Afrikaexpedition des Herzog Adolf Friedrich zu Mecklenburg", Verlag P. E. Lindner in Leipzig, 1911
Heimatkreis Rummelsburg e. V.	"Das Rummelsburger Land", Tespe -Lüneburg, 1965
Heimatkreis	"Das Rummelsburger Land", 8. Jahrgang, Tespe-Lüneburg, 2001
Kittler, Andreas	"Hermann Görings Carinhall", Druffel-Verlag, Berg, 1997
Kramer, Hans	"Elchwald, Land, Leute, Jagd" Jagd und Kulturverlag Sulzberg/Allgäu, 1985
Knopf, Volker	"Hermann Görings - Jagdhaus Darß", Ex Nune Verlag, Endingen a. K., 2002
Knopf, Volker Martens, Stefan	"Görings Reich", Ch. links Verlag, Berlin, 1999
Ludwig, Christian	"Erzählungen aus meinem Leben", Stock und Stein, 1996
Mattke, Helmut	"Ostpreußische Jagd- und Forstgeschichten", WAGE-Verlag Tessin, 2002
Melcher, Horst	"Heimatland" Band 2, Potsdam
Püschel, Walter	"Boxen ist doch auch 'ne Kunst - Anektoden von Max Schmeling" Eulenspiegel - Das neue Berlin, 2000
Ripperger Waleri	"Auf verschwiegenen Wechseln", WAGE-Verlag Tessin, 2002
Schmeling, Max	"Max Schmeling, Erinnerungen" Verlag Ullstein GmbH, 1977
Schmeling, Max	"- 8 - 9-aus" Copress-Verlag München, 1956
Schulz, Friedrich	"Bengt Berg - Ein Schwede auf dem Darß", Scheunenverlag, Berlin/Kückenshagen, 2000
Steinmöller, Wilfried	"Das Jagdschloß Gelbensande", Touristik Marketing Service GmbH, 1998
Weiß, Hermann	"Personenlexikon 1933-1945" Tosa Verlag Wien, 2003-10-12
	***
...	Verlag "Deutsche Sport-Illustrierte", Stuttgart; Nr. 51, 1937; Nr. 52 1937; Nr. 6, 1938; Nr. 10, 1938
...	Anchorage Daily Times, Anchorage 3. November 1971
...	Casino Journal, April 2002
...	Magdeburger Generalanzeiger, 4. 09.1931
...	Steirerkrone, Graz 8. u. 9. Juni 1980

Bildnachweis

Agte, C. R., Archiv	22, 347, 348, 354, 355, 356, 357, 358, 359, 361, 362, 366, 367, 371, 373, 376, 377, 378, 379, 380, 382, 383, 387, 388, 409, 414, 415
Brandenburgisches Landeshauptarchiv	193
Herrmann, privat	131, 136, 142, 143, 146, 155, 287, 288, 291, 292
Hodges, privat	105, 114
Jagdschloß G., Archiv	86, 92, 95
Krause, privat	57, 60, 249, 251, 254, 344, 345
Müncheberg, Archiv	127, 132, 133
Ostprignitz - Museum	271, 272, 273, 275
Preuß. Kulturbesitz, Archiv	188
Rechenau, Archiv	308, 309, 310, 315, 317, 320, 322, 325
Reif K. P.	317
Ripperger, W.	14, 52, 60, 63, 69, 79, 89, 94, 105, 126, 140, 231, 250, 251, 252, 253, 256, 264, 307, 311, 313, 318, 319, 370, 393, 395, 396, 402, 405, 406, 408, 418
Sachs P., privat	312, 313
Schmeling, Archiv	5, 18, 19, 20, 23, 24, 25, 26, 30, 31, 33, 34, 35, 36, 47, 48, 50, 51, 55, 61, 68, 70, 72, 74, 80, 99, 100, 101, 104, 115, 119, 120, 124, 137, 138, 139, 147, 152, 153, 156, 158, 175, 180, 190, 195, 204, 206, 207, 208, 209, 210, 211, 212, 213, 214, 215, 216, 219, 231, 233, 236, 244, 245, 246, 248, 258, 262, 263, 265, 266, 269, 273, 276, 316, 323, 326, 327, 328, 330, 331, 334, 335, 337, 338, 343, 340, 341, 346, 390, 399, 401, 402, 411
Schwuchow P.	217, 260, 261, 267, 268, 279, 280
Sewekow, Archiv	103, 104, 113
Stemmen, Archiv JG	397, 404
Schröder H.	293
Ullstein - Bilderdienst	144, 159, 225
Wage - Verlag, Archiv	10, 27, 56, 78, 80, 81, 82, 109, 168, 177, 183, 187, 191, 201, 222, 223, 226, 239, 241, 247, 255, 304, 321, 342, 349, 363, 392, 410 77 repro., 76 repro., 123 repro., 196 repro.,
Zelms B.	147, 149, 163

Zeichnungen von K. Reif, Suhl - Albrechts

Namensverzeichnis

Hinter den dunklen Wäldern

Lothar von Hausen
311 S., 58 Fo., 10 Zei. v. H. Busch, **Bestellnr. 1487**, 22,00 €
2. Auflage

Deutschland erlebte Anfang der 30er Jahre des vergangenen Jahrhunderts einen der spektakulärsten Wilddiebs-Kriminalfälle.
Einer der beiden zu langen Haftstrafen verurteilten Frevler bricht aus dem Gefängnis aus und treibt, zum "Schrecken der Wälder" erklärt, in der näheren und weiteren Umgebung des Heimatortes sein Unwesen. Erbarmungslos von der SA, der Polizei und den Forstbeamten gejagt, gelingt es ihm immer wieder, sich der Gefangennahme zu entziehen. Schließlich wird er schwer verwundet gefaßt.
Während sein Vater im Zuchthaus von Kassel schmachten muß, beginnt für den jungen Frevler ein Leidensweg, der 1944 im KZ Mauthausen sein tragisches Ende findet - authentisch, packend und dramatisch, eine herzhafte Mischung aus Gauner-, Weidmanns- und Beamtensprache.
Jahrzehntelange Recherchen des Autors, eigene Erlebnisse und der persönliche Kontakt zu den Hauptpersonen gingen diesem Buch voraus.

Jahrhunderte im Dienste der Wälder

Ludwig Schultz
344 Seiten,124 Fotos bzw. Dokumente, **Bestellnr. 1529,** 25,00 €
2. Auflage

Ein interessanter, in seiner Art einmaliger Abriß der forst- und jagdlichen Entwicklung einer der schönsten Gegenden Deutschlands, untermauert mit unterhaltsamen Erlebnis-sen und historischen bisher nicht veröffentlichten Dokumenten. *Die Förster Schultz* - in welcher Epoche sie auch lebten - *immer im Dienste der Wälder*

Duell im dunklen Tann

Helmut Mattke
247 Seiten, 53 sw-Fotos, 4 Karten, 25 Zeichnungen von D. Steckel
Bestellnr. 1653, 19,00 €

Recherchen eines ostpreußischen Forstmeisters aus den tiefen Wäldern Masurens und des Memellandes über bisher nicht veröffentlichte Gewalttaten an getreuen Forstbeamten. Mehrere Jahre im ostpreußischen Forstdienst tätig, berichtet der Autor aus berufenen Munde über authentische Missetaten. Das Buch ist ein wertvoller Beitrag zur Forst- und Jagdgeschichte.

...spannend und authentisch...

...farbige Erinnerungen an eine verlorene Heimat...

Ein Jahr an der Memel

Hans Joachim Steinbach
307 Seiten, 271 farb. Fotos bzw. Dokumente, 27 s/w-Abb.,
Bestellnr. 1651, 29,00 €

Wissenswertes aus dem verlorenen Land zwischen Weichsel und Memel. Der Autor, Jäger und freier Journalist, besuchte Anfang der 90er Jahre die Heimat seiner Vorfahren. Mit Fotoapparat und Büchse durchstreifte er urische Jagdgefilde, reizvolle Landschaften, Städte und Dörfer. Steinbach schildert seine Eindrücke und nimmt Bezug auf die 700jährige Geschichte Ostpreußens. Interessant ist dabei seine kritische Einschätzung der Geschehnisse, u. a. das Jagdgebahren in der Rominter Heide.